本书由以下项目资助：

国家自然科学基金地区科学基金项目"城镇集中安置下生态移民家庭生计变迁与风险防范研究"（71463008）

教育部人文社会科学青年项目"少数民族生态移民家庭生计跟踪调查研究——以贵州苗、侗、布依族三个生态移民安置点为例"（15YJCZH097）

贵州省2015年度高层次创新型人才"千层次"人才项目

2017年度贵州财经大学引进人才科研项目"城镇安置生态移民可行能力、风险与可持续发展——基于贵州省移民户调查数据"

贵州财经大学经济学研究文库

城镇安置生态移民可行能力、风险与可持续发展研究

——基于贵州省移民户调查数据

黄海燕　王永平　金　莲　等/著

中国社会科学出版社

图书在版编目（CIP）数据

城镇安置生态移民可行能力、风险与可持续发展研究：基
于贵州省移民户调查数据/黄海燕等著.—北京：中国社会
科学出版社，2017.12

ISBN 978 - 7 - 5203 - 1908 - 9

Ⅰ.①城⋯ Ⅱ.①黄⋯ Ⅲ.①移民安置—可持续性发展—
研究—贵州 Ⅳ.①D632.4

中国版本图书馆 CIP 数据核字（2017）第 320677 号

出 版 人　赵剑英
责任编辑　卢小生
责任校对　周晓东
责任印制　王　超

出　　　版　中国社会科学出版社
社　　　址　北京鼓楼西大街甲 158 号
邮　　　编　100720
网　　　址　http：//www.csspw.cn
发 行 部　010 - 84083685
门 市 部　010 - 84029450
经　　　销　新华书店及其他书店

印　　　刷　北京明恒达印务有限公司
装　　　订　廊坊市广阳区广增装订厂
版　　　次　2017 年 12 月第 1 版
印　　　次　2017 年 12 月第 1 次印刷

开　　　本　710×1000　1/16
印　　　张　21
插　　　页　2
字　　　数　289 千字
定　　　价　88.00 元

凡购买中国社会科学出版社图书，如有质量问题请与本社营销中心联系调换
电话：010 - 84083683

前　言

　　生态恶化与经济贫困通常被认为有着强烈的耦合关系，中国许多农村地区长期受持续贫困与生态环境不断恶化两大问题相互交织所带来的困扰。为了帮助居住在生态环境严重恶化地区的贫困农户脱贫致富，并逐步改善和恢复生态环境，2001 年 6 月，国务院颁布实施了《中国农村扶贫开发纲要（2001—2010 年）》，将易地扶贫搬迁作为新时期扶贫开发的重要内容和基本途径。2001 年，国家发展计划委员会（国家发展和改革委员会前身）印发《国家计委关于易地扶贫搬迁试点工程的实施意见》（计投资〔2001〕2543 号），率先在内蒙古、宁夏、贵州、云南四省（自治区）启动了易地扶贫搬迁试点工程，并在《易地扶贫搬迁"十一五"规划》中首次明确指出"易地扶贫搬迁，亦称生态移民"。

　　2001—2015 年，中国累计实施生态移民 680 余万人。从实践情况来看，生态移民对消除农村绝对贫困、改善生态环境做出了重大贡献。但是，由于中国的中西部广大农村地区贫困问题突出且与生态环境恶化、民族地区发展滞后问题相互叠加，亟须实施生态移民的人口数量庞大。据统计，截至 2015 年年底，中国有 5575 万农村贫困人口，其中，需要实施生态移民的农村建档立卡贫困人口高达约 1000 万。

　　2015 年 11 月 29 日，中共中央、国务院颁布的《中共中央国务院关于打赢脱贫攻坚战的决定》强调，要加快推进易地扶贫搬迁工程，确保到 2020 年农村贫困人口全部实现脱贫、贫困县全部摘帽。同日，国家发展和改革委员会、国务院扶贫开发领导小组办公室会同财政部、国土资源部、中国人民银行五部门联合印发了《"十三五"时期易地扶贫搬迁工作方案》，明确指出，实施易地扶贫搬迁必须坚持与新型城镇化相结合，对居住在"一方水土养不起一方人"地区的建档立卡贫困人口实施易地搬迁，加大政府投入力度，创新投融资模式和组织方式，完善相关后续扶持政策，强化搬迁成效监督考核，确保搬迁对象尽快脱贫，从根本上解决生计问题。

"十三五"时期是中国全面建成小康社会的关键时期，生态移民作为"五个一批"脱贫路径的重要组成部分，未来五年能否顺利完成约 1000 万农村贫困人口的易地扶贫搬迁任务，帮助他们摆脱贫困，与全国人民同步实现小康，将直接关系到 2020 年全面建成小康社会的宏伟目标能否如期实现。因此，如何把握新型城镇化战略的重大机遇，促进城镇安置模式下生态移民可持续发展是一个具有重大理论价值与实践意义的课题。

本书遵循"理论研究→现状剖析→实证分析→对策形成"的研究思路，以新型城镇化为研究视野，以城镇安置模式下的生态移民为研究对象，以生态移民可持续发展为研究主线。通过厘清生态移民理论基础，系统梳理国内外生态移民相关文献研究现状、成果与不足，阐释城镇安置模式下生态移民可持续发展的理论内涵与构建基础，分析中国生态移民的发展态势和基本特征，归纳总结贵州生态移民演进历程与安置模式，基于贵州省城镇安置模式下的生态移民户微观数据，在对生态移民搬迁前与搬迁后可持续发展能力变化状况进行实证分析的基础上，评估城镇安置模式下生态移民可持续发展面临的风险和生态移民可持续发展政策执行情况，最后构建城镇安置模式下生态移民可持续发展的战略框架、制度与机制。本书的主体内容包括第二章至第十章，共九章。

第二章理论基础与文献综述。本章厘清反贫困理论、可行能力理论、生态恢复理论、可持续发展理论、人口迁移理论、城镇化理论对本书研究的理论意义；系统梳理国内外学者关于生态移民内涵界定和分类、生态移民安置模式、生态移民城镇化、生态移民可持续发展以及对中国生态移民认同度的相关学术文献并进行评述；阐释城镇安置模式下生态移民可持续发展的理论内涵，分析城镇安置模式的主要特色、实施条件和制度基础。

第三章中国生态移民发展态势与基本特征。本章追溯中国生态移民的起源与发展，结合中国当前宏观政策环境与国家战略，分析生态移民呈现出与生态文明、精准扶贫、新型城镇化战略相耦合的发展态势，指出生态移民具有区域性、阶段性、敏感性、外部性和系统性等基本特征。

第四章贵州生态移民演进历程与安置模式。本章阐述贵州实施生态移民的必要性，将生态移民演进历程划分为四个阶段并总结各阶段的实施情况，归纳贵州生态移民采取的主要安置方式和安置模式、生态移民取得的基本成效、存在问题和经验启示。

第五章城镇安置模式下生态移民可持续发展能力分析。本章以阿玛蒂亚·森的可行能力理论为基础，运用描述统计与因子分析法评价生态移民的可行能力，即可持续发展能力在搬迁前与搬迁后的变化状况。结果显示，搬迁后生态移民的经济功能性活动、社会功能性活动和生态功能性活动能力都有不同程度提升，三类功能性活动构成生态移民的可行能力，可行能力发展趋势向好，即生态移民的可持续发展能力也相应增强。从三类功能性活动看，实施生态移民工程对生态移民的各功能性活动能力的获取产生了不同影响：①生态移民经济功能性活动能力变动。搬迁后移民户总体上经济收入增加但增幅较小，经济功能性活动能力增强，非农业收入增加对收入状况改善的积极作用有相当部分被农业收入减少抵消，农业收入下降短期内是潜在的不稳定因素；安置点转换下，搬迁后生态移民的经济功能性活动水平上升较为明显的安置点，由于代表收入的因子 F_1 得分增幅较大，归因于较多移民外出务工增加了非农业收入。因搬迁时间较短，生态移民工程对移民家庭经济功能性活动能力改善的贡献还比较有限，生态移民的经济功能性活动能力有较大提升空间，提高移民家庭非农收入是增强该能力的重要途径。②生态移民社会功能性活动能力变动。实施生态移民工程为生态移民社会功能性活动能力的提升带来了多重社会效益。搬迁后，大多数生态移民户的生活水平上升，但也承受着消费支出增加的生存压力；安置点相对完善的道路交通、休闲娱乐、通信等基础设施，良好的社会治安环境，较高的医疗卫生服务水平，相对充足的教育培训资源，为生态移民社会功能性活动能力的增强提供了物质保障，移民户与邻居的交往也较搬迁前频繁。但是，移民培训工作滞后是制约生态移民社会功能性活动能力提升的一个"短板"。③生态移民生态功能性活动能力变动。实施生态移民工程促进了迁出地生态环境恢复和迁入地生态环境保护，分别为生态移民生态功能性活动能力的提升创造了潜在可能性和奠定了现实基础。但是，生态移民迁出地的原承包地退耕还林与原宅基地复垦项目推进不力，需加快推进。大多数移民户对安置点的环境卫生状况比较满意，认为安置点的绿化水平较高，享受到了较好的生态环境。可见，生态移民的生态功能性活动能力得到提升。因生态移民工程的生态效益短期内难以显现，所以，生态移民生态功能性活动能力的提升需要假以时日。

第六章城镇安置模式下生态移民可持续发展风险评价。本章从自然风险、经济风险、社会风险和政治风险四个方面评价生态移民可持续发展面临的风险，并分析各分支风险对综合风险的贡献。结果显示：①自然风险。生态移民搬迁后，面临的干旱、洪涝灾害、病虫害、冰雹、凝冻等自然风险程度均大幅度降低，自然风险主要针对继续从事农业生产的移民户，对移民群体不具有普遍性。从远期看，如果移民户劳动力的非农转移速度加快，有朝一日彻底脱离农业劳作，自然风险也将不复存在。②经济风险。生态移民搬迁后，除财产丢失或损坏风险较搬迁前下降外，生活成本上升、债务增加、丧失土地或无地可耕和缺乏食物四类分支风险程度均大幅提高，说明生态移民搬迁后面临的经济风险程度加大，且经济风险中的分支风险相互联系和影响，呈现循环累积态势。③社会风险。生态移民搬迁后，除社会组织结构解体风险程度没有增加以外，失业或找不到工作、子女继续教育、自己或家人患重病、缺失养老保障、被边缘化等风险程度都较搬迁前上升，失业风险取代搬迁前的子女继续教育风险，成为移民搬迁后面临的第一大社会风险。④政治风险。国家政策不稳定是生态移民搬迁后面临的最为突出的政治风险，其次是社会不稳定或动荡风险，失去公共资源享有权风险程度最小，虽然以上三类分支风险程度均比搬迁前增大，但总体上看，生态移民的政治风险程度低于其他类型风险。⑤综合风险。根据生态移民搬迁后分支风险程度的大小依次排序，排在前五位的风险分别是：生活成本上升、债务增加、失业或找不到工作、子女继续教育、丧失土地或无地可耕。生活成本上升、债务增加、丧失土地或无地可耕都属于经济风险，可见，经济风险已取代搬迁前的自然风险而成为移民搬迁后最突出的风险。失业或找不到工作、子女继续教育风险属于社会风险，社会风险是移民搬迁后的第二大风险。失去公共资源享有权、社会组织结构解体风险对综合风险的贡献较小，可见生态移民的政治风险程度较小。最后，分析了生态移民应对风险的主观策略呈现出多元化的特征，主要倾向于采取外出务工、向亲友借款或银行贷款、降低消费水平、返回原居住地生活、出售资产、购买保险等策略。

第七章城镇安置模式下生态移民可持续发展政策评估。本章对贵州省城镇安置模式下生态移民的住房政策、土地政策、就业政策、产业政策、创业政策和社会保障政策六大政策执行情况进行评估，结果显示：各生态移民项目县对生态移民住房、土地、就业、产业、创业、社会保障等政策执行总体情况良好，但因生态移民系统性政策的出台和实施时间较短，在政策执行过程中缺少与之相配套的具体措施，加上一些地方政府重视不够，对生态移民各项政策贯彻落实情况的监督检查力度不大，从而在一些安置点存在政策执行有偏差或政策落实不到位的情况，影响了生态移民在安置点的可持续发展。

第八章城镇安置模式下生态移民可持续发展战略框架。本章明确城镇安置模式下生态移民可持续发展的总体思路和基本原则，将战略目标定位为"消除绝对贫困、保护生态环境、推进新型城镇化、实现同步小康"；战略重点包括实施生态建设、完善配套设施、发展生态产业、引导就业创业、提供公共服务、创新社区治理；战略模式重点包括特色旅游型城镇安置模式、工业主导型城镇安置模式、生态农业型城镇安置模式、交通枢纽型城镇安置模式、商贸流通型城镇安置模式、资源开发型城镇安置模式、政治中心型城镇安置模式。

第九章城镇安置模式下生态移民可持续发展制度安排。本章针对城镇安置模式下影响生态移民可持续发展能力提升、产生潜在风险以及生态移民可持续发展政策执行偏差的深层次制度因素，从法律制度、户籍制度、就业制度、金融制度和社会保障制度五方面提出制度安排的建议。

第十章城镇安置模式下生态移民可持续发展机制设计。为了充分发挥制度因素对促进生态移民可持续发展的功能，本章设计与之相互配合、运行顺畅的监督评估机制、信息传递机制、利益补偿机制、退出激励机制、资金整合机制、风险防范机制和社会参与机制。

本书创新点主要体现在三方面：一是研究视野创新。从新型城镇化视野探讨城镇安置模式下生态移民可持续发展是一个比较新颖的视野，目前学术界很少涉及。本书将生态移民与新型城镇化有机融合，力求提出符合新型城镇化发展特点与要求的城镇安置模式下生态移民可持续发展的战略框架、制度安排与机制设计，保证了本书的研究与国家新型城镇化重大战略决策相匹配。二是研究内容创新。针对城镇安置模式下的生态移民构建了用于评价其可持续发展能力的指标体系，运用贵州省生态移民户的微观数据进行了实证分析，并评估城镇安置模式下生态移民可持续发展风险程度和生态移民可持续发展政策的执行情况；从移民家庭经济功能性活动、社会功能性活动和生态功能性活动三个维度来衡量生态移民的可持续发展能力；构建了城镇安置模式下生态移民可持续发展的战略框架、制度安排与机制设计。以上研究在一定程度上丰富了生态移民可持续发展理论。三是研究方法创新。本书注重交叉学科的综合运用，采用了计量经济学、区域经济学、发展经济学、生态学、制度经济学和社会学等多门学科理论研究方法。注重实证研究与规范研究相结合，在分析了城镇安置模式下生态移民可持续发展能力的基础上，基于对生态移民可持续发展风险和政策执行情况的评估，进而对城镇安置模式下生态移民可持续发展的战略框架、制度安排与机制设计展开了规范研究。

目　录

第一章 导论

第一节 研究背景与问题提出

一 研究背景

生态恶化与经济贫困通常被认为有着强烈的耦合关系，是广泛存在于发展中国家的生态、经济和社会发展问题。关于生态与贫困的关系，学术界形成了三种不同观点，分别是生态恶化先导论、贫困先导论和生态恶化与贫困互为因果论。虽然观点不同，但不难看出，生态恶化与贫困之间是相互影响、相互制约的关系，从而产生了特殊的生态贫困现象。

作为世界上最大的发展中国家，中国许多农村地区长期受持续贫困与生态环境不断恶化相互交织所带来的困扰。相当一部分贫困人口集中分布在生态区位特别重要的中西部农村地区，人类长期不合理的开发活动，使这些地区生态环境非常脆弱，区域贫困问题相当突出，贫困人口呈现出"大分散、小集中"的基本格局。在某种意义上说，生态问题同时也是贫困问题，区域生态状况直接影响着贫困发生的可能性和贫困程度的大小，并且生态问题与贫困问题互为恶性循环因果，已经成为制约中国中西部农村地区可持续发展的基本障碍之一。①

为了帮助居住在生态环境严重恶化地区的贫困群众脱贫致富，并

---

① 赵曦：《中国西部贫困地区可持续发展研究》，《中国人口·资源与环境》2001年第11卷第1期。

逐步改善和恢复生态环境，中共中央、国务院颁布实施的《中国农村扶贫开发纲要（2001—2010年）》明确指出：针对目前极少数居住在生存条件恶劣、自然资源贫乏地区的特困人口，要结合退耕还林还草实行搬迁扶贫。同时，中央还强调实施西部大开发战略，要对生活在自然条件严酷、自然资源贫乏、生态环境恶化地区的贫困人口实行搬迁、异地安置，将扶贫开发和生态环境建设有机地统一起来。2001年，国家发展计划委员会（国家发展和改革委员会前身）印发《国家计委关于易地扶贫搬迁试点工程的实施意见》（计投资〔2001〕2543号），于2001年率先在内蒙古、宁夏、贵州、云南四省（自治区）启动了"易地扶贫搬迁试点工程"，并且按照"先行试点、逐步扩大"的原则在全国铺开。在国家发展和改革委员会印发的《易地扶贫搬迁"十一五"规划》中，首次明确指出"易地扶贫搬迁，亦称生态移民"。

为扎实推进生态移民工程，《中共中央国务院关于深入实施西部大开发战略的若干意见》（中发〔2010〕11号）提出，要稳步推进生态移民，改善安置点生产生活条件，并适当提高中央补助标准，全力实施集中连片特殊困难地区开发攻坚工程，基本消除绝对贫困现象。中共中央、国务院颁布实施的《中国农村扶贫开发纲要（2011—2020年）》，强调要在尊重群众意愿的前提下，对生存条件恶劣地区的扶贫对象实施生态移民，到2020年，稳定实现扶贫对象"两不愁，三保障"。生态移民已成为新阶段脱贫攻坚工作的重要内容和实施新一轮西部大开发战略的重要举措，对于消除中国农村生态脆弱地区的绝对贫困现象，改善生态环境，促进贫困地区人口、资源与环境协调发展具有重大意义。

针对资源约束趋紧、环境污染严重、生态系统退化的巨大生态环境保护压力，2012年11月8日召开的中国共产党第十八次全国代表大会（以下简称十八大），宣示将生态文明建设列入"五位一体"战略[1]，明确提出，要在2020年全面建成小康社会。全面小康的宏伟目

---

① "五位一体"是中国共产党第十八次全国代表大会报告的"新提法"之一。即建设中国特色社会主义事业总体布局为经济建设、政治建设、文化建设、社会建设和生态文明建设"五位一体"，着眼于全面建成小康社会、实现社会主义现代化和中华民族伟大复兴。

标能否如期达成，最艰巨、最繁重的任务在农村，特别是在农村贫困地区，生态移民正是生态文明建设中的重要组成部分。与此同时，新型城镇化上升为国家战略，为生态移民城镇化安置创造了难得的机遇环境。中共十八大报告提出"走中国特色新型城镇化道路"，同年年底，中央经济工作会议强调"把生态文明理念和原则全面融入城镇化全过程，走集约、智能、绿色、低碳的新型城镇化道路"。2014 年 3 月，李克强总理在政府工作报告中将"促进 1 亿农业转移人口落户城镇""引导约 1 亿人在中西部地区就近城镇化"作为"三个 1 亿人"中的两大举措。① 同月，国务院印发《国家新型城镇化规划（2014—2020 年）》，指导新型城镇化建设过程中沿着健康的轨道发展。中国新型城镇化的推进，对重新考量生态移民的安置模式提供了新的思路。

2001—2015 年，中国累计安排易地扶贫搬迁中央补助投资 363 亿元，实施生态移民 680 余万人② ，生态移民已先后分批在中国 17 个省（自治区、直辖市）试点，在内蒙古、宁夏、广西、云南、贵州等省（自治区）深入推进。多年来的实践证明，实施生态移民政策对推动贫困人口脱贫致富、恢复生态环境做出了重大贡献，但是，由于中西部广大农村地区自然环境恶劣、境内少数民族众多、社会经济发展滞后、农村贫困问题突出且与生态环境恶化、民族地区发展滞后等问题相互叠加，亟须实施生态移民的人口数量庞大。

2015 年 11 月 29 日，中共中央、国务院颁布《中共中央国务院关于打赢脱贫攻坚战的决定》（以下简称《决定》）作为指导当前和今后一个时期中国脱贫攻坚任务的纲要性文件。《决定》将易地扶贫搬迁作为实施精准扶贫的方略之一，指出对居住在生存条件恶劣、生态环境脆弱、自然灾害频发等地区的农村贫困人口，要加快实施易地扶

---

① 2014 年 3 月 5 日，李克强总理在《政府工作报告》中指出，今后一个时期，着重解决好现有"三个 1 亿人"问题，促进约 1 亿农业转移人口落户城镇，改造约 1 亿人居住的城镇棚户区和城中村，引导约 1 亿人在中西部地区就近城镇化。

② 《"十三五"全国易地扶贫搬迁需求约 1000 万人》，中国经济网：http://www.ce.cn/xwzx/gnsz/gdxw/201510/16/t20151016_ 6727767. shtml，2016 年 3 月 13 日。

贫搬迁工程。同日，国家发展和改革委员会、国务院扶贫开发领导小组办公室会同财政部、国土资源部、中国人民银行五部门联合印发的《"十三五"时期易地扶贫搬迁工作方案》明确强调，实施易地扶贫搬迁要坚持与新型城镇化相结合，对居住在"一方水土养不起一方人"地方的建档立卡贫困户和其他确需同步搬迁的农户实施易地搬迁，加大政府投入力度，创新投融资模式和组织方式，完善相关后续扶持政策，强化搬迁成效监督考核，确保搬迁对象尽快脱贫，从根本上解决生计问题。

据统计，按照每人每年2300元（2010年不变价）的农村扶贫标准，2015年，中国有5575万农村贫困人口。[①] 中国要完成约1000万居住在深山区、石山区、高寒山区、荒漠化、地方病多发等生存环境差、生态环境脆弱、限制开发区或禁止开发区农村贫困人口的生态移民任务，需实施生态移民的农村建档立卡贫困人口在全国建档立卡农村贫困人口中所占比重高达17.94%。

基于新型城镇化战略的重大契机，生态移民与新型城镇化相结合能相得益彰：新型城镇化进程加快，将孕育更多产业、提供更多就业机会，基础设施更加完善，公共服务体系更加健全，城镇集聚人口的承载力明显增强，能为生态移民提供更大的安置空间，有利于解决农村贫困人口脱贫和缩小城乡差距扩大等问题；就区域经济发展空间演变过程而言，依托城镇安置生态移民会引起人口集聚，扩张产品市场容量，为城镇经济组织的规模生产提供市场条件和需求动力，生态移民向城镇集聚还能为经济组织提供劳动力、资本和技术等生产要素，为新型城镇化的加速发展提供动力，有利于区域增长极的形成。

"十三五"时期是中国全面建成小康社会的关键时期，减贫成效将成为全面建成小康社会的一项最为重要的指标。目前，中国扶贫开发工作已进入啃硬骨头、攻坚拔寨的冲刺期，消除绝对贫困是必须直

---

① 国家统计局：《2015年国民经济和社会发展统计公报》，http://www.cssn.cn/ddzg/ddzg_zdll/201603/t20160301_2891155.shtml，2016年3月1日。

面的艰巨而繁重的任务。生态移民作为"五个一批"脱贫路径的重要组成部分①，2016—2020 年能否顺利完成约 1000 万农村贫困人口的易地扶贫搬迁任务，帮助他们摆脱贫困，与全国人民同步实现小康，将直接关系到 2020 年全面建成小康社会的宏伟目标能否如期实现。因此，扶贫开发仍然是中国第一民生工程，易地扶贫搬迁与新型城镇化相结合也是未来一段时期内实施生态移民政策的必然选择。

二 问题的提出

随着大规模生态移民步伐的加快，如何把握新型城镇化战略的重大机遇，依托城镇安置生态移民，实现生态移民与新型城镇化的有机融合，促进生态移民可持续发展是一个亟须解决的课题，本书重点探讨的具体问题如下：

第一，在现有城镇安置模式下的生态移民，其可持续发展能力由哪些功能性活动维度构成，其可行能力即可持续发展能力究竟通过何种定量方法加以衡量？移民的可持续发展能力在搬迁后是否发生了变化？哪些功能性活动和具体变量（指标）是制约移民可持续发展能力提升的薄弱环节？

第二，城镇安置模式下的生态移民，在搬迁后可能会面临哪些制约其可持续发展的风险？与搬迁前比较主要风险类型发生了什么变化？这些风险的大小对移民可持续发展的影响程度如何？移民在面对这些风险时是否愿意积极采取行动规避风险？移民家庭主观上通常会选择哪些应对风险的策略？

第三，城镇安置模式下的生态移民进入城镇后，出台了哪些有利于生态移民可持续发展的政策？生态移民可持续发展的各项政策是否得到强有力地执行与落实？对生态移民在安置点的可持续发展是否产生明显成效？

---

① 习近平总书记在 2015 年 10 月 16 日减贫与发展高层论坛上，首次提出"5 个一批"脱贫路径，即发展生产脱贫一批、易地扶贫搬迁脱贫一批、生态补偿脱贫一批、发展教育脱贫一批、社会保障兜底脱贫一批。

第四，在新型城镇化视野下，如何构建城镇安置模式下生态移民可持续发展的战略框架？应遵循什么样的总体思路？坚持哪些原则？如何确定生态移民可持续发展的战略目标、战略重点和战略模式？

第五，生态移民从农村进入城镇后，针对城镇安置模式下生态移民可持续发展能力各功能性活动维度的薄弱环节，生态移民可持续发展面临的潜在风险，以及生态移民可持续发展政策执行中存在的问题，要增强生态移民可持续发展能力并将其迁入城镇后面临的风险降到最低程度，结合新型城镇化的契机，应该从哪些方面进行相应的制度安排和机制设计，从而为城镇安置模式下生态移民的可持续发展提供制度机制保障？

第二节　研究目的与研究意义

一　研究目的

本书以城镇安置模式下的生态移民为研究对象，实证分析移民户搬迁前后可持续发展能力的变化状况，在对城镇安置模式下生态移民搬迁前后面临风险的大小程度以及生态移民可持续发展政策执行情况进行评估的基础上，基于新型城镇化视野，构建城镇安置模式下生态移民可持续发展的战略框架，并对促进生态移民可持续发展的制度安排与机制设计问题进行探讨，旨在通过本书达到以下目的：

第一，设计生态移民可行能力评价和风险评价指标体系。运用阿玛蒂亚·森（Amartya Sen）的可行能力理论，设计用于衡量城镇安置模式下生态移民可持续发展能力的评价指标体系，确定功能性活动维度和具体指标，构成生态移民的可行能力集；设计城镇安置模式下生态移民可持续发展风险评价层次结构指标体系。以上两套指标体系不仅适用于贵州省生态移民可持续发展能力分析和风险评价，也适用于中西部其他地区城镇安置模式下生态移民相关问题研究。

第二，分析城镇安置模式下生态移民可持续发展能力与风险。基于贵州省城镇安置模式下生态移民户的调查数据，定量分析生态移民搬迁前后可持续发展能力的变化情况，评价搬迁前后移民户可能面临的风险类型和风险程度，为生态移民可持续发展的规范研究提供支持。

第三，对城镇安置模式下生态移民的住房政策、土地政策、就业政策、产业政策、创业政策、社会保障政策执行情况进行评估，据此评判生态移民搬迁到城镇后所获得的促进其可持续发展的政策支持力度，为城镇安置模式下生态移民可持续发展的规范分析奠定基础。

第四，构建城镇安置模式下生态移民可持续发展战略框架、制度安排与机制设计。基于贵州省城镇安置模式下生态移民可持续发展能力和风险的调查分析，运用归纳法从个体到一般，获得较具概括性的规则和结论，推导出适用于中西部其他地区城镇安置模式下生态移民可持续发展的战略框架、制度安排与机制设计建议，为政府相关部门实施生态移民工程提供决策参考。

二　研究意义

生态移民是改善中国生态恶劣和脆弱区农村贫困人口生产生活条件、建设生态文明、推进新型城镇化的重要途径，基于新型城镇化视野，研究城镇安置模式下生态移民可持续发展具有重大的政治意义、理论意义和实践意义。

（一）政治意义

从新型城镇化视野对迁入城镇的生态移民如何实现可持续发展问题进行研究，不仅对有序推进生态移民工程、恢复和保护生态环境、维护国家生态安全、实现可持续发展和建设生态文明有着重要意义，而且对推进脱贫攻坚、加速新型城镇化进程、统筹城乡发展、促进民族团结、维护社会稳定、构建和谐社会乃至实现全面建成小康社会宏伟目标等皆具有重大政治意义。

（二）理论意义

中国西部地区生态恶化与贫困问题相互交织，一直以来都是开展生态移民的重点区域。从已有研究看，学者重点关注西部地区牧区生态移民相关问题，而对生态移民任务极其繁重、境内少数民族众多的贵州省生态移民问题研究不多，特别是从新型城镇化视野对搬迁至城镇的生态移民可持续发展问题开展的研究尤为缺乏。本书基于新型城镇化视野，探讨城镇安置模式下的生态移民如何实现可持续发展，形成与国家精准扶贫、建设生态文明和推进新型城镇化重大战略决策相匹配的生态移民可持续发展战略框架、制度安排与机制设计等，对于进一步丰富和完善中国的反贫困与生态移民理论具有重要的理论意义。

（三）实践意义

选择贫困人口最多、贫困程度最深、生态移民任务最繁重、经济发展滞后、城镇化水平最低（西藏除外）的贵州省作为调研区域，以城镇安置模式下的生态移民作为研究对象，对其迁移至城镇前后的可持续发展能力以及面临的风险进行调查分析，评估城镇安置模式下生态移民可持续发展政策执行情况，在此基础上，构建城镇安置模式下生态移民可持续发展的战略框架、制度安排与机制设计，为贵州省和中西部其他地区实施生态移民工程提供决策参考，对推动贵州省乃至中西部地区反贫困进程、有效实施脱贫攻坚、促进生态移民与全国人民同步实现小康具有重要的实践意义。

第三节　研究思路与研究框架

一　研究思路

本书坚持以科学发展观为指导，遵循"理论研究→现状剖析→实证分析→对策形成"（战略框架、制度安排和机制设计）的研究思路，综合运用计量经济学、区域经济学、发展经济学、生态学、制度经济学、社会学等学科的理论和方法开展研究。在回顾和借鉴相关研究成果的基础上，对中国和贵州省生态移民现状进行剖析。在贵州省贵阳市、六盘水市、遵义市、安顺市、毕节市、铜仁市、黔西南布依族苗族自治州、黔东南苗族侗族自治州、黔南布依族苗族自治州9个市（自治州）中，每个市（自治州）选择1—3个实施生态移民工程的项目县，每个项目县选择1—4个依托城镇集中安置生态移民的安置点，对生态移民可持续发展相关问题开展实地调研。

以调研获得的安置点区域层面数据和生态移民户微观数据为基础，对生态移民搬迁前后可持续发展能力变化状况以及面临的风险进行分析，评估城镇安置模式下生态移民可持续发展政策的执行情况，进而从新型城镇化视野提出城镇安置模式下生态移民可持续发展的战略框架、制度安排与机制设计，为贵州省乃至中西部其他地区相关部门实施生态移民工程提供理论依据与实证支持。

二　研究框架

本书以新型城镇化为研究视野，以城镇安置模式下的生态移民为研究对象，以生态移民可持续发展为研究主线，厘清生态移民理论基础，系统梳理国内外生态移民相关文献研究现状、成果与不足，阐释城镇安置模式下生态移民可持续发展的理论内涵与构建基础，分析中国生态移民发展态势和基本特征、贵州生态移民演进历程与安置模式，基于贵州省生态移民户微观数据，在对城镇安置模式下生态移民搬迁前后可持续发展能力变化状况和面临的风险进行分析，以及对城镇安置模式下生态移民可持续发展政策执行情况进行评估的基础上，系统构建城镇安置模式下生态移民可持续发展的战略框架、制度安排与机制设计。整个研究包括十一章内容。

第一章分析研究背景，提出研究问题，阐明研究的目的和意义，确立研究思路和研究框架，介绍研究方法和技术路线，概括本书的创新之处与主要局限。

第二章厘清反贫困理论、可行能力理论、生态恢复理论、可持续发展理论、人口迁移理论和城镇化理论对本书研究的理论指导意义；系统梳理国内外生态移民内涵界定和分类、生态移民安置模式、生态移民城镇化、生态移民可持续发展、对中国生态移民认同度的相关学术文献并进行评述，总结归纳研究成果，并指出已有研究存在的不足以及亟待深入研究的领域；阐释城镇安置模式下生态移民可持续发展的理论内涵，分析城镇安置模式的主要特色、实施条件和制度基础。

第三章从生态移民的起源、探索、发展与完善四个阶段总结归纳中国生态移民的起源与发展过程；结合中国当前宏观政策环境与国家层面的战略，分析生态移民呈现出与生态文明、精准扶贫、新型城镇化相耦合的发展态势；指出生态移民具有区域性、阶段性、敏感性、外部性和系统性基本特征。

第四章阐述贵州实施生态移民的必要性，将生态移民演进历程划分为四个阶段并总结各阶段的实施情况，归纳生态移民采取的主要安置方式和安置模式，实施生态移民工程取得的主要成效，生态移民实施过程中存在的一系列问题，总结多年来所积累的可资借鉴的经验。

第五章确定理论分析框架与假设前提，设定可行能力评价指标体系框架，选取相关变量，运用描述统计法和因子分析法对生态移民搬迁至城镇前后的经济功能性活动、社会功能性活动和生态功能性活动变化状况进行实证分析，进而综合判断城镇安置模式下生态移民的可行能力，即可持续发展能力的变化状况。

第六章阐述生态移民风险理论，分析生态移民风险特征与类型，构建城镇安置模式下生态移民可持续发展风险评价指标体系，运用实地调研获得的生态移民户微观数据，从移民户的主观感受角度，对城镇安置模式下生态移民的风险变迁进行评价，进而对生态移民应对风险的主观策略进行描述统计分析。

第七章从生态移民的住房政策、土地政策、就业政策、产业政策、创业政策和社会保障政策六个方面，评估城镇安置模式下生态移民可持续发展政策的执行情况，并考察以上政策对生态移民可持续发展的影响。

第八章明确城镇安置模式下生态移民可持续发展总体思路和应遵循的基本原则，将战略目标定位为"消除绝对贫困、保护生态环境、推进新型城镇化、实现同步小康"；战略重点主要包括实施生态建设、完善配套设施、发展生态产业、引导就业创业、提供公共服务、创新社区治理；基于新型城镇化视野，提出生态移民可重点采取特色旅游型城镇安置模式、工业主导型城镇安置模式、生态农业型城镇安置模式、交通枢纽型城镇安置模式、商贸流通型城镇安置模式、资源开发型城镇安置模式和政治中心型城镇安置模式。

第九章针对城镇安置模式下影响生态移民可持续发展能力提升和存在潜在风险的深层次制度性障碍，以及城镇安置模式下生态移民可持续发展政策执行的偏差，从法律制度、户籍制度、就业制度、金融制度和社会保障制度五方面提出生态移民可持续发展制度安排的建议。

第十章为了促进生态移民可持续发展，设计与城镇安置模式下生态移民可持续发展战略和制度相互配合、运行顺畅的监督评估机制、信息传递机制、利益补偿机制、退出激励机制、资金整合机制、风险防范机制和社会参与机制。

第十一章对本书的主要结论进行总结，并结合本书研究的内容，展望今后需要深入持续研究的问题。

第四节　研究方法与技术路线

一　研究方法

（一）文献研究法

在本书研究之初，充分研读大量国内外生态移民相关领域的学术文献，阐明本书研究的理论基础，系统梳理城镇安置模式下生态移民可持续发展相关问题的研究现状，总结归纳研究成果，并指出已有研究存在的不足以及亟待深入研究的领域，以保证研究的前瞻性。

（二）理论分析法

在本书研究过程中，注重交叉学科的综合运用，采用计量经济学、区域经济学、发展经济学、生态学、制度经济学、社会学等学科理论对本书观点进行理论诠释，以保证本书观点的理论充分性。

（三）调查研究法

本书属于应用研究范畴，采用田野调查法开展调研。一是合理选择调研地点。将调研地点确定为贵州省 2012 年以来实施扶贫生态移民工程的城镇安置点，在贵阳市、六盘水市、遵义市、安顺市、毕节市、铜仁市、黔西南布依族苗族自治州、黔东南苗族侗族自治州、黔南布依族苗族自治州 9 个市（自治州）选取 19 个实施生态移民工程的项目县，每个项目县选取 1—4 个代表性较强的城镇安置点开展调研。二是与县乡部门座谈。设计与生态移民项目县、乡（镇）相关部门座谈提纲，从安置点层面了解生态移民工程实施的总体情况。三是开展田野调查。结合生态移民可持续发展的相关理论与实践，设计调查问卷开展预调查，在进一步完善调查问卷的基础上，对城镇安置模式下的生态移民家庭开展入户调查。

（四）实证分析法

对调研数据进行整理分析，设计生态移民可持续发展能力评价指标体系，采用描述统计法和因子分析法对城镇安置模式下生态移民搬迁前后的可持续发展能力进行对比分析，进而判断生态移民搬迁到城镇后其可行能力，即可持续发展能力是否有所提升。

（五）规范研究法

本书以实地调查数据为依据，结合城镇安置模式下生态移民可持续发展能力各功能性活动维度的薄弱环节、搬迁后生态移民可持续发展风险的大小程度，以及生态移民可持续发展政策执行偏差的具体情况开展规范研究，构建适合贵州省和中西部其他地区城镇安置模式下生态移民可持续发展的战略框架，并进一步研究促进生态移民可持续发展的制度安排与机制设计等。

二　技术路线

本书将按照如图 1 - 1 所示的技术路线逐步展开研究。

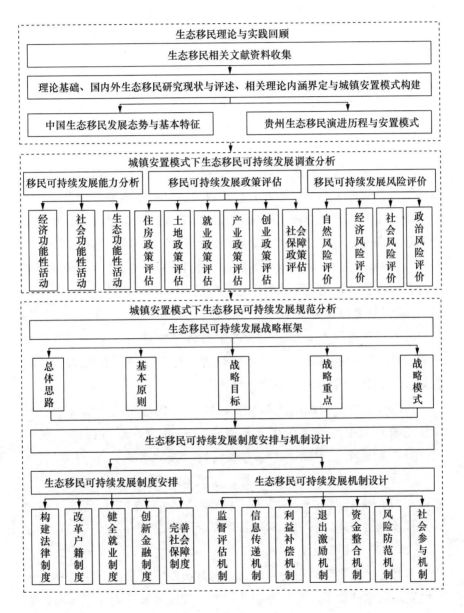

图 1-1 技术路线

第五节　研究创新与主要局限

一　研究创新

在充分吸收和借鉴国内外学者的有关生态移民研究成果的基础上，本书研究的创新点主要体现在以下三方面。

（一）研究视野创新

从新型城镇化视野来探讨城镇安置模式下生态移民如何实现可持续发展，是研究生态移民问题的新颖视野，目前学术界很少涉入。本书将生态移民与新型城镇化有机融合，力求提出符合新型城镇化发展特点与要求的城镇安置模式下生态移民可持续发展的战略框架、制度安排与机制设计，在很大程度上保证了本书展开的实证分析和规范研究与国家新型城镇化重大战略决策相匹配。

（二）研究内容创新

首先，针对城镇安置模式下的生态移民构建了用于评价其可持续发展能力的指标体系，并运用贵州省生态移民户的微观数据进行实证分析，目前学术界尚未涉及此内容研究。

其次，从生态移民经济功能性活动、社会功能性活动和生态功能性活动三个维度来评价生态移民的可行能力，即可持续发展能力，在一定程度上丰富了生态移民可持续发展理论。

最后，基于新型城镇化视野，系统构建了城镇安置模式下生态移民可持续发展的战略框架、制度与机制，为"十三五"时期大规模实施生态移民提供了应用性理论依据。

（三）研究方法创新

本书运用众多学科理论与研究方法对城镇安置模式下生态移民可持续发展问题开展了综合、系统的研究。理论方法注重交叉学科的综合运用，采用计量经济学、区域经济学、发展经济学、生态学、制度经济学、社会学等学科理论。同时，注重实证研究与规范研究相结合，在实证分析城镇安置模式下生态移民可持续发展能力的基础上，评估生态移民可持续发展风险和生态移民可持续发展政策执行情况，从新型城镇化视野对城镇安置模式下生态移民可持续发展的战略框架、制度安排与机制设计展开了规范研究。

二　主要局限

生态移民是一项艰巨繁重的工程，涉及的问题极其复杂，获取数据较为困难，本书在研究中存在一些局限。

首先，用于实证分析的样本量未达预期。在设计调研方案时，原计划生态移民问卷单次调查样本量达到 1000 户，但在安置点实地调研时，由于部分生态移民户选择在安置点与迁出地两头居住或全家外出务工，对每个安置点获取的样本数量有限。课题组 2015 年 2 月主要对生态移民经济功能性活动的相关情况进行调研，获得有效问卷 609 份；2015 年 5 月，课题组对生态移民的社会功能性活动、生态功能性活动相关情况进行调研，获得有效问卷 422 份。尽管两次调研的有效问卷加总达到 1000 份，但因两次调研设计的生态移民户调查问卷所涉及的内容不一样，给计量模型的设计与应用增加了难度，因此，本书实证分析仅采用因子分析法。为了更全面地掌握贵州省生态移民工程的实施情况，课题组采取与县、乡（镇）实施生态移民工程的相关部门座谈、安置点原住户和移民集体访谈的方式，尽最大努力收集更多的信息。

其次，根据生态移民的内涵，既指生态移民政策的实践行为，也指生态移民实践行为的迁移对象，即那些迁移出来的农牧民。因此，城镇安置模式下生态移民可持续发展范畴较广，既包括迁出地和迁入地的可持续发展，也包括移民群体的可持续发展。为了突出研究重点，本书主要探讨如何实现移民对象的可持续发展，即移民群体搬迁后如何在城镇实现可持续发展，对生态移民迁出地和迁入地的可持续发展着墨不多。从长远看，生态移民迁出地和迁入地的可持续发展，也是一个需要加以深入研究的问题。

最后，反贫困与生态移民可持续发展是一个非常复杂的生态、经济、社会发展难题。由于研究能力和研究条件的限制，本书在构建生态移民可持续发展战略框架、制度安排与机制设计时的理论高度有待提升。

　　此外，还有很多具体、细致而复杂的问题需要深入研究，尤其是在城镇安置模式下生态移民可持续发展能力评价指标体系构建、生态移民可持续发展的政策调整体系，以及生态移民安置模式的推广等方面需要做进一步探索。

第二章　理论基础与文献综述

发展中国家或欠发达地区的反贫困及生态移民可持续发展是一个非常复杂的生态、经济和社会问题。厘清反贫困理论、可行能力理论、生态恢复理论、可持续发展理论、人口迁移理论和城镇化理论对本书研究的理论指导作用，全面梳理国内外生态移民内涵界定和分类、生态移民安置模式、生态移民城镇化、生态移民可持续发展、对中国生态移民认同度的相关学术文献，阐释城镇安置模式下生态移民可持续发展的理论内涵与城镇安置模式构建基础，是确立城镇安置模式下生态移民可持续发展研究理论框架及研究内容的重要基础。

第一节　理论基础

生态移民是一项涉及诸多领域的系统性工程，糅合了生态保护、扶贫开发、区域经济发展、社会重建等多重任务。研究城镇安置模式下生态移民可持续发展问题，不仅要以可持续发展理论为指导，而且需要反贫困理论、可行能力理论、生态恢复理论、可持续发展理论、人口迁移理论和城镇化理论的支撑。

一　反贫困理论

自人类社会产生以来，贫困现象就始终与人类发展进程相伴而生，贫困是世界各国发展进程中必须面对和需要解决的现实问题，反贫困是保证社会公平的重要战略。联合国开发计划署（UNDP）发布的《2014 年人类发展报告》强调，必须将减少贫困和降低使人们陷入贫困的脆弱性作为 2015 年后发展议程的一个主要目标，消除极端贫困不仅要朝"零贫困"努力，而且还要守住减贫成果。①

国外学界早期对贫困的理解局限于经济学意义的物质层面，英国学者朗特里（Benjamin Seebohm Rowntree，1901）最早界定了绝对贫困的概念，即一个家庭处于贫困状态，是因为其所拥有的收入不足以维持食品、住房、衣着和其他必需品等生理功能的最低需要。② 20 世纪 60 年代后，贫困内涵扩展到相对贫困，美国斯坦福大学法克思（Fuchs Victor，1967）明确指出，相对贫困是一个人或一个家庭的生活状况（用收入或消费衡量）低于社会平均水平（如平均或中值收入）到了一定的程度，并首次使用了相对贫困标准。③ 自此以后，贫困内涵进一步扩大到人文贫困。美国经济学家西奥多·W. 舒尔茨（Theodore W. Schultz，1961，1991）认为，贫困是大量经济不平衡的结果，并将资本区分为"常规资本"和"人力资本"，指出提升人力资本能够显著改善贫困人口的经济前景和福利。④⑤ 诺贝尔经济学奖获得者阿玛蒂亚·森（Amartya Sen，2002）基于"能力贫困"视角提出了可行能力贫困论，认为贫困是基本可行能力被剥夺的结果，而不仅仅是收入低下，指出基本可行能力剥夺的三个焦点特征是未成年死亡、营养不良和文盲。⑥

反贫困一直是世界银行的核心使命，世界银行在《1990 年世界发展报告》中将贫困概念扩大到广义的贫困，即贫困不仅表现为物质匮乏，还应加入能力因素，指出贫困是"缺少达到最低生活水平的

---

① 联合国开发计划署：《2014 年人类发展报告——促进人类持续进步：降低脆弱性，增强抗逆力》，http：//www. cn. undp. org/content/china/zh/home/library/human_ development/human – development – report – 2014. html，2016 年 2 月 13 日。

② Rowntree, Benjamin S., *Poverty: A Study of Town Life*, London: Macmillan Publishers Limited, 1901, p. 103.

③ Victor R. Fuchs, "Redefining Poverty and Redistributing Income", *Public Interest*, Vol. 14, No. 8, Summer 1967, pp. 88 – 95.

④ Theodore W. Schultz, "Investment in Human Capital", *The American Economic Review*, Vol. 51, No. 1, Mar. 1961, pp. 1 – 17.

⑤ ［美］西奥多·舒尔茨：《经济增长与农业》，郭熙保、周开年译，北京经济学院出版社 1991 年版，第 65—79 页。

⑥ ［印度］阿玛蒂亚·森：《以自由看待发展》，任赜、于真译，中国人民大学出版社 2002 年版，第 15、85、98 页。

能力"①；《2000/2001 年世界发展报告》扩大了贫困概念的内涵，认为除以上内容之外，贫困还包括风险和面临风险时的脆弱性，以及不能表达自身的需求和缺乏影响力。以上几个贫困的定义都将制约阿玛蒂亚·森所提出的人类可行能力。②

中国学术界在界定贫困的定义时，最初也只是关注经济层面上的物质贫困，如得不到一定数量的生活必需品、缺乏获得必需物品或服务的经济资源、物质生活水平低下，以及达不到社会成员的一般水平或被社会所认可的最低标准等。汪三贵（1994）指出，贫困表示为缺乏必要的生活资料和劳动力再生产的物质条件，或者是经济收入只能支撑较低的生活水准。③ 可见，"物质贫困，收入低下"是贫困最基本的表现形式。随着研究的深入，对贫困的认识拓展到了社会学领域的人文贫困。如胡鞍钢（2004）将贫困划分为收入贫困、人类贫困和知识贫困。④ 郑宝华、张兰英（2004）认为，贫困不仅表现为收入低下，还包括缺少发展机会和应变能力，甚至是对基本能力和权利的剥夺，从而使之无法获得社会公认的、一般社会成员都能享受到的饮食、生活条件、舒适和参加某些活动的机会。⑤ 黄海燕、王永平（2010）认为，贫困是指由于缺乏必需的生产生活资料、发展机会、权利、能力等而导致某些个人、家庭、群体或区域的经济、社会和文化状况达不到该社会认可的最低标准。⑥ 学者还根据致贫原因的不同，形成了自然环境论、资本短缺论、贫困文化论、能力和权力缺乏论等贫困假说。

---

① 《1990 年世界发展报告》编写组：《1990 年世界发展报告：贫困问题社会发展指标》，世界发展报告翻译组译，中国财政经济出版社 1990 年版，第 26 页。

② 《2000/2001 年世界发展报告》编写组：《2000/2001 年世界发展报告：与贫困作斗争》，世界发展报告翻译组译，中国财政经济出版社 2001 年版，第 15 页。

③ 汪三贵：《贫困问题与经济发展政策》，农村读物出版社 1994 年版，第 1 页。

④ 胡鞍钢：《减少各类贫困，促进人类发展，实现千年发展目标》，《国情报告》2004 年第 6 卷（下）。

⑤ 郑宝华、张兰英：《中国农村反贫困词汇释义》，中国发展出版社 2004 年版，第 10 页。

⑥ 黄海燕、王永平：《新阶段贵州农村贫困特征与反贫困策略调整》，《贵州农业科学》2010 年第 7 期。

　　在贫困治理理论上，学者基本上主张应从单一经济性政策向全面社会性政策转变，从根本上解决贫困问题。杨立雄（2005）认为，丧失权利和遭受排斥是贫困的根源，在实施反贫困战略时，必须设计"发展性社会政策"，即将消除物质贫困与实现社会公平整合起来，不仅要给予贫困人口必要的物质救助，同时还要努力消除对贫困人口的非物质能力剥夺以及社会对贫困人口的排斥[①]；赵曦（2006）认为，西部农村的反贫困治理应重点考虑如何满足贫困群体的基本生活需求，提高其生产与发展能力，治理重点是调整扶贫制度，强化社会服务，发展特色产业，重视教育培训，依靠科技进步，推广小额信贷[②]；杨乐（2013）认为，农村反贫困应重点加强基础教育和职业教育，健全社会保障体系，扶持龙头企业，加大产业化扶贫力度。[③]

　　在中国，最初的生态移民以解决贫困问题为主，随着可持续发展战略的提出，生态环境越来越受到关注，才有"生态移民"这一概念。中国生态移民政策最为核心的目标是保护生态环境和消除贫困。近年来，生态移民以各种称谓在西部地区稳步推进，如扶贫搬迁、扶贫移民、异地扶贫、扶贫生态移民、易地扶贫搬迁等。不难发现，尽管以上词语称谓不同，但均包含"扶贫"二字。由于中国大量农村贫困人口集中分布在自然条件相对恶劣的西部地区，生态恶化与贫困加剧问题相互叠加且互为贫困恶性循环的因果。生态移民工程在突出生态恢复功能的同时，还承担了反贫困的重任。综上所述，反贫困理论是生态移民研究与实践的重要理论基础。

二　可行能力理论

　　生态移民的可持续发展有赖于人的可行能力的持续发展，阿玛蒂亚·森（2002）在《以自由看待发展》一书中详尽地论述了可行能

---

　　① 杨立雄：《欧盟社会救助政策的演变及对我国的启示》，《湖南师范大学社会科学报》2005 年第 34 卷第 1 期。

　　② 赵曦：《中国西部农村的反贫困治理研究》，《四川大学学报》（哲学社会科学版）2006 年第 6 期。

　　③ 杨乐：《湖北少数民族地区农村反贫困研究——以恩施州为例》，硕士学位论文，湖北民族学院，2013 年，第 35—37 页。

力理论。①

　　森指出，人类可持续发展应侧重于观察人的生活质量和可行能力是否具有可持续性。可持续发展是一个多维概念，实现的途径主要取决于自然资源、经济发展和生产能力的可持续性，发展的根本目标是不断增强人们实现理想和成就的能力，获得健康、教育、体面的生活和主体性，可行能力不断扩展并具有多维性。因此，拥有发展所必需的可行能力，是实现人类可持续发展的前提条件。

　　森认为，个人可行能力的构建需要依赖于经济的、社会的、政治的安排，他将可行能力的内涵定义为："一个人的可行能力是此人有可能实现的、各种可能的功能性活动的组合。"吃、穿、住、行、读书、社会参与等均可以看作是功能性活动，用功能性活动向量代表已经实现的功能性活动，从而组成能够折射出个人生活水平的功能性活动向量集，这些相互联系的功能性活动向量集就构成了可行能力集合。

　　可行能力理论的问世，使学者在研究人类发展问题时将重点转向如何使人类获得发展所需的可行能力，开辟了以"可行能力"作为衡量人类发展标准的新纪元。"功能性活动"和"可行能力"是可行能力理论的核心概念，通常简写为"功能"和"能力"。功能即实际能做什么，反映人们已经达到的状态，如享有完善的社会保障、舒适的居住条件、满意的工作以及良好的心理状况等。能力是功能性活动向量的集合，是功能派生出来的概念，能力即能成为什么，是实现"功能性活动"的能力，反映人们获取各种功能组合的真正机会和选择自由。

　　因此，可行能力实质上是实现各种功能性活动组合的实质自由，这种实质性自由既是人类发展的目的，也是发展的重要手段，分别称为自由的建构性作用与工具性作用。实质自由的建构性作用，表现在对改善人类生活质量方面所起到的作用，源于人类的主体性。实质自由主要包括：人们能够免受饥饿、失业、贫穷、疾病等困苦，并获得

---

　　① ［印度］阿玛蒂亚·森：《以自由看待发展》，于真、任赜译，中国人民大学出版社2002年版，第9、12、18、30—33、62—63、86—87、102页。

接受教育、平等享受政治参与的权利等，这些自由显然有助于增强人类可行能力，并提高其生活质量，即发挥建构性作用。换言之，如果一个人的可行能力遭受剥夺，即是不自由的。实质自由的工具性作用远比建构性作用广泛，包括若干层面。森重点讨论了五种能增强人们可行能力的自由，分别是政治自由、经济条件、社会机会、透明性保证和防护性保障，五种自由相互联系、互为补充，不仅能起到工具性作用，同时也是建构性作用的直接体现者。当然，以上五类自由并不是所有工具性自由的完整清单，但是，为后人开展研究提供了如何去关注那些特别重要事情的思路。

在可行能力形成的过程中，森还提出了转换因素，即在假定"功能""能力"集合相同的前提下，因个人、社会、环境等因素的差异，造成商品或服务转化为能力的程度和效率的差异性，以上差异即是转换因素，一般情况下，包括以下五类：个人的异质性、环境的多样性、社会氛围差异、人际关系差别和家庭内部的分配。转换因素虽然不是能力产生的根源，但是，对商品或服务向功能性活动和能力的转换起到催化或遏制作用。

虽然森认为一个人获得享受健康、接受教育权利等在能力构成中起到核心作用，但他并不认同存在适用于所有研究领域或研究对象的权威性能力清单，即他向人们提供的只是一般性的、具有弹性的理论框架。该框架对于有关评估目的、个人利益、评估规范与社会安排等内涵均为开放性的，即根据不同的研究需要，功能和能力所包括的内容可以在能力理论框架下重新构建（Magni，2004）。[①]

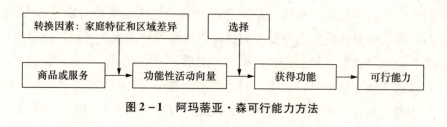

图 2-1　阿玛蒂亚·森可行能力方法

① 转引自杨兴华、张格儿《阿玛蒂亚·森和玛莎·努斯鲍姆关于可行能力理论的比较研究》，《学术论坛》2014 年第 2 期。

综上所述，森的可行能力理论将关注点放在人类如何去实现这些功能性活动与可行能力，把人类获得发展的自由和权利囊括在该理论框架中，并强调商品或服务在转化为功能、能力时的程度和效率的差异性。因此，在探讨城镇安置模式下生态移民可持续发展问题时，森的可行能力理论可以作为生态移民可持续发展能力分析的理论基础，在具体应用时，需要筛选出那些影响生态移民可持续发展能力的特别重要的功能性活动及具体指标，构成可行能力集。同时，要关注这些功能性活动之间的联系，这些联系将不同类型的工具性自由整合在一起，不仅互为补充，而且还有利于强化实质自由工具性作用的发挥，增强移民的整体可行能力。

三 生态恢复理论

美国学者阿尔波·莱波德（Alpo Leppold，1935）最早倡导开展生态恢复。生态恢复是生态环境补偿的一种方式，最初的实验是在废弃农场或废弃地上进行植被草地的成功修复，其意义在于向人们证实：将因过度放牧、侵蚀等因素损坏的废弃地恢复之前的草原和森林，在理论和技术上都是可能的。[①] 1985 年国际恢复生态学会成立以来，生态恢复理论、方法与实践已逐渐成为国内外学者研究的热点之一。

以乔丹、吉尔平和阿布勒（Jordan, Gilpin and Abler）于 1987 年出版的《恢复生态学——生态学研究的一种合成方法》著作为标志，恢复生态学正式成为一门独立的学科。恢复生态学辩证地看待人在生态系统中的双重作用，就其消极作用而言，人是生态系统的利用者和破坏者；同时，人在生态系统中也能起到积极作用，例如，当人类采取措施恢复自然生态系统时，人就成为生态系统的设计者与缔造者。该学科更多地关注如何实现人与自然协调发展，研究范围也不再局限于对废弃地的生态恢复，还扩展到森林、草地、湿地等生态系统的恢复。

---

① 转引自米文宝、谢应忠《生态恢复与重建研究综述》，《水土保持研究》2006 年第13 卷第 2 期。

　　国外许多学者界定了生态恢复的概念。哈珀（Harper，1987）将组装并试验群落和生态系统工作的过程称为生态恢复；戴蒙德（Diamond，1987）指出，生态恢复是再造一个自然群落或自我维持并保持后代持续性的群落；乔丹（1995）、凯恩斯（Cairns，1995）将生态恢复定义为：使受损生态系统的结构和功能恢复到先前或历史上状态的过程。①

　　20 世纪 50 年代以来，中国就已经开始实施坡地绿化、植被恢复、水土流失工程治理等一系列生态恢复工程，国内学者也相应开展了生态恢复的研究。蔡运龙等（1999）提出，人口持续增长与自然资源有限性的矛盾日益突出，必须依靠社会投入对退化土地进行生态重建②；刘庆（1999）在研究川西地区生态系统恢复与重建的对策时，强调生态恢复项目的实施要与经济发展相结合③；张惠远、蔡运龙等（2000）采用先进技术手段测度了喀斯特山区生态退化程度④；方创琳等（2001）将区域可持续发展理论、恢复生态学理论和社会生态学理论看作是西北干旱区生态重建与经济可持续发展的重要理论基础；⑤⑥焦居仁（2003）针对生态恢复提出了自己的见解，认为生态系统本身具有一定的自我修复能力，如果遏制外界的人为干扰，从根本上缓解生态压力之后，那么生态系统会重新回归到休养生息的状态，在经历漫长的大自然自身推进过程后，会恢复原有的生态功能和

　　① 哈珀、戴蒙德、乔丹和凯恩斯四位学者对生态恢复的定义，参考资料来源于百度百科"生态恢复"词条，http://baike.baidu.com/link? url = z2OKpKdp _ X7aLVfSMmo QMfZCljr 4TCdiFEjvK2XbC2sa_8H_fFrjt_6voKkQ – U_oL2_Siix3le5nxQsrC5_39K#reference – ［1］ – 695870 – wrap。

　　② 蔡运龙、蒙吉军：《退化土地的生态重建：社会工程途径》，《地理科学》1999 年第 3 期。

　　③ 刘庆：《青藏高原东部（川西）生态脆弱带恢复与重建研究进展》，《资源科学》1999 年第 21 卷第 5 期。

　　④ 张惠远、蔡运龙、万军：《基于 TM 影像的喀斯特山地景观变化研究》，《山地研究》2000 年第 18 卷第 1 期。

　　⑤ 方创琳、张小雷：《干旱区生态重建与经济可持续发展研究进展》，《生态学报》2001 年第 21 卷第 7 期。

　　⑥ 方创琳、徐建华：《西北干旱区生态重建与人地系统优化的宏观背景及理论基础》，《地理科学进展》2001 年第 20 卷第 1 期。

演变规律。但是，如果要在较短时期实现生态恢复，则需要辅助人工措施。①

实施生态移民工程，其本质是采取人为措施将生态环境恶劣地区的贫困人口迁移出来，从而逐步改善和恢复迁出地的生态环境。根据生态恢复理论，受损生态系统的恢复包括自然恢复和人为恢复两类，自然恢复的生态自生原理，为生态移民提供了直接的理论支持。生态移民项目区通常是生态环境脆弱、人口规模远远超过区域生态环境承载能力的地区，将这些干扰生态系统稳定的农户迁出，可以减少或杜绝人为因素对生态系统的破坏，减轻迁出地的生态压力，为生态系统自我休养生息创造条件。在生态系统自身反馈机制的调节作用下，使其内部结构和功能重新恢复到之前的稳定状态，生态系统得以自然修复。同样，在迁出地生态建设项目的实施过程中，需要采取人为的生物工程技术或措施恢复迁出地生态系统的有序性和稳定性，生态恢复理论则为其提供了实践指导。

四　可持续发展理论

可持续发展的提出源于环境问题，是人类发展进程中的新理论，该理论正式形成于 20 世纪下半叶。在美国雷切尔·卡森（Rachel Carson，1962）女士出版的《寂静的春天》著作中，就已经包含可持续发展的思想萌芽。② 1972 年，在斯德哥尔摩世界环境大会上首次提出"可持续发展"这个概念。1987 年世界环境与发展委员会（WCED）主席布托特兰（Brundtland）女士在《我们共同的未来》报告中，将可持续发展定义为，"既满足当代人需要，又不对后代人满足其需要的能力构成危害的发展"。该定义强调了两个重要观点：一是人类要发展，尤其是穷人要发展；二是发展不能超过生态环境域限和危及后代人的生存与发展。这一表述获得了全世界的广泛认可。1989 年联合国环境署（UNEP）在《环境署第 15 届理事会关于"可持续发展"

---

① 焦居仁：《生态修复的要点与思考》，《中国水土保持》2003 年第 2 期。

② ［美］雷切尔·卡森：《寂静的春天》，庞洋译，台海出版社 2015 年版，第 1—15 页。

的声明》中指出，可持续发展在包含上述定义的基础上，还应包含不侵犯国家主权，维护并合理使用支撑着生态抗压力及经济增长的自然资源。1992 年联合国环境与发展大会（UNCED）在可持续发展理念的指导下，制定并通过了《里约宣言》和《21 世纪行动议程》，提出"人类要生存，地球要拯救，环境与发展必须协调"的人类发展观，将可持续发展作为未来长期发展战略。英国环境经济学家戴维·皮尔思和杰瑞米·沃福德（D. W. Pearce and J. J. Warford，1996）从经济学角度将可持续发展定义为"当发展能够保证当代人的福利增加时，也不应该使后人的福利减少。"[①]《中国 21 世纪议程》指出："国家可持续发展能力，在很大程度上取决于政府和人民能力及其经济资源、生态和环境条件。"[②] 即国家可持续发展能力，具体表现为经济系统发展的可持续性和经济发展环境的可持续性。

可持续发展理论在生态移民的理论研究和实际操作层面均具有特别重要的指导意义。一方面，该理论特别关注人口与环境资源之间的协调性，并将后代的可持续发展纳入思考主体，突破了传统粗放型发展理论以人为主体的一元主体模式，因此，可持续发展理论是研究生态移民问题的核心支持理论；另一方面，世界各国实施的生态移民工程，可以看作是可持续发展理论的新实践，在生态移民操作层面，如生态移民对象和项目区的确定、迁出地生态恢复与重建、迁入地选择与资源合理利用、移民后续发展等，可持续发展理论可以指导其实践过程。

五 人口迁移理论

目前关于人口迁移的概念，普遍被认同的定义是"人口在两个地区之间的地理流动或者空间位置上的永久性或长期性的移动"[③]，这一概念突出了人口迁移的空间属性和时间属性。

---

① 戴维·皮尔斯、杰瑞米·沃福德：《世界无末日：经济学、环境与可持续发展》，张世秋译，中国财政经济出版社 1996 年版，第 69—74 页。

② 《中国 21 世纪议程》编制组：《中国 21 世纪议程：中国 21 世纪人口、环境与发展白皮书》，中国环境科学出版社 1994 年版，第 31 页。

③ 朱杰：《人口迁移理论综述及研究进展》，《江苏城市规划》2008 年第 7 期。

对人口迁移的研究，国外已形成了较为系统的理论思想，主要有推拉理论、新古典经济学人口迁移理论、双重劳动力市场理论、发展经济学说人口迁移理论、年龄—迁移率模型、投资—利润论、期望收入论等人口迁移理论。本书认为，推拉理论是研究生态移民问题最为重要的理论基础，下面主要对该理论做详尽阐述。

雷文斯坦（E. G. Ravenstein，1885）针对迁移距离、模式、动机、迁移者特征等提出了迁移的七大定律，他认为，人口迁移与迁移距离成反比，并将人口迁移归因于歧视、压迫、天气、贫困等不利条件，该研究是推拉理论的最早雏形，奠定了人口迁移的理论基础，引起了学者的关注。[1][2] 赫伯尔（R. Herberle，1938）首次将"迁移定律"扩展为"推拉"理论，认为人口迁移是迁出地的推力或排斥力和迁入地的拉力或吸引力两种不同方向力相互作用的结果。该理论包含两个基本假设：一是迁移主体对目标居住地与原住地的信息完全了解；二是迁移行为是迁移主体在综合权衡利弊的前提下做出的理性决策。迁出地的推力包括自然灾害、耕地资源匮乏、公共基础设施薄弱等，迁入地的拉力则包括就业机会多、工资水平较高以及完善的公共服务与基础设施等。[3] 英国学者李（Everett S. Lee，1966）进一步充实了推拉理论的内容，提出迁出地因素、迁入地因素、中间障碍、迁移者自身特征和认知程度四个因素在人口迁移中起着关键作用，当迁出地的推力大于拉力而迁入地的推力小于拉力时就会发生人口迁移。[4] 美国学者巴格内（D. J. Bagne，1969）系统化了推拉理论，他指出，人口的流动是以改善生活条件为目的的，生活条件相对不利的地区是推力，生活条件较好的地区是拉力，劳动力主要是从生活条件不利的地

---

① E. G. Ravenstein, "The Laws of Migration", *Journal of the Statistical Society*, Vol. 48, No. 2, June 1885, pp. 167 – 235.

② 雷文斯坦"人口迁移七大定律"的研究成果，有时候也将其称为"雷文斯坦的人口迁移法则"，这是学术界对人口迁移现象的最早系统性研究记录。

③ Rudolph Heberle, "The Causes of Rural – Urban Migration: A Survey of German Theories", *American Journal of Sociaology*, Vol. 43, No. 6, January 1938, pp. 932 – 950.

④ Everett S. Lee, "A theory of Migration", *Demography*, Vol. 3, No. 1, March 1966, pp. 47 – 57.

区流入那些有利于改善生活条件的地区。① Amersfort、Muus 和 Penninx（1984）在分析国际人口迁移时指出，迁入国与迁出国的社会经济差异决定了潜在迁移者数量，特别强调了迁移政策对人口迁移的影响。②

国内学界对人口迁移的研究始于 20 世纪 80 年代。学者运用不同的研究方法，在不同理论体系下，基于宏观或微观的角度，在迁移人口的统计属性，人口迁移动因、空间分布及模式，人口迁移与城市化的关系，人口迁移对社会经济发展的影响等方面做了大量的分析论证。与国外学者相比，国内学者更多地集中在迁移人口特征及其与社会经济之间的关系研究，大多数研究还是借鉴国外的理论框架，对人口迁移理论研究较为缺乏，尚未构建出一套适合中国国情的自成体系的人口迁移理论。

生态移民是以人口迁移的方式来推进人口与自然生态系统的协调发展，虽然生态移民有着种种特殊性，但其本质上仍然是一种典型的人口迁移模式。人口迁移的有关理论，尤其是推拉理论适用于生态移民的理论研究与实践。就移民迁移意愿而言，本质上的自愿与非自愿源于推力与拉力的此消彼长。如果迁出地拉力大于推力或者迁入地推力大于拉力，会导致移民自愿迁移的意愿不足，此时政府主导实施的生态移民则属于非自愿移民。倘若政府能够在迁入地为移民提供更多的物质、就业、文化、社会保障等资源，这种非自愿移民就会转变成自愿移民。因此，自愿移民与非自愿移民之间并非存在一条不可逾越的界线，也不是以实施主体为区别依据，而是取决于移民对迁移行为的态度。在生态移民中，要实现迁移对象最大限度的自愿化，必须在采用经济补偿手段的同时，使移民与当地居民同等享受基本公共服务。人口迁移理论可以应用于整个生态移民过程，如生态移民政策的制定、解决生态移民过程中存在的问题、分析生态移民政策效果、进一步改进生态移民政策等，人口迁移理论都起到至关重要的指导

---

① 转引自徐清《工资"拉力"与城市劳动力流入峰值——基于"推拉"理论的中国经济实证》，《财经科学》2012 年第 10 期。
② 张晓青：《国际人口迁移理论述评》，《人口学刊》2001 年第 3 期。

作用。

六　城镇化理论

城镇化是指农村人口转化为城镇人口的过程。1867 年，西班牙工程师赛达（A. Serda）首次使用了"Urbanization"（城镇化）一词。18 世纪英国的工业革命使农业人口大规模地流入城市，对城市社会经济结构和空间形态产生了巨大的影响，城镇化进程初步显现，引发了西方学术界对城镇化问题的理论性探索，并形成了许多有关城镇化的理论。因为城镇化的研究涉及多学科领域，决定了城镇化理论的多样性。

国外关于城镇化的理论大致分为以下三种：一是区位理论。该理论将城镇看作是人口、产业和资源的聚集地，由生产力发展水平所决定的空间区位直接影响着城镇的发展。主要代表性理论有德国经济学家杜能（Johan Heinrich von Thunnen，1826）的农业区位论、韦伯（Alfred Weber，1909）的工业区位论、克里斯泰勒（Walter Christaller，1933）的中心地理论、廖什（August Losch，1940）的市场区位论及苏联经济地理学家科洛索夫斯基（Korosovski，1948）的地域生产综合体理论。二是结构转换理论。发展中国家普遍存在现代化工业和传统农业并存的二元经济结构，该理论认为，工业化与城市化、就业结构与产业结构之间的协同性是二元结构向一元结构转换的关键，核心是农村剩余劳动力向城市和第二、第三产业转移，实际上是城市化过程。该理论包括二元结构模型理论和就业结构转换理论，以美国经济学家刘易斯（W. Arthur Lewis，1954）的二元经济模型、乔根森（D. Jogenson，1967）的新古典经济学二元经济模型、托达罗（M. P. TodAaro，1969）人口流动的预期收入模型、钱纳里和赛尔昆（H. Chenery and M. Syrquin，1975）的就业结构转换理论为代表。三是非均衡发展理论。从经济发展的不均衡角度阐述产业空间布局上的聚集机理，具有代表性的理论有：佩鲁（F. Perroux，1950）的增长极理论、缪尔达尔（Myrdal，1957）的循环累积理论、赫希曼（Hirschman，1958）的非平衡发展理论、弗里德曼（John Friedmann，1966）的核心—边缘理论等。

中国学者在 20 世纪 80 年代才开始对城镇化问题进行研究，在秉承了国外城镇化理论的基础上，其研究主要集中在城镇化内涵、动力机制、发展路径、推进模式等方面。辜胜阻（1991）将"Urbanization"译为城镇化，其含义是人口不断由农村向城镇集中的过程。[①] 简新华（2003）认为，城镇化的推进伴随着农村人口不断地向城市和非农产业转移，第二、第三产业向城市集聚，城市的生产生活方式、物质与精神文明向农村传递。[②] 学者还提出推进城镇化的多元化动力机制。刘传江（1999）认为，产业结构变化、经济要素流动和集聚、制度安排与变迁分别是城镇化的动力机制、实现机制和推阻机制。[③] 李强（2012）指出，城镇化的动力来源于政府、市场和民间社会。[④] 已有研究将城镇化模式分为小城镇模式、中等城市模式、大城市模式和城市群模式四种类型。官锡强（2007）指出，与大城市比较，小城镇是缓冲人口压力的"蓄水池"和农村转移劳动力心理适应的"缓冲带"。[⑤] 刘传江、程建林、董延芳（2009）考虑到农民是城镇化所涉及的主体，认为农民工要想融入城市，达到与城市的真正融合，最终成为市民，最关键的问题在于需要政府及其相关部门对原有的制度安排进行变革。[⑥]

中国共产党第十八次全国代表大会以来，学术界和官方高度关注新型城镇化问题，基于不同视角，阐述了新型城镇化的内涵与特征。以人为本视角强调，新型城镇化的精髓是增进市民和农村转移人口的幸福；城乡建设视角认为，"老城区 + 新城区 + 农村新社区"的城镇建设模式才是符合中国实际的城镇化；农民市民化视角认为，人的城

① 辜胜阻：《非农化与城镇化研究》，转引自张瑞英《新型城镇化视阈下河北省农村物流发展现状综合评价及对策研究》，硕士学位论文，河北工程大学，1991 年，第 3 页。
② 简新华：《城市化道路与中国城镇化——中国特色的城镇化道路研究之一》，《学习与实践》2003 年第 10 期。
③ 刘传江：《中国城市化的制度安排与创新》，武汉大学出版社 1999 年版，第 48 页。
④ 李强：《中国城镇化推进模式研究》，《中国社会科学》2012 年第 7 期。
⑤ 官锡强：《从台湾农村城市化模式看广西农村城镇化的路径选择》，《城市发展研究》2007 年第 3 期。
⑥ 刘传江、程建林、董延芳：《中国第二代农民工研究》，山东人民出版社 2009 年版，第 172 页。

镇化是新型城镇化的核心，让更多农民转入城市、改善他们的生活质量，是扩大城镇内需的直接动力；农村发展视角认为，农民自主式的就地城镇化是新型城镇化的重要内容，既要鼓励农民跨区域转产转业，加快建设小城镇和新型农村社区，同时又要关注农村发展，不以"抛弃和遗弃农村"为代价；综合视角认为，新型城镇化应采用集约、智能、绿色、低碳的发展方式，打破城乡和城市内部的"双二元结构"，加快农民市民化。①

《中华人民共和国国民经济和社会发展第十三个五年规划纲要》明确提出：坚持以人的城镇化为核心，加快新型城镇化步伐，努力缩小城乡发展差距，推进城乡发展一体化，加快农业转移人口市民化，深化户籍制度改革，促进城乡公共资源均衡配置，推动更多人口融入城镇。②

综上所述，国内外城镇化理论所涉及"人"的身份是农业或农村人口，虽然没有明确指出生态移民这一特殊群体的城镇化，但因中国生态移民的初始身份是农业人口，因此，城镇化理论同样可以用于指导城镇安置模式下生态移民可持续发展的理论研究与实践。将生态移民集中安置在条件相对较好的城镇，是加速工业化和城镇化的有益探索。同时，还可以借鉴城镇化的相关理论，促进生态移民城镇化，最终实现生态移民可持续发展。

第二节　国内外生态移民研究现状

本节对国内外与本书研究主题相关的文献进行梳理，主要包括国内外有关生态移民内涵界定、生态移民分类、生态移民安置模式、生态移民可持续发展、生态移民城镇化、对中国生态移民认同度的研究

---

① 魏后凯：《党的十八大以来社会各界关于城镇化的主要观点》，《经济研究参考》2013 年第 14 期。

② 《中华人民共和国国民经济和社会发展第十三个五年规划纲要》，新华网：http：//money. 163. com/16/0317/19/BICQ9JVP00252G50. html，2016 年 4 月 9 日。

现状。

一　生态移民的内涵界定

（一）国外对生态移民内涵的界定

国外对生态移民问题的研究，最早可追溯到美国生态学家考尔斯（Henry Chandler Cowles，1899），他在生态学中首次引入"生物群落迁移"（biological community migration）概念，奠定了群落演替的理论基础。[①] 美国生态学家克莱门特（Frederic E. Clements，1916）认为，群落演替在经历了裸露、迁移、定居、竞争、反应和稳定六个阶段后，最后达到顶极群落。[②] 虽然"生态移民"一词没有明确出现在以上两位学者的文献中，但他们都揭示了群落演替中的"人"，如果意识到仍然在原地居住会破坏生态环境并产生严重后果时就可能被动或主动地进行迁移。20 世纪 70 年代后期以来，全球气候变暖以及环境剧烈变化产生了大量移民，引起了国外学术界和国际组织的广泛关注并展开研究，成为国外真正研究生态移民问题的标志。

"生态移民"一词与"环境难民""环境移民"有着极为相近的含义，在梳理国外学者对"生态移民"内涵的界定时，有必要一并归纳学者对环境难民和环境移民的定义。

"环境难民"最早由华盛顿世界观察研究院的莱斯特·布朗（Lester Brown，1976）提出[③]；联合国环境署研究员 Essam El - Hinnawi（1985）将环境难民定义为：由于自然或人为因素破坏环境，造成显著的环境崩溃，如物理、化学和生物等生态系统变化，导致人们生活质量下降甚至面临生存威胁而被迫选择短暂或永久迁移的人们[④]；牛津大学生态学家诺曼·迈耶斯（Norman Myers，1993）认为，环境难民是指由于干旱、土壤侵蚀、沙漠化、森林过度砍伐等引发的环境

---

① Henry Chandler Cowles, "The Ecological Relations of the Vegetation of the Sand Dunes of Lake Michigan", *Botanical Gazette*, Vol. 27, No. 5, May 1899, pp. 361 –391.

② 转引自杜发春《国外生态移民研究述评》，《民族研究》2014 年第 2 期。

③ Lester Brown, McGrath Patricia. et al., "Twenty – Two Dimensions of the Population Problem", *Population Reports*, Vol. 35, No. 11, November 1976, pp. 177 –202.

④ 转引自杜发春《国外生态移民研究述评》，《民族研究》2014 年第 2 期。

退化或"人祸"，被迫到其他地方寻求避难场所的人们，环境退化是产生环境难民的首要原因。[①]

此后，在相关研究中涌现了大量与环境难民含义相近的词，如环境移民、生态/气候难民、灾害难民、环境迁移人等。由于环境难民在国际法和实际操作层面不能享有"公约难民"的待遇和资格，因此，"环境难民"这一概念从诞生以来就备受争议。为了澄清移民与难民的区别，瑞典乌普萨拉大学教授 Ashok Swain（1996）用"环境移民"一词取代"环境难民"。[②] 此后，"环境移民"被学术界与政府广泛使用，国际移民组织（2007）将"环境移民"界定为因环境突发性或渐进性变化，使人们的生活或生存遭受不利影响，被迫或自愿选择暂时或永久迁离原住地的个体或人群，迁移目的地包括本国内或境外。[③]

关于"生态移民"一词，Amacher 和 Hyde（1996）、Chopra 和 Gulati（1997）、Black 和 Sessay（1998）等认为，其与环境难民和环境移民不同的是，生态移民可以作为帮助贫困人口脱贫的重要生存战略[④]；伍德（W. B. Wood，2001）认为，难民通常跨越边界，而环境因素引起的迁移只是国内的运动，建议使用其他术语而不是"环境难民"称谓[⑤]；加拿大哥伦比亚大学历史学家贝尼马（Theodore Binnema et al.，2006）将 1885—1930 年因落基山班芙国家公园的划定扩大，而导致土著印第安人离开国家公园和保留地的这种强制移动行为称为生态移民[⑥]；R. Reuveny（2008）指出，生态移民还应包括受到自然

[①] Norman Myers, "Environmental Refugees in a Globally Warmed World", *Bioscience*, Vol. 43, No. 11, December 1993, pp. 752 – 761.

[②] Ashok Swain, "Environmental Migration and Conflict Dynamics: Focus on Developing Regions", *Third World Quarterly*, Vol. 17, No. 5, December 1996, p. 959.

[③] 转引自陈绍军、曹志杰《气候移民的概念与类型探析》，《中国人口·资源与环境》2012 年第 22 卷第 6 期。

[④] 金莲、王永平、马赞甫等：《国内外关于生态移民的生计资本、生计模式与生计风险的研究综述》，《世界农业》2015 年第 9 期。

[⑤] 郭剑平、施国庆：《环境难民还是环境移民——国内外环境移民称谓和定义研究综述》，《南京社会科学》2010 年第 11 期。

[⑥] Theodore Binnema and Melanie Niemi, "'Let the Line be Drawn Now': Wilderness, Conservation, and the Exclusion of Aboriginal People from Banff National Park in Canada", *Environmental History*, Vol. 11, No. 4, October 2006, pp. 724 – 750.

灾害侵袭而被迫迁移的人口。①

综观生态移民的内涵，国外学术界考虑到生态移民属于特殊的移民类型，通常从广义和狭义上来定义"生态移民"：狭义上的生态移民是指为了保护和修复某区域具有特殊价值的生态系统而实施的移民；广义上的生态移民是指在生态环境和其他因素的共同驱动下所产生的人口迁移现象。

（二）国内对生态移民内涵的界定

中国生态移民的起源可以追溯到 20 世纪 80 年代初，生态移民以"扶贫搬迁""异地扶贫""易地扶贫搬迁""扶贫移民""环境移民"等不同称谓出现。国内有关生态移民的相关议题研究晚于国外，直到 1993 年，"生态移民"概念才正式出现于文献中。尤其是 1998 年长江中下游的特大洪涝灾害，以及 2000 年以来北方频繁出现的强度大且影响范围广的沙尘暴，引起了政府和媒体的高度关注，警示世人对自然的过度索取将会遭到自然惩罚。人们对人类与自然的关系进行深刻反思，西部大开发战略推动了生态移民政策的实施。一些学者开始对生态移民展开专门的研究，生态移民相关问题越来越受到重视，研究不断向纵深拓展。

学者从不同着眼点和不同学科视角，对生态移民的内涵进行了分析和界定。王培先（2000）认为，生态移民是将生态脆弱区的人口迁移出来，以减轻人类对生态环境造成压力的行为。② 桑敏兰（2004）提出，生态移民也称作环境移民，是将自然保护区、生态恶化区、生态脆弱区和其他生产生活条件极差地区的人口，搬迁到生态环境承载力较高的地方定居的一种非自愿性人口迁移行为。③ 李笑春等（2004）分别从动因与目的层面界定生态移民：从动因看，是由于搬迁对象原住地人地矛盾尖锐，人口数量远远超过生态阈值，加剧生态

---

① Reuveny, R., "Ecomigration and Violent Conflict: Case Studies and Public Policy Implications", *Human Ecology*, Vol. 36, No. 1, February 2008, pp. 1 – 13.

② 王培先：《生态移民：小城镇建设与西部发展》，《国土经济》2000 年第 6 期。

③ 桑敏兰：《论宁夏的"生存移民"向"生态移民"的战略转变》，《生态经济》2004 年第 1 期。

退化所引起的移民；从目的看，是为了从根本上改善贫困农牧民的生产生活环境，促进生态系统修复而实施的移民①。包智明（2006）将生态移民定义为：以遏制生态恶化趋势、改善生态环境、恢复生态系统平衡为目的所实施的人口迁移活动。② 霍进臣、杨玉良（2007）认为，生态移民是指在不对迁入地环境造成"二次破坏"的前提下，将生态脆弱区超过生态阈值的人口搬迁到生态环境容量较大的区域进行安置的一种主动式人口迁移行为。③ 郑艳（2013）指出，生态移民是以保护生态环境为宗旨，充分发挥生态系统的多重功能和价值的人口迁移行为。④

二　生态移民的主要分类

（一）国外对生态移民的分类

有关生态移民的分类，国外学术界在划分上也不完全统一。Essam El - Hinnawi（1985）从生态移民的根源出发，将生态移民分为三种类型：一是在某区域发生自然灾害，如龙卷风、沙尘暴等所导致的人口暂时性和小规模迁移；二是自然或人为因素引发的环境崩溃所导致的永久性迁移；三是生态系统逐渐退化，如干旱、荒漠化、耕地退化等所产生的永久性迁移。⑤ Diane C. Bates（2002）从迁移原因、环境变化的持续性、是否为计划内迁徙的角度出发，将生态移民分为三种类型：一是灾害移民，如火山爆发、地震等突发性自然灾害所引发的暂时性移民，或人为导致的核泄漏移民等；二是政府行为改变生态环境导致的移民，如出于修建水利工程的需要，当地居民必须根据政府安排实行移民，或是从军事战略考虑，破坏敌国生态环境而出现的

---

① 李笑春等：《对生态移民的理性思考——以浑善达克沙地为例》，《内蒙古大学学报》（人文社会科学版）2004 年第 5 期。

② 包智明：《关于生态移民的定义、分类及若干问题》，《中央民族大学学报》（哲学社会科学版）2006 年第 1 期。

③ 霍进臣、杨玉良：《关于辽东山区水保生态修复中生态移民研究》，《水土保持应用技术》2007 年第 3 期。

④ 郑艳：《环境移民：概念辨析、理论基础及政策含义》，《中国人口·资源与环境》2013 年第 23 卷第 4 期。

⑤ 转引自税伟、徐国伟、兰肖雄等《生态移民国外研究进展》，《世界地理研究》2012 年第 21 卷第 1 期。

移民，以上均为永久性移民；三是环境退化移民，由于自然资源匮乏、耕地肥力退化或环境污染、恶化等所产生的从个体迁移逐渐转变为群体性迁移的行为，相对以上两种类型的移民而言，移民在迁移时空选择上自主性较强。① 此外，学者还从移民意愿的角度出发，将环境难民分为两类：一是非自愿移民，由于恶劣的自然环境已经不能保障甚至威胁到人们的正常生产、生活和生存而迫使人们迁移，驱动力来自环境的推力；二是自愿移民，人们为了追求更高品质的生态环境而主动迁移到环境更好的区域，驱动力来自迁移地良好生态环境的拉力，主要表现为个体或家庭行为。② 联合国大学环境与人类安全研究所（UNU – EHS）Fabrice Renaud（2007）等学者从移民动因和救援的紧迫性将环境移民划分为环境紧急性移民、环境被迫移民和环境诱发移民三种类型，这一分类得到许多学者的认同与采用。③

（二）国内对生态移民的分类

许德祥（1998）根据生态移民的地域跨度，将生态移民分为就地迁移和异地迁移。④ 阿布力孜·玉素甫（2003）将生态移民分为三种类型：在迁移预期上，分为计划性生态移民和非计划性生态移民；根据是否为移民配备生产性土地资源，分为无土安置和有土安置；根据安置形式，分为集中安置、分散安置和融入式安置。⑤ 皮海峰（2004）根据生态移民的目的，将其分为六种类型：保护大江大河源头生态移民、防沙治沙和保护草原生态移民、防洪减灾和根治水患生态移民、水利水电工程生态移民、扶贫生态移民、自然保护区生态移

---

① Diane C. Bates，"Environmental Refugees? Classifying Human Migrations Caused by Environmental Change"，*Population and Environment*，Vol. 23，No. 5，May 2002，pp. 465 –477.

② Massey D. S.，Arango J.，Hugo G.，"Theories of International Migration：A Review and Appraisal"，*Population and Development Review*，Vol. 19，No. 3，September 1993，pp. 431 –466.

③ 转引自杜发春《国外生态移民研究述评》，《民族研究》2014 年第 2 期。

④ 转引自李生《当代中国生态移民战略研——以内蒙古草原生态移民为例》，博士学位论文，吉林大学，2012 年，第 8 页。

⑤ 阿布力孜·玉素甫：《关于新疆生态移民的意义和形式的初步探索》，《新疆大学学报》（社会科学版）2003 年第 3 期。

民。[1] 包智明（2006）将生态移民分为四种类型：按照组织形式，分为自发生态移民和政府主导生态移民；按照移民迁移意愿，分为自愿（非强制）生态移民和非自愿（强制）生态移民；按照迁移的社区整体性程度，分为整体搬迁生态移民和部分搬迁生态移民；按照迁移后移民从事的主导产业，分为牧转农业型、舍饲养畜型、非农牧业型和产业无变化型生态移民。[2]

三　生态移民的安置模式

生态移民安置模式，是指围绕改善生态环境和消除贫困双重战略目标，在借鉴大量经验的基础之上，根据生态移民的内涵与特点，对生态移民安置有关的要素进行抽象、概括、类比、分析和逻辑演绎，所构建的用于指导生态移民实践的理论方案（王永平，2014）。[3] 非自愿移民安置是一个全球性的难题，如果未选择适宜的安置模式对移民进行妥善安置，移民在安置地不能平稳过渡，移民问题极有可能演变为经济问题、社会问题，甚至政治问题的隐患。

（一）国外对生态移民安置模式的研究

国外对生态移民安置模式的研究主要集中在安置模式是否具有合理性与移民对安置模式的参与程度上。

例如，世界银行在推进发展中国家的移民项目，特别是非自愿移民安置时起到了举足轻重的作用，并强调要充分调动移民参与安置和升级恢复规划的积极性。而对如何合理的确定移民安置模式，以及针对特定安置模式下移民开展的实证研究较为缺乏。[4] 国外生态移民安置模式伴随着世界移民政策调整而变化，以 1980 年为分界点，在此时间点以前，世界各国对移民安置基本上实行货币补偿和救济政策，很少关注移民安置的后续发展。以世界银行 1980 年世界银行贷款项

---

[1] 皮海峰：《小康社会与生态移民》，《农村经济》2004 年第 6 期。

[2] 包智明：《关于生态移民的定义、分类及若干问题》，《中央民族大学学报》（哲学社会科学版）2006 年第 1 期。

[3] 王永平、吴晓秋、黄海燕、周丕东：《土地资源稀缺地区生态移民安置模式探讨——以贵州省为例》，《生态经济》2014 年第 1 期。

[4] 师东晖：《满意度驱动机制对生态移民安置模式选择影响研究》，硕士学位论文，宁夏大学，2015 年，第 10—11 页。

目针对非自愿移民制定的开发性移民政策为标志，世界各国开始致力解决移民后续生产生活等问题。非自愿移民安置模式主要有以下几种①：一是发达国家模式。在一些发达国家通常以移民户和单个农场为基本单位，按照一定的标准，采取住房安置、货币补偿和自由择业等方式对移民进行一次性补偿安置。二是发展中国家模式。对被征地社区通过采取整体搬迁、集中安置的模式，并把移民安置纳入国家总体发展规划中，此类安置模式通常被非洲的一些发展中国家所采用。三是世界银行模式。其重点是制订"开发计划"，如世界银行贷款项目强调制订完备的移民安置行动计划，强调计划制订中要广泛发动非营利机构和公众的参与，注重移民安置全程的监测和评估，关注移民在安置点的社会适应性。

（二）国内对生态移民安置模式的研究

与国外相关研究相比，国内学者对生态移民安置模式的研究较为丰富，主要探讨了生态移民安置模式的分类、未来安置模式取向、特定安置模式实施效果等问题，但研究成果还有待于进一步充实。

1. 生态移民安置模式分类

按照不同的标准，学者对生态移民安置模式进行了分类。李进参（1999）将中国异地开发扶贫模式归纳为三种类型：一是以甘肃和宁夏为代表的"三西"模式；二是以广东北部喀斯特地区为代表的粤北模式；三是广西的"村社农户搬迁""公司＋农户"和政府组织模式。同时，他指出，以上三种异地开发扶贫模式主要采取整体搬迁集中安置或分散安置和分散搬迁集中安置或分散安置的方式，且扶贫投资效果具有明显的差异性。②白南生等（2000）根据移民过程中的主导方，将生态移民安置模式分为政府主导的县内移民和跨县跨地区移民、农民自主投亲靠友的插户移民、企业承办的移民。③李锦

---

① 胡国瑞：《城市棚户区搬迁改造安置模式研究》，硕士学位论文，内蒙古大学，2014 年，第 4—5 页。

② 李进参：《中国的异地开发扶贫模式及经验》，《云南社会科学》1999 年第 3 期。

③ 白南生、卢迈：《中国农村扶贫开发移民：方法和经验》，《管理世界》2000 年第 3 期。

（2008）归纳四川横断山区的生态移民主要有高山农业居民移民模式、高寒草原移民模式、干旱河谷区移民模式 T 市场化引导自愿移民四种安置模式。① 王永平、袁家榆、曾凡勤等（2008）将贵州生态移民安置模式归纳为国有（集体）农场安置、小城镇集中安置、旅游景区开发安置、企业带动安置、开垦耕地安置、产业结构调整安置等十种类型。② 李鸣骥、黄立军（2012）分析了宁夏中南部地区的大城市城郊移民、进入城市移民、县内城镇集中移民和小城镇集聚型移民四类安置模式存在的问题，并提出对策建议。③ 王方捷、段跃芳（2010）认为，三峡库区巴东县生态移民可供选择的安置模式有城集镇集中安置、农村居民点安置、外迁安置、自谋职业安置等，并探讨了各种模式的潜在风险及防范与规避对策。④ 谭国太（2010）指出，三峡库区生态移民主要采取了四种安置模式：农业产业化开发模式、工业化开发模式、城镇化开发模式和旅游开发模式。⑤ 梁福庆（2011）将中国生态移民安置模式归纳为农业安置，牧业安置，第二、第三产业安置，进城集镇自谋职业安置，劳务输出安置，教育培训安置，其他安置七种类型。⑥ 陈金明、徐立勤（2011）将非自愿移民安置模式分为四类：根据补偿方式分为补偿性移民安置与开发性移民安置，根据迁移距离分为后靠移民安置与外迁移民安置，根据安置规模分为集中建制安置与分散"插花"安置，根据产业依托分为农业安置与非农业安置。⑦ 尕丹才让（2013）从不同标准对生态移民安置模式进行分类：

---

① 李锦：《四川横断山区生态移民安置模式》，《贵州民族研究》2008 年第 1 期。

② 王永平、袁家榆、曾凡勤等：《贵州易地扶贫搬迁安置模式的探索与实践》，《生态经济》（学术版）2008 年第 1 期。

③ 李鸣骥、黄立军：《宁夏中南部地区生态移民几种城镇化模式对比研究》，《小城镇建设》2012 年第 5 期。

④ 王方捷、段跃芳：《巴东县生态移民安置模式探讨》，《三峡论坛》（三峡文学·理论版）2010 年第 6 期。

⑤ 谭国太：《三峡库区生态移民的理论与实践》，《重庆行政》（公共论坛）2010 年第 2 期。

⑥ 梁福庆：《中国生态移民研究》，《三峡大学学报》（人文社会科学版）2011 年第 4 期。

⑦ 陈金明、徐立勤：《和谐社会视野下非自愿移民安置模式之比较》，《农村经济》2011 年第 2 期。

从范围上分为国外安置和国内安置，从产业依托上分为农牧业安置和非农牧业安置，从地缘上分为城镇安置和农牧区安置，从安置内容上分为无土安置和有土安置，从性质上分为工程性移民安置和生态移民安置，从目的上分为扶贫移民安置和开放性移民安置，从居住方式上可分为集中安置、分散安置和插花安置。① 需要指出的是，学者对安置模式的划分是基于不同标准，各种模式间的内容会互相交织。

2. 生态移民未来安置模式的取向

有相当一部分学者在生态移民未来安置模式的取向上赞同城镇安置模式。索端智（2000）指出，三江源生态移民主要采取城镇化安置的模式，该模式能使移民享受到均等化的公共服务，从根本上破除恶劣生态环境对人发展的制约，增强移民发展能力，但城镇化安置模式也加大了世代以牧为本移民群体的适应难度，需要积极引导移民顺利适应安置地的自然人文环境。② 赵雪雁（2007）指出，城镇化为将分散居住在生态脆弱区的牧民迁移出来集中安置创造了条件，对于缓解草地生态压力，扩大公共产品覆盖面，促进牧区社会结构转型作用显著，强调实施生态移民在安置牧民时要坚持与城镇化结合，针对甘南牧区构建了县城集中定居、乡镇集中定居、村社集中定居、生态型庄园定居模式等多元化的移民安置模式。③ 强毅（2008）探讨了红寺堡扶贫扬黄生态移民开发城镇化模式的效应、特点及存在的问题，据此认为，该模式不仅是今后生态移民的主要选择，而且还可以作为西部贫困地区城镇化的特殊路径。④ 王永平、吴晓秋、黄海燕、周丕东（2014）以贵州省为例，认为迁入地自然资源、经济条件、社区文化环境和移民自身条件是影响生态移民安置模式选择的主要因素，指出

---

① 尕丹才让：《三江源区生态移民研究——基于经济学视角》，博士学位论文，陕西师范大学，2013 年，第 17 页。

② 索端智：《三江源生态移民的城镇化安置及其适应性研究》，《青海民族学院学报》（社会科学版）2000 年第 2 期。

③ 赵雪雁：《高寒牧区生态移民、牧民定居的调查与思考——以甘南牧区为例》，《中国草地学报》2007 年第 2 期。

④ 强毅：《西部贫困地区小城镇发展模式探析——以宁夏红寺堡扶贫扬黄生态移民开发为例》，《前沿》2008 年第 1 期。

土地资源稀缺地区生态移民安置模式应"以城镇集中安置模式为主，其他安置模式为补充"。① 李维、宋永全（2015）提出，普洱市生态移民可供选择的安置模式主要有农业安置、进城安置、产业安置和其他安置，调查显示，半数以上农户愿意进城安置。② 段跃芳、窦春锋（2016）分析了水库移民城镇化安置模式的基本要素和存在的制度缺陷，并提出体制安排建议。③

3. 生态移民安置模式实施效果

一些学者对特定生态移民安置模式的实施效果进行了研究。黄特军（2002）运用多目标多层次模糊综合评判法，定量评价了广西壮族自治区自发组织县内移民、政府组织跨县移民、"政府＋企业"跨市移民三种扶贫自愿性移民搬迁模式的实施效果。④ 向华丽（2014）分析了三峡库区不同安置模式下移民家庭经济发展情况，提出应针对不同安置模式下的移民家庭实行差别化政策。⑤ 王永平、周丕东、黄海燕（2014）基于贵州省苗族、布依族、侗族生态移民户的调查数据，揭示了城镇集中安置、旅游资源开发安置、产业结构调整安置、调整土地安置四种安置模式下生态移民生产生活方式的转型规律。⑥ 韩学雨（2015）对宁夏回族自治区生态移民有土安置和无土安置两种安置模式下生态移民的满意度进行实证分析比较。⑦ 师东晖（2015）对移民满意度驱动机制与安置模式之间的内在因果关系进行了实证分析，为了合理选择安置模式，提出了内驱型移民、外引型移民、中介型移

---

① 王永平、吴晓秋、黄海燕等：《土地资源稀缺地区生态移民安置模式探讨——以贵州省为例》，《生态经济》2014 年第 1 期。

② 李维、宋永全：《普洱市生态移民安置模式探讨》，《防护林科技》2015 年第 8 期。

③ 段跃芳、窦春锋：《水库移民城镇化安置模式：基本要素、制度障碍及体制安排》，《三峡大学学报》（人文社会科学版）2016 年第 1 期。

④ 黄特军：《扶贫自愿性移民搬迁模式效果评价》，《统计与决策》2005 年第 12 期。

⑤ 向华丽：《安置模式对水库农村移民家庭经济发展的影响》，《西部论坛》2014 年第 1 期。

⑥ 王永平、周丕东、黄海燕：《生态移民与少数民族传统生产生活方式的转型研究——基于贵州世居少数民族生态移民的调研》，科学出版社 2014 年版，第 67—189 页。

⑦ 韩学雨：《生态移民安置模式满意度比较研究——以宁夏为例》，硕士学位论文，宁夏大学，2015 年，第 18—31 页。

民安置模式的对策建议。①

四 生态移民城镇化研究

国外学者较少涉及生态移民城镇化的研究，本节只归纳国内学者对生态移民城镇化相关问题的研究现状。

随着生态移民城镇安置模式的产生，国内学者开始关注生态移民与城镇化互动发展，研究内容主要包括生态移民与城镇化之间的联系，生态移民城镇化的意义、路径、存在问题和对策等。拜琦瑞、马文静（2004）从经济学角度分析了生态移民与城镇化的内在关联性，指出两者都以农业转移人口为研究对象，空间人口转移作用指向相近，城镇化与生态移民农转非功能重叠，着重探讨了异地生态移民中生态移民与城镇化出现的一些问题，并提出相应的建议。② 刘晓鹰、邹国伟（2005）研究了四川民族地区旅游业与生态移民及其城镇化的协同推进，其观点是四川省应以城镇化为核心，加速发展民族地区旅游业实行生态移民。③ 李皓（2005）认为，生态移民能加速民族地区人口的集聚，会成为培育增长极与推进城镇化进程的动力来源，进而加快扶贫开发步伐。④ 卿向阳（2006）认为，要实现设立保护区为区域社会经济可持续发展创造条件的终极目的，必须选择以城镇化为主要方式的保护区内就近生态移民，建立层次分明的自然保护区，形成政府与民族居民联合的资源保护利益共同体。⑤ 尹秀娟、罗亚萍（2007）在分析了三江源生态移民迁入地原有发展状况以及移民迁入后存在问题的基础上，提出通过推进迁入地城镇化建设来实现移民与

---

① 师东晖：《满意度驱动机制对生态移民安置模式选择影响研究》，硕士学位论文，宁夏大学，2015 年，第 20—37 页。

② 拜琦瑞、马文静：《生态移民与西北地区城镇化的经济学分析》，《西北人口》2004年第 1 期。

③ 刘晓鹰、邹国伟：《四川民族地区旅游业与生态移民及其城镇化推进》，《西南民族大学学报》（人文社会科学版）2005 年第 2 期。

④ 李皓：《论生态移民与民族地区现代化》，《黑龙江民族丛刊》2005 年第 1 期。

⑤ 卿向阳：《四川西北部民族地区生态移民与小城镇发展研究的调查报告》，《西南科技大学学报》（哲学社会科学版）2006 年第 1 期。

迁入地的可持续发展。① 王小梅、高丽文（2008）基于三江源地区城镇现有规模、功能以及生态移民本身适应生存的能力不足等问题，围绕保障该区生态移民与城镇化协调发展这一主题，从基本路径方面做了系统探讨。② 郑昊（2014）从理论上探讨了中国西部生态移民搬迁选择策略影响因素演化博弈和生态移民小城镇化的效用，并对生态移民小城镇化生态模拟技术宏观干预实验进行了分析。③

五 生态移民可持续发展

（一）国外对生态移民可持续发展研究

国外学者对生态移民可持续发展的研究，主要表现为关注了生态移民的可持续生计问题。Bilsborrow 和 Ogendo（1992）认为，人口迁移可能会减轻贫困，缓解环境压力，改善移民户的生计资本，并增强其可持续生计能力。④ Cernea（1996）认为，移民安置的目标是移民搬迁后的生计水平应有所提高或至少不低于搬迁前的生计水平。⑤ Jackson 和 Sleigh（2000）指出，合理补偿不仅是非自愿移民向自愿移民转化的前提，而且能增强生态移民的可持续生计能力。⑥ Kothari 和 Laguerre 等（2002）认为，出于保护环境而实施的非自愿移民搬迁存在导致移民家庭生计状况恶化的可能性。⑦ Yang Du 等（2005）认为，真正的贫困人口在迁移中要负担高昂的搬迁成本且搬迁后面临潜在的

---

① 尹秀娟、罗亚萍：《"三江源"生态移民与迁入地城镇化建设》，《青海师范大学学报》（哲学社会科学版）2007 年第 2 期。

② 王小梅、高丽文：《三江源地区生态移民与城镇化协调发展研究》，《青海师范大学学报》（哲学社会科学版）2008 年第 1 期。

③ 郑昊：《我国西部地区生态移民小城镇化问题研究》，博士学位论文，西南财经大学，2014 年，第 36—112 页。

④ R. E. Bilsborrow and H. Ogendo, "Population – driven Changes in Land Use in Developing Countries", *Ambio*, Vol. 21, No. 1, February 1992, pp. 37 – 45.

⑤ M. M. Cernea, "Public Policy Responses to Development – induced Population Displacements", *Economic and Political Weekly*, Vol. 31, No. 24, June 1996, pp. 1515 – 1523.

⑥ S. Jackson and A. Sleigh, "Resettlement for China's, Three Gorges Dam: Socio – economic Impact and Institutional Tensions", *Communist and Post – communist Studies*, Vol. 33, No. 2, June 2000, pp. 223 – 241.

⑦ S. P. Kothari, T. E. Laguerre and A. J. Leone, "Capitalization Versus Expensing: Evidence on the Uncertainty of Future Earnings from Capital Expenditures Versus R&D Outlays", *Review of Accounting Studies*, Vol. 7, No. 4, December 2002, pp. 355 – 382.

风险，移民并不是提高其家庭生计能力的有效策略。[①]

也有学者对移民可持续生计风险进行了研究。加拿大学者米切尔（Marybelle Mitchell，1996）在研究因纽特人迁移问题时指出，政府的初衷是希望将移民集聚在一些村庄后，集中配置科教文卫等基础设施。但现实情况却是移民搬迁至新居地后，无法继续沿袭自给自足的谋生方式，因缺乏适应市场化的工业生产技能，移民区沦落为贫民窟，移民户只能依靠政府的救助来维持其基本生活。[②] 国际移民网络的施密特－苏尔陶（Kai Schmidt－Soltau，2003）等，笛尔和麦克库尔（Chad Dear and Steve McCool，2010）在分别研究刚果诺娃贝尔多基国家公园、莫桑比克班海尼国家公园生态移民时，都论证了搬迁后移民会面临失业、生活质量下降的风险，后续生计难以解决，可能会成为特殊弱势边缘群体。[③④] 施密特－苏尔陶和英国曼彻斯特大学的布罗克金顿（Kai Schmidt－Soltau and Dan Brockington，2007）揭示生态移民进入新环境后，将会面临严重的失业、生活窘迫、患病率上升等诸多问题。[⑤] 美国野生动物保护协会柯伦（Bryan Curran et al.，2009）虽然质疑以上研究结果，却未能提供生态移民生活状态得以改善的实证依据。[⑥]

（二）国内对生态移民可持续发展研究

国内关于生态移民可持续发展的研究成果较为丰富，主要有生态移民可持续发展的对策建议、思路、战略、机制和影响因素等，也有学者对生态移民可持续发展的指标体系构建与评价方法、生态移民可

---

① Y. Du，A. Park and S. Wang，"Migration and Rural Poverty in China"，*Journal of Comparative Economics*，Vol. 33，No. 4，December 2005，pp. 688 – 709.

② 转引自杜发春《国外生态移民研究述评》，《民族研究》2014 年第 2 期。

③ Kai Schmidt－Soltau，"Conservation－Related Resettlement in Central Africa：Environmental and Social Risks"，*Development and Change*，Vol. 34，No. 3，June 2003，pp. 525 –551.

④ 转引自杜发春《国外生态移民研究述评》，《民族研究》2014 年第 2 期。

⑤ Kai Schmidt－Soltau and Dan Brockington，"Protected Areas and Resettlement：What Scope for Voluntary Relocation？" *World Development*，Vol. 35，No. 12，December 2007，pp. 2182 –2202.

⑥ Bryan Curran et al.，"Are Central Africa's Protected Areas Displacing Hundreds of Thousands of Rural Poor？" *Conservation and Society*，Vol. 7，No. 1，January 2009，pp. 30 –45.

持续生计等问题展开了研究。学术文献以定性研究居多，定量研究较少，立足于生态移民微观个体可持续发展的实证研究较少，尤其是对城镇安置模式下生态移民可持续发展问题的实证研究尚属空白。

学者通常在定性分析生态移民可持续发展的现状和存在问题的基础上，提出生态移民可持续发展的对策建议。王克林、李文祥等（1998）以桂西北喀斯特地区为研究区域，认为异地扶贫开发应重视异地科技开发，实施农技推广，提高移民素质与区域可持续发展能力。① 王静爱、史培、郝璐等（2008）认为，促进区域可持续发展的有效对策是实施"生态教育移民"。② 周华坤、赵新全等（2010）针对三江源地区生态移民面临的困难与存在的问题，提出加快小城镇建设、加强移民后期扶持、构建多元化生态补偿机制、加强移民培训力度、构建生态移民支持政策、建立生态移民管理机制等促进生态移民可持续发展的策略。③ 李耀松、许芬等（2012）从健全生态移民法规、完善配套政策、加强移民技能培训和加大产业开发力度等方面，提出促进宁夏生态移民可持续发展的建议。④ 杜慧莹、陈延等（2012）认为，宁夏生态移民的可持续发展需完善安置点配套基础设施、强化政策引导、加强科技服务、推进产业化经营、拓宽移民增收渠道等。⑤ 王永平、刘希磊、黄海燕等（2013）基于城镇集中安置模式，从生态移民规划编制、资金筹措、配套设施建设、就业创业、教育培训、社区环境营造、社保体系建设等方面，提出了促进生态移民

---

① 王克林、李文祥、李作威等：《提高异地扶贫开发科技含量促进环境移民区域可持续发展——桂西北喀斯特地区异地扶贫开发与可持续发展研究》，《农业现代化研究》1998年第6期。

② 王静爱、史培、郝璐等：《区域可持续发展中的生态教育移民》，《北京师范大学学报》（社会科学版）2008年第4期。

③ 周华坤、赵新全、张超远等：《三江源区生态移民的困境与可持续发展策略》，《中国人口·资源与环境》2010年第3期。

④ 李耀松、许芬、李霞：《宁夏生态移民可持续发展研究》，《宁夏社会科学》2012年第1期。

⑤ 杜慧莹、陈延、董宏林等：《宁夏生态移民可持续发展问题研究》，《安徽农业科学》2012年18期。

可持续发展的对策。① 张丽君（2013）认为，需建立有牧民参与的生态保护治理机制、科学审慎评估新的移民项目、培育移民后续产业、完善生态移民政策体系等促进牧区生态移民可持续发展。② 赵庚（2014）针对宁夏生态移民可持续发展存在的问题，提出整合资金、加强移民区社会管理、开发后续产业、强化移民技能教育培训和完善生态移民法规政策体系等对策建议。③ 魏向前（2014）指出，集中连片特困地区生态移民要实现可持续发展，需要对生态移民工程开展可行性论证和科学规划、建立生态修复与补偿机制、发展后续产业、加大移民新老社区整合力度、加强生态移民理论创新研究等。④ 陈晶（2014）指出，构建区域生态补偿机制能促进宁夏生态移民可持续发展。⑤ 陈昀、向明、陈金波（2014）基于嵌入理论，将移民迁移划分为脱嵌、嵌入和可持续发展三个阶段，构建了生态移民迁移模型，认为实现生态移民的可持续发展需赋予移民平等的权利且激发其能动性，推动社区跨越式变革。⑥ 张俊莉（2014）指出，少数民族生态移民可持续发展制度创新的关键是政府主导性的创新。⑦ 王平、温丽（2017）从政策支持、发展经济、社会事业建设、移民社会适应、创新社区管理、激发群众脱贫内生动力等方面，提出宁夏生态移民可持续发展的对策建议。⑧

---

① 王永平、刘希磊、黄海燕等：《生态移民可持续发展对策探讨：基于城镇集中安置模式的思考》，《贵州农业科学》2013 年第 12 期。

② 张丽君：《中国牧区生态移民可持续发展实践及对策研究》，《民族研究》2013 年第 1 期。

③ 赵庚：《宁夏生态移民可持续发展研究》，硕士学位论文，东北大学，2014 年，第 22—31 页。

④ 魏向前：《集中连片特困地区生态移民实现可持续发展》，《长春市委党校学报》2014 年第 5 期。

⑤ 陈晶：《区域生态补偿视阈下宁夏生态移民可持续发展问题研究》，《甘肃农业》2014 年第 24 期。

⑥ 陈昀、向明、陈金波：《嵌入视角下的生态移民可持续发展》，《管理学报》2014 年第 6 期。

⑦ 张俊莉：《少数民族地区生态移民可持续发展制度创新的特征分析》，《贵州民族研究》2014 年第 11 期。

⑧ 王平、温丽：《宁夏生态移民可持续发展面临的挑战与对策》，《中共银川市委党校学报》2017 年第 3 期。

学者还提出了生态移民可持续发展的思路和战略。杨龙、贾春光、吴桂林等（2004）认为，西北干旱半干旱区生态移民的可持续发展需实施生态优先战略、多元经济战略、城镇化战略和科教振兴战略。① 朱儒顺、史俊宏（2007）以内蒙古乌拉特中旗为例，提出草原牧区生态移民可持续发展的思路是选择人口、资源与环境相协调发展的区域为移民点，防止"政府悖论"，走开发型生态移民道路，鼓励政府与企业参与牧民转移，并设立生态环境税和生态移民转移支付制度。②

也有学者对生态移民可持续发展的机制进行了研究。周鹏（2013）构建了西部地区生态移民可持续发展的生态移民过程和后续发展耦合机制。③ 金莲、王永平、黄海燕等（2013）以贵州省少数民族生态移民生产生活方式转型情况入户调研数据为依据，构建生态移民可持续发展的六大机制，分别是利益主体推动、经济四轮驱动、安居就业保障、民族文化传承、政策环境支持和全面协调发展机制。④

学者还探讨了影响生态移民可持续发展的因素。尹秀娟、罗亚萍（2006）分析了后续产业发展缓慢、生态补偿机制建设滞后、生态环境建设难度大、人口过快增长、教育落后、人力资本匮乏、地方政府行为能力建设滞后等，是制约三江源生态移民迁入地可持续发展的因素。⑤ 金莲、王永平等（2012）认为，贫困地区生态移民的可持续发展受到社会、经济、生态及移民自身因素的制约，且面临致贫、生

---

① 杨龙、贾春光、吴桂林等：《西北干旱半干旱区生态移民可持续发展策略探讨》，《新疆师范大学学报》（自然科学版）2004 年第 4 期。

② 朱儒顺、史俊宏：《草原牧区生态移民可持续发展问题研究——以内蒙古乌拉特中旗为例》，《干旱区资源与环境》2007 年第 3 期。

③ 周鹏：《中国西部地区生态移民可持续发展研究》，博士学位论文，中央民族大学，2013 年，第 144—179 页。

④ 金莲、王永平、黄海燕等：《贵州省生态移民可持续发展的动力机制》，《农业现代化研究》2013 年第 4 期。

⑤ 尹秀娟、罗亚萍：《制约三江源地区生态移民迁入地可持续发展的因素》，《西北人口》2006 年第 5 期。

态、稳定及政策风险。①

评判生态移民可持续发展，需要有一定的衡量标准，国内学者在生态移民可持续发展指标体系与评价方法上做了探索。史俊宏（2010）基于 PSR 模型，构建了生态移民安置区可持续发展的指标体系，并探讨了评估方法。② 卢超（2010）在构建可持续发展评价指标体系的基础上，对疏勒河流域瓜州县生态移民迁入地的可持续发展状况进行了综合评价。③

生态移民可持续生计也是学者重点关注的内容。包智明等（2011）对额济纳旗生态移民的生计策略研究表明：生态移民家庭通常选择劳动强度低、资本投入少、市场风险低、收入有保障的生计策略。④ 张丽君等（2012）在研究阿拉善盟生态移民后续产业时，发现移民多数倾向于选择搬迁前所从事的传统产业。⑤ 刘乔巧（2012）从自然资本、金融资本、人力资本、物质资本、社会资本方面，分析宁夏生态移民的可持续生计现状及生态移民对农户可持续生计的影响，进而提出发展现代农业、拓宽金融渠道、提升人力资本、加大基础设施投入、聚集社会资本等保障生态移民可持续生计的政策建议。⑥ 陈晓君（2013）对丽水市景宁县移民户的劳动力资本、自然资本、物质资本、金融资本和社会资本五大生计资本进行调查，提出发展现代农业、拓宽金融渠道、扩大就业途径、培养和引进人才等生态移民生计

---

① 金莲、王永平、周丕东、黄海燕：《贫困地区大规模生态移民可持续发展初探》，《经济研究导刊》2012 年第 24 期。

② 史俊宏：《基于 PSR 模型的生态移民安置区可持续发展指标体系构建及评估方法研究》，《西北人口》2010 年第 4 期。

③ 卢超：《生态移民迁入区区域可持续发展研究——以疏勒河流域瓜州县移民点为调研样本》，硕士学位论文，兰州大学，2010 年，第 16—34 页。

④ 包智明、任国英：《内蒙古生态移民研究》，中央民族大学出版社 2011 年版，第 159—166 页。

⑤ 张丽君、吴俊瑶：《阿拉善盟生态移民后续产业发展现状与对策研究》，《民族研究》2012 年第 2 期。

⑥ 刘乔巧：《生态移民对农户可持续生计的影响——以宁夏为例》，硕士学位论文，宁夏大学，2012 年，第 31—32 页。

可持续发展的政策建议。[①] 李芬、张林波、陈利军（2014）对比分析了三江源区黄南藏族自治州泽库县生态移民户搬迁前后生计结构及生活方式的差异，针对其生计转型过程中面临的挑战，提出实现生态移民可持续生计的措施。[②] 田朝晖等（2012）提出，生态移民可持续生计的核心是重建其就业能力和机会。[③] 史俊宏、赵立娟（2012）从生态移民生计资本、生计转型过程及生计结果入手，分析了生态移民生计脆弱性，并提出了改善少数民族人口可持续生计途径的政策建议。[④] 魏建春（2014）以内蒙古移民新区为个案，将参与式发展理念介入生态移民可持续生计。[⑤] 史俊宏（2015）以内蒙古牧区生态移民安置区的移民家庭调查数据为基础，采用生态移民认知和统计描述等方法，对牧区生态移民非农生计策略选择及困境进行了研究，认为生态移民要实现可持续发展，需要积累和培育生计资本、提高生态移民生计转型能力、建立和完善社会安保体系、构建促进移民生计转型的产业体系等。[⑥] 胡业翠、刘桂真等（2016）在可持续生计框架下，对广西环江县金桥村生态移民区农户的人力资本、自然资本、物质资本、社会资本和金融资本等生计资本进行评价。[⑦] 辛瑞萍、朱丽敏等（2017）基于青海省囊谦县的实地调查，从完善移民补偿方案、加大人力资本投资、增加金融服务供给、创造非牧就业机会、健全社会保障制度、重视

---

① 陈晓君：《山区生态移民生计可持续发展调查研究——以丽水市景宁县为例》，《经济视角》2013 年第 11 期。

② 李芬、张林波、陈利军：《三江源区生态移民生计转型与路径探索：以黄南藏族自治州泽库县为例》，《农村经济》2014 年第 11 期。

③ 田朝晖、孙饶斌、张凯：《三江源生态移民的贫困问题及其社会救助策略》，《生态经济》2012 年第 9 期。

④ 史俊宏、赵立娟：《生计转型背景下生态移民生计脆弱性及其可持续生计途径》，《中国管理信息化》2012 年第 15 期。

⑤ 魏建春：《参与式发展与生态移民的可持续生计——以内蒙古旗移民新区为个案研究》，硕士学位论文，华东理工大学，2014 年，第 1—2 页。

⑥ 史俊宏：《少数民族牧区生态移民可持续发展战略研究》，《生态经济》2015 年第 10 期。

⑦ 胡业翠、刘桂真、何鑫茹：《可持续生计框架下生态移民区农户生计资本分析——以广西环江县金桥村为例》，《农业经济》2016 年第 12 期。

社区网络建设等方面，提出了促进生态移民可持续生计发展的策略。①

六　中国生态移民认同度

(一) 国外学者对中国生态移民的认同度

国外学者、专家还研究了中国的生态移民问题，其中不乏有一些日本、欧美和澳大利亚的学者。在中国生态移民的概念上，研究初期，国外学者将其译为 "ecological migration" 或 "relocation"。随着对中国生态移民问题研究的深入，学者发现，中国的 "生态移民" 与西方学术界所使用的生态移民含义不完全相同，从移民动因来观察，是因环境变迁由政府主导实施搬迁的非自愿性移民。因此，学者倾向于将中国生态移民译为 "ecological resettlement" 或 "environmental resettlement"。

国外研究中国生态移民问题的学者以西方注重田野调查的人类学者居多。美国人类学家叶婷 (Emily T. Yeh, 2003, 2005)、罗杰斯和王耀林 (Sarah Rogers and Mark Wang, 2006)、帕塔卡瓦 (Jarmila Ptackova, 2011) 和苏乐克 (Emilia Sulek, 2010) 分别对西藏、内蒙古、青海、四川藏区等地的生态移民进行了研究。[2][3][4][5][6] 美国社会学家鲍尔 (Kenneth Bauer) 综合采用问卷调查法、参与式观察法、访谈法，研究了青海玉树实施的生态移民项目对当地产生的社会经济影

---

① 辛瑞萍、朱丽敏、谢萌：《三江源生态移民的生计发展困境与建立可持续生计的策略——基于青海省囊谦县的实地调查》，《济南大学学报》（社会科学版）2017 年第 1 期。

② Emily T. Yeh, "Tibetan Range Wars: Spatial Politics and Authority on the Grasslands of Amdo", *Development and Change*, Vol. 34, No. 3, June 2003, pp. 499 – 523.

③ Emily T. Yeh, "Green Governmentality and Pastoralism in Western China: Converting Pastures to Grasslands", *Nomadic Peoples*, Vol. 9, No. 1/2, January 2005, pp. 9 – 30.

④ Sarah Rogers and Mark Wang, "Environmental Resettlement and Social Dis/Re – articulation in Inner Mongolia, China", *Population & Environment*, Vol. 28, No. 1, September 2006, pp. 41 – 68.

⑤ Jarmila Ptackova, "Sedentarisation of Tibetan Nomads in China: Implementation of the Nomadic Settlement Project in the Tibetan Amdo Area, Qinghai and Sichuan Provinces", *Pastoralism*, Vol. 1, No. 1, May 2011, pp. 1 – 11.

⑥ Emilia Sulek, "Disappearing Sheep: The Unexpected Consequences of the Emergence of the Caterpillar Fungus Economy in Golok, Qinghai, China", *Himalaya*, Vol. 30, No. 1, January 2010, pp. 9 – 22.

响，如移民户收入来源与支出、就业、文化身份认同和社会重建等。[①]
世界银行专家侧重于从经济学视角研究生态移民，关注移民的操作思
路、操作过程合理性、项目实施过程中的问题等，如 Debbie Dickinson
和 Michael Webber（2007）研究了中国内蒙古生态移民发展和演变过
程，探讨了关注生态移民政策实施过程与结果时，将会产生什么样的
效果。[②] 日本民族学家小长谷有纪用内蒙古自治区阿拉善盟额济纳旗
的有关事例，反映了黑河流域"生态移民"政策即将实施"前夕"
阶段的状况。[③] 澳大利亚凯瑟琳·莫顿（Katherine Morton，2009）、加
拿大生态学家富礼正（Marc Foggin，2011）分别探讨了气候变化对青
藏高原及区域安全的影响、青海长江源地区的生态移民和社区
发展。[④][⑤]

国外学者在研究中国生态移民问题时，主要关注移民的后续生
计、移民传统文化变迁、移民项目引发的社会冲突、移民在项目中的
参与度、生态移民项目实施前的评估、迁出地的生态治理等；研究区
域以西部地区少数民族聚居的内蒙古、宁夏、甘肃、青海、四川、西
藏等省（自治区）的牧区为主；从研究结论看，大多数国外学者认
为，中国政府高估了生态移民政策的扶贫和生态效益，事实上，生态
移民难以成功，有必要重新审视生态移民政策的合法性，"牧民过牧
说"未得到认可。实施生态移民反而迫使移民抛弃了早已习得的生存
策略，缺乏移民后续生计保障措施，生态环境退化趋势没有得到根本

---

① 杜发春：《国外生态移民研究述评》，《民族研究》2014 年第 2 期。

② Debbie Dickinson, Michael Webber, "Environmental Resettlement And Development on The Steppes of Inner Mongolia, PRC", *Journal of Development Studies*, Vol. 43, No. 3, March 2007, pp. 537 – 561.

③ 小长谷有纪：《黑河流域"生态移民"的开始——从内蒙古自治区阿拉善盟额济纳旗有关事例看》，载新吉乐图主编《中国环境政策报告——生态移民：来自中、日两国学者对中国生态环境的考察》，内蒙古大学出版社 2005 年版，第 25—38 页。

④ Katherine Morton, "Sustainability and Underdevelopment: Complex Trade – offs on the Tibetan Plateau", *International Journal of Environmental, Cultural, Economic and Social Sustainability*, Vol. 5, No. 4, February 2009, pp. 315 – 325.

⑤ Marc Foggin, "Rethinking 'Ecological Migration' and the Value of Cultural Continuity – A Response to Wang, Song and Hu", *A Journal of the Human Environment*, Vol. 40, No. 1, February 2011, pp. 100 – 101.

遏制，还存在引发文化冲突、民族文化受到冲击的潜在风险。西方学者特别强调，因中国在西部地区实施生态移民的对象大多数是少数民族，容易滋生民族问题，甚至引发社会冲突，不能仅从经济效益的角度实施大规模的生态移民工程，提出"草地共管和协议保护"是解决中国生态脆弱区生态和发展问题的重要途径。

（二）国内学者对中国生态移民的认同度

与国外学者对中国生态移民持否定态度不同，国内大多数学者肯定了生态移民的正面作用。已有文献深入分析了生态移民的战略意义，认为实施生态移民是顺应当代社会对生态环境问题极大关注的情况下产生的一项政策，并高度认可了中国实施生态移民的必要性。张潜、张涛、肖永康等（1997）分析了甘肃省实施疏勒河流域开发性扶贫移民项目从总体上对迁入区能产生显著的经济、社会和生态效益。[①] 陈建西、肖立新等（2002）认为，在少数民族地区实施生态移民，有利于退耕还林还草和贫困人口减贫脱贫。[②] 刘学敏、陈静（2002）指出，生态移民不仅有利于恢复和保护生态系统，同时还能推进城镇化。[③] 葛根高娃和乌云巴图（2003）认为，实施生态移民能够改善牧区生态环境、优化产业结构、增加牧民收入，最终实现牧区可持续发展。[④] 杨龙、贾春光等（2003）研究发现，实施生态移民有利于推进西部大开发。[⑤] 孟琳琳、包智明（2004）认为，实施生态移民是缓解生态与贫困问题的重要举措，同时还能拓展移民获取信息的渠道，转

---

① 张潜、张涛、肖永康等：《甘肃疏勒河流域移民迁入区生态环境的演变趋势分析》，《干旱区资源与环境》1997 年第 3 期。

② 陈建西、肖立新、何明章：《凉山州少数民族地区开发性生态移民扶贫问题研究》，《成都发展》2002 年第 5 期。

③ 刘学敏、陈静：《生态移民、城镇化与产业发展——对西北地区城镇化的调查与思考》，《中国特色社会主义研究》2002 年第 2 期。

④ 葛根高娃、乌云巴图：《内蒙古牧区生态移民的概念、问题与对策》，《内蒙古社会科学学报》2003 年第 24 卷第 2 期。

⑤ 杨龙、贾春光、吴桂林等：《西北干旱半干旱区生态移民可持续发展策略探讨》，《新疆师范大学学报》（自然科学版）2003 年第 4 期。

变思想观念和生产经营方式，推进西部城镇化。[①] 皮海峰（2004）认为，生态移民对全面建设小康社会意义重大。[②] 崔献勇、海鹰（2004）将生态移民看作是西部大开发战略的中心任务，认为生态移民应成为 21 世纪发展经济的基本国策之一。[③] 王治国、陈敦明（2004）认为，生态移民能够缓解贫困状况、加快城镇化进程、实现城乡统筹发展。[④] 李皓（2005）认为，生态移民可以实现经济与生态和谐共生，为区域增长极的形成和城镇化发展提供动力。[⑤] 初春霞和孟慧君（2006）指出，生态移民有助于实现民族团结和共同繁荣发展，是社会和谐稳定的需要。[⑥]

第三节　国内外生态移民研究述评

梳理国内外相关研究现状，发现对生态移民内涵的界定越来越明晰，对生态移民的分类越来越细致，生态移民安置模式取向越来越明确，对生态移民城镇化和生态移民可持续发展的研究主题也日益多样化，生态移民研究已经取得了丰硕的成果，为中国今后生态移民的理论研究和实践奠定了坚实的理论基础。

一　生态移民内涵表述的演变

由于生态移民的多因性特征，使对其内涵的界定也不尽相同。国外学术界和官方对生态移民的表述经历了从"环境难民/生态难民"到"环境移民"，再到"生态移民"的过程，与生态移民相近的词较

---

① 孟琳琳、包智明：《生态移民研究综述》，《中央民族大学学报》（哲学社会科学版）2004 年第 6 期。

② 皮海峰：《小康社会与生态移民》，《农村经济》2004 年第 6 期。

③ 崔献勇、海鹰：《我国西部生态脆弱区生态移民问题研究》，《新疆师范大学学报》（自然科学版）2004 年第 4 期。

④ 王治国、陈敦明：《湖北竹山县实施生态移民走可持续发展之路》，《宏观经济管理》2004 年第 6 期。

⑤ 李皓：《论生态移民与民族地区现代化》，《黑龙江民族丛刊》2005 年第 1 期。

⑥ 初春霞、孟慧君：《生态移民与内蒙古经济可持续发展》，《农业现代化研究》2006 年第 2 期。

多，因此，在内涵界定上显得较为宽泛。国内对生态移民的表述则以"扶贫搬迁""异地扶贫""易地扶贫搬迁""扶贫移民""环境移民"等不同称谓出现。虽然国内外在界定生态移民内涵时表述各异，但其本质一致，都包含两层含义：一是指将生态脆弱区或生态区位重要区域的人口迁移至生态环境较好区域的实践行为；二是指生态移民实践行为的迁移对象，即那些迁移出来的农牧民。中国学者在研究生态移民时，既包括对移民行为的研究，也包括对移民对象的研究。尽管表述不同，但大多数学者均认同生态移民是指迫于生态环境压力，由政府组织对生态脆弱地区的农牧民实施的"非自愿"迁移，并采取灵活多样的安置方式，实现人口与资源环境协调发展。

二　生态移民类型分类的界定

国内外对生态移民类型较为统一的划分大致可以归纳为以下三类：一是根据生态移民的动因，分为自然灾害移民、环境崩溃移民、政府行为改变生态环境导致的移民、生态系统退化移民和生态保护移民；二是根据生态移民在迁入地的居住时间，分为暂时性移民和永久性移民；三是根据移民迁移意愿，分为非自愿移民和自愿移民。在此基础上，国内学者还根据中国生态移民的特征，对生态移民做了更为细微的划分。根据生态移民的地域跨度，分为就地迁移和异地迁移；根据迁移预期，分为计划性和非计划性生态移民；根据生态移民安置内容，分为无土安置和有土安置；根据生态移民安置形式，分为集中安置、分散安置和融入式安置；根据组织形式，分为自发生态移民和政府主导生态移民等。可见，国内学者对生态移民的细致分类，为生态移民的深入研究提供了理论依据。

三　生态移民安置模式的取向

国外对生态移民安置模式问题的研究主要集中在安置模式是否具有合理性和移民对安置模式的参与程度上，而对如何合理确定移民安置模式，以及针对特定安置模式下移民开展的实证研究较为缺乏。与国外相关研究比较，国内学者对生态移民安置模式的研究较为丰富。按照不同的标准，学者对生态移民安置模式进行了分类，在生态移民未来安置模式的取向上，有相当一部分学者赞同城镇安置模式，国内学者还对特定安置模式下生态移民实施效果进行了实证研究。从国内外相关文献看，不少学者积极开展了生态移民安置模式的讨论，但基本上是在研究生态移民其他主题时，一并探讨了生态移民安置模式问题，专门针对生态移民安置模式这一主题开展的研究较少，特别是对城镇安置模式下生态移民可持续发展问题开展的实证分析和规范研究尤为缺乏，这方面的研究还有待于进一步充实。

四　生态移民研究视角的变化

由于生态移民是一项非常复杂的系统工程，涉及经济、社会、政治、文化、生态、民族等一系列问题，涵盖多门交叉学科知识，至今还未形成一门独立的学科，呈现出多学科背景的研究现状，国内外学者从生态学、环境史学、经济学、社会学、地理学、人类学、民族学等多门学科知识背景对生态移民进行了研究。研究视角的不同，侧重点也各异，如生态学强调迁出地生态保护和恢复等技术措施，社会学更多地关注移民搬迁后如何增强生态移民的社会适应性，经济学侧重于生态移民效益，民族学侧重于传承少数民族移民的传统文化和对移民社会进行民族志的描述和分析。

五　生态移民研究主题的调整

国外较少涉及生态移民城镇化的研究，随着中国生态移民城镇安置模式的产生，国内学者开始关注生态移民与城镇化互动发展。研究主题包括生态移民与城镇化之间的内在关联性、生态移民城镇化的意义、生态移民与城镇化协同发展的基本路径、生态移民城镇化的效用等。

在生态移民可持续发展的研究上，国外学者主要关注生态移民的后续生计，但总体上研究成果不多。国内学者不再是只关注宏观层面的生态移民可持续发展政策，已经转向同时关注微观层面的生态移民个体利益得失，构建了生态移民可持续发展评价指标体系，并探讨了评估方法展开实证分析。在规范分析上，主要对生态移民可持续发展的思路、战略、对策、策略和机制等展开研究。此外，国内学者对生态移民可持续生计的研究也成为生态移民可持续发展的重要内容，一些学者采用实证分析与规范研究相结合的方法，研究生态移民的后续生计问题，这为中国探索生态移民的可持续生计对策提供了新的解决思路，具有较强的参考价值和指导意义。

六　对中国生态移民的认同度

在对中国生态移民的认同度上，尽管大部分国外学者对中国的生态移民政策持批判或否定态度，对其正面影响关注不多，但不可否认的是，他们所指出的中国生态移民存在的种种问题和风险，的确是实施生态移民中不可回避的现实问题，对中国今后实施生态移民政策能起到很好的警示作用，即在实施生态移民政策时，切忌以牺牲移民群体的利益为代价。与国外学者对中国生态移民持否定的态度不同，国内许多学者深入分析了实施生态移民的必要性和重大意义，大量文献指出，生态移民是遏制西部地区生态恶化、缓解人地矛盾、统筹城乡发展、推进扶贫开发、加快城镇化和西部大开发进程的投入较小而收益较大的有效途径，对全面建成小康社会意义重大。生态移民作为一项自上而下的政府主导型环境政策，也通常被纳入地方政府的社会经济发展规划。

综观各类著述，生态移民的理论体系在实证研究中不断完善，基础理论研究不断深化。但是，在中国实施新型城镇化和生态文明战略的宏观背景下，已有研究仍存在一些不足：一是研究的区域范畴需进一步扩大。学者大多以西部民族地区的宁夏、内蒙古、西藏、青海的牧区为研究区域，对多民族聚居的云贵高原关注较少。二是研究内容有待于深化。学者大多立足生态移民城镇化来展开研究，而从新型城镇化视野系统探讨城镇安置模式下生态移民可持续发展能力变化、搬迁后面临的风险，生态移民可持续发展战略框架、制度安排与机制设计的较少。三是需要多学科交叉运用。已有研究涉及经济学、社会学、民族学、生态学的单学科居多，多学科交叉、综合、系统研究较少。基于此，城镇安置模式下生态移民可持续发展将成为需要重点关注的问题，与之相关的研究还存在广阔空间。

第四节　相关概念理论内涵与构建基础

一　城镇安置模式理论内涵

界定城镇安置模式的理论内涵，首先要明确城镇安置模式中的"城镇"含义。对城镇内涵的界定通常分为广义和狭义两个方面，广义的城镇具有"城"和"镇"的双重含义，即包括"城市"和"城镇"，是与农村居民点区别开来的各类城镇居民点的统称。狭义的"城镇"仅指"镇"，不包括"城市"。① 本书考虑到生态移民初始身份是贫困农牧民的特殊性，认为将生态移民安置在城市，会对其原有的生产生活方式产生巨大的冲击，移民社会适应性差。因此，这里说的城镇安置模式中的"城镇"是狭义上"镇"的含义，包括建制镇（含县城镇）、非建制镇（各种集镇）以及中心城市周边的特殊功能卫星城镇等。实际上，本书所指的城镇更接近小城镇之义，即是城市和乡村居民点之间的过渡性居民点。

根据上述对城镇内涵的界定，定义城镇安置模式的理论内涵：是指对生态移民实行农转非，将其安置在水土资源相对充足、基础设施完善、就业空间广阔、经济发展潜力较大的建制镇和非建制镇，以及中心城市周边卫星城镇的一种安置模式。这些城镇通过发展生态工业、生态服务业等第二、第三产业，在农业生产条件优越的城镇也可以打造生态农业园区，为移民拓展就业空间。同时，加强对移民的职业技能培训，对吸纳一定比例移民就业的企业给予相应政策优惠，或鼓励移民利用便利的交通信息条件外出务工。在该安置模式下，移民与城镇居民享有同等待遇，能有效地解决移民搬迁前因居住分散不能公平享受公共产品的问题，而且还有利于增加移民收入，加快其脱贫致富步伐，促进城镇第二、第三产业发展，推进城镇化进程。

---

① 冀卿：《发展小城镇是推进我国城市化的必由之路》，《经济经纬》2002 年第 2 期。

二 生态移民可持续发展内涵

明确城镇安置模式下生态移民可持续发展的基本内涵，首先需要清晰界定生态移民的内涵。在借鉴国内外对生态移民内涵界定的基础上，结合中国易地扶贫搬迁的实际情况，本书认为，生态移民基本内涵包括两层含义：一是指将居住在深山、石山、高寒、荒漠化、地方病多发等生产生活条件极差、"一方水土养不起一方人"地区，以及生态环境脆弱、限制或禁止开发地区的农村贫困人口迁移到生态环境相对较好的区域生存和发展，促进人口、经济与资源环境协调发展的实践行为。二是指从以上地区迁移出来的农村贫困人口，即生态移民实践行为的迁移对象，其初始身份通常是农牧民。

一般可以从以下三个方面来理解生态移民的基本内涵：一是生态移民动因是源于生态环境恶化的驱使或保护生态功能区的需要而实施的人口迁移活动；二是生态移民是由政府主导实施的人口迁移行为，从迁移意愿看，究竟属于自愿移民还是非自愿移民取决于移民迁移预期和政府对移民后续发展的保障程度；三是生态移民的直接目标是保护和恢复迁出区生态环境和消除贫困，通过采取灵活多样的安置模式从根本上改善农村贫困人口的生产生活条件。

综上可知，生态移民的内涵既指生态移民政策的实践行为，也指生态移民实践行为的迁移对象，即那些迁移出来的农牧民。考虑到城镇安置模式下生态移民可持续发展范畴较广，既包括迁出地和迁入地的可持续发展，也包括移民群体的可持续发展。为了突出研究重点，本书主要探讨如何实现移民对象的可持续发展，即移民群体搬迁后如何在城镇实现可持续发展。

三 城镇安置模式主要特色

生态移民采取城镇安置模式主要具有以下特色：

（一）城镇安置模式能摆脱传统有土安置模式的束缚

由于土地资源的稀缺性，大规模实施生态移民使许多地区已经难以为移民配置生产性土地资源，或配置的土地不能满足移民实际需求，传统有土安置模式难以为继。城镇安置模式基本上对移民实行集中安置，能对住房和基础设施建设所需的土地资源高效集约利用，且不需要为移民配置生产性土地资源，相对于有土安置模式而言，受土地资源的约束较少。

（二）城镇安置模式能使移民享受到均等化的公共服务

与移民原居住地基础设施非常薄弱的状况相比，城镇的基础设施和公共服务较为健全，公共产品供给能力较强，将生态移民集聚到城镇安置，为他们获得水、电、交通、教育、医疗卫生等公共产品创造了难得的契机。

（三）城镇安置模式有利于生态移民脱贫的持续性

从短期看，虽然生态移民迁移至城镇面临生产生活方式转型的困难，但从长远来看，移民子孙后代彻底脱离了原来恶劣的生存环境，能接受良好的教育和获得广阔的就业空间。尤其是中国实施新型城镇化战略，在城镇功能不断完善和新型城镇化进程中，将会产生大量就业岗位，城镇安置模式下的生态移民不仅可以利用畅通的信息渠道和便利的交通条件获得更多的就业机会，阻断贫困代际传递，实现持续稳定脱贫，而且能为城镇化建设集聚大量的劳动力。

四　城镇安置模式实施条件

生态移民选择城镇安置模式，要综合考虑迁入城镇的自然社会经济条件和控制搬迁成本。

（一）资源环境条件

生态移民依托城镇安置要综合考虑以水土资源为重点的城镇资源禀赋和环境承载力。城镇安置模式一般对移民实行集中安置，要确保安置点建设所需土地能有效供给，城镇要拥有充足的可用于建设移民住房和基础设施的土地资源。水资源丰裕程度也是选择城镇安置点的重要标准，城镇要能保证日常生活用水。此外，旅游资源、矿产资源也是城镇产业发展的重要基础。移民迁入城镇，不仅要实现自身的可持续发展，同时还要促进城镇生态、经济和社会协调发展。

（二）公共产品条件

城镇公共产品有效供给状况直接关系到城镇对生态移民接纳能力的大小。生态移民采取城镇安置模式，不只是简单意义上的农村贫困人口向城镇转移的过程，在城镇现有公共产品供给总量不变的情况下，城镇人口规模的扩大必然会增大道路交通、供排水、供电、通信、学校、医院等基础设施和公共服务设施的压力。如果超过其承载力的阈值，不仅不能满足移民对公共产品的需求，而且还会损害城镇当地居民享受公共产品的利益，进而影响到城镇生产、生活、生态等可持续发展。因此，在选择城镇安置点时，要充分考虑公共产品是否能有效供给，以保证基础设施和公共服务设施网络系统的生态安全性。

（三）产业支撑条件

生态移民可持续发展，最重要的是其后续发展要有保障。城镇安置模式对生态移民实行无土安置，移民必然面临转产转业问题，这就要求城镇安置点要有产业支撑，不仅要具备一定的产业发展基础，而且要有较大的发展潜力，移民能依靠持续的产业支撑能力发展后续产业或向第二、第三产业转移，实现稳定就业。在选择生态移民城镇安置点时，应优先选择劳动密集型产业较为发达的城镇，为移民顺利转产转业创造现实条件，避免移民因失业或找不到工作再次陷入贫困。

（四）社区环境条件

城镇安置模式需要考虑拟迁入城镇的社区文化环境与移民文化背景的兼容性。中国农村扶贫对象中少数民族人口居多，实施生态移民的对象中有相当部分是少数民族聚居和多民族混居贫困地区的少数民族人口。在历史的长河中，少数民族形成了自身独特的生产生活方式、民族习惯、宗教信仰、道德伦理、群落关系、意识形态等，如果少数民族移民文化与迁入地文化差异过大，将会增加移民适应新环境的难度，甚至引起移民与当地居民的社会矛盾，因此，社区环境条件也是城镇安置模式需要考虑的实施条件之一。

（五）控制搬迁成本

移民住房自筹资金和安置地生活成本是移民家庭最为主要的搬迁成本。随着新型城镇化进程的加快，城镇建房成本与生活成本持续攀升，搬迁后移民家庭收入的恢复或增加具有滞后性特征，使城镇安置模式下的生态移民不仅要承受生活成本上涨导致家庭支出增加的负担，而且在国家住房建设补助资金有限的情况下还要自筹部分建房资金。生活成本上涨属于不可控因素，因此，只能控制移民建房自筹资金的投入。在移民住房建设中，需要整合多方资源且不能盲目扩大人均住房面积，最大限度地控制搬迁成本，减轻移民债务压力，避免出现"搬富不搬穷"的现象。

五　城镇安置模式制度基础

面临土地资源约束的困境，中国一些学者倾向于推崇生态移民采取城镇安置模式，在土地资源较为稀缺的地区已经开始生态移民依托城镇安置的探索和实践。随着新型城镇化步伐的加快，城镇安置模式将会逐渐发展成为生态移民的主流安置模式，但这一安置模式将会彻底改变移民的职业身份，需要清除移民进入城镇的制度性壁垒，构建生态移民城镇安置的制度基础。

（一）构建法律制度

统一出台规范生态移民工程的法律法规，从法律制度上为妥善解决生态移民的一系列问题提供支撑，如系统构建生态移民法、生态移民行政法规、地方性法规、部门政府规章和其他规范性文件为主要内容的法律制度体系。其中，生态移民法是上位法，是指导地方性立法的纲领性法律。通过构建法律制度使生态移民在实施过程中有法可依，保障生态移民在城镇持续发展。

（二）改革户籍制度

将"二元"户籍制度改革为"一元"户籍制度，对户籍实行统一管理。将在城镇具有合法固定住所作为生态移民的基本落户条件，对移民落户实行"零门槛"。改革与户籍制度相配套的就业、教育、医疗等其他制度，对户籍制度背后所衍生的整条利益链进行更新，剥离其背后的附着利益，消除生态移民进入城镇后受到的各种社会排斥和不平等待遇。

（三）健全就业制度

生态移民能否在城镇谋求就业机会，实现职业身份的转换，是移民对生产方式适应程度以及对城镇融入程度的重要标志。需要建立"一元化"的就业制度，使移民能在城镇平等就业。同时，需要建立以就业创业培训、就业信息沟通和就业安置为主要内容的生态移民再就业制度。

（四）创新金融制度

生态移民搬迁至城镇后，普遍缺乏后续发展的金融资本，应向移民提供多样化的金融产品和服务，增加生态移民金融资本的积累，实现人力资本与金融资本有机整合，提高其运用资产组合寻找就业机会的能力。针对移民大众、创业移民和特殊移民设计不同的金融支持制度，对移民在城镇实现可持续发展至关重要。

（五）完善社保制度

生态移民搬迁到城镇后，可能会面临失业、疾病、养老、社会组织结构解体、边缘化等多重风险，需要构建"以社会保险、社会救助、社会福利为基础，以失业保障、基本养老、基本医疗、最低生活保障制度为重点，以慈善事业、商业保险为补充"的社会保障制度，为生态移民筑牢最后一道"安全网"。

本章小结

生态移民是一项涉及诸多领域的系统工程，糅合了生态保护、扶贫开发、区域经济发展、社会重建、文化传承等多重任务。研究城镇安置模式下生态移民可持续发展问题，不仅要以可持续发展理论为指导，更需要反贫困理论、可行能力理论、生态恢复理论、人口迁移理论、城镇化理论的支撑。

国内外对生态移民内涵界定包含实践行为和迁移对象两层含义，对生态移民的分类更加细致。有关生态移民安置模式的研究，国外主要集中在安置模式的合理性与移民对安置模式的参与程度上；国内学者对生态移民安置模式进行了分类，在未来安置模式的取向上赞同城镇安置模式，并对特定安置模式下生态移民实施效果开展了实证研究。生态移民是一项非常复杂的系统工程，涵盖多门交叉学科知识，在研究视角呈现出多学科背景。中国生态移民城镇安置模式的产生，国内学者开始关注生态移民与城镇化互动发展。国内外学者还关注了生态移民可持续发展问题，国外以生态移民后续生计研究为主，国内学者对生态移民可持续发展及其重要构成内容——生态移民可持续生计开展了大量的实证与规范研究。在对中国生态移民的认同度上，大部分国外学者持批判或否定态度，但他们所指出的中国生态移民中存在的问题和风险的确是值得警惕的问题；国内许多学者充分肯定了中国实施生态移民的必要性和重大意义。综观各类著述，生态移民研究已经取得了丰硕的成果，但是，在中国实施新型城镇化战略和生态文明战略的宏观环境下，生态移民研究的区域范畴需进一步扩大、研究内容有待于深化且需要多学科交叉运用。城镇安置模式下生态移民可持续发展将成为需要重点关注的问题，与之相关的研究还存在广阔空间。

在对国内外相关研究进行梳理与述评的基础上，阐述了城镇安置模式下生态移民可持续发展的理论内涵与城镇安置模式构建基础。界定了城镇安置模式和生态移民可持续发展的理论内涵，生态移民城镇安置模式的主要特色体现在能摆脱传统有土安置模式的束缚，使移民享受到均等化的公共服务，有利于生态移民脱贫的持续性。生态移民采取城镇安置模式的实施条件，需要综合考虑城镇的资源环境、公共产品、产业支撑、社区环境条件和控制搬迁成本。城镇安置模式将会彻底改变移民的职业身份，需要从法律制度、户籍制度、就业制度、金融制度和社会保障制度五方面构建制度基础。

第三章　中国生态移民发展态势与基本特征

在中国中西部地区，由于先天脆弱的自然环境，加上人口增长过快和人类不合理的开发活动，使人口、资源和环境的关系长期处于不协调发展的状态。许多农村地区身处"贫困—生态环境恶化—贫困加剧—生态环境再破坏"的恶性循环中，生态贫困问题十分突出。如果单一就生态问题进行生态治理或者对贫困问题进行扶贫开发，其效果都难以持久。生态移民的实质是重新调整人与自然环境的关系，通过将生态脆弱区的贫困人口迁移到生态环境相对较好的区域，采取生态建设和扶持贫困人口后续发展的措施，不仅有利于保护和恢复生态环境，还能从根本上解决贫困人口的持续脱贫问题。基于以上现实情况，决定了在中国实施生态移民具有恢复生态环境和消除区域性贫困的战略意义。

第一节　生态移民起源与发展

中国生态移民始于 20 世纪 80 年代，是源于生态环境不断恶化地区导致当地群众失去最基本的生存条件，由中央与地方政府共同推动实施的以"消除贫困和恢复改善生态环境"为目标的一项系统工程。但是，有组织、有计划、大规模的生态移民则是在实施西部大开发战略之后。

一　生态移民的起源

中国生态移民的起源，最早可以追溯到 20 世纪 80 年代异地扶贫（易地扶贫）工程的实施。异地扶贫，即在生态环境极其恶劣、生存空间非常狭窄的特殊困难地区，以解决贫困群众的生存和发展问题为目的，对他们实施异地安置脱贫。可见，异地扶贫（易地扶贫）工程以扶贫开发为主要目标，属于开发式移民的类型。

1983—1993 年是中国生态移民的初步尝试阶段。在宁夏南部山区，自然条件极差、生态持续破坏，严重影响了当地农牧民的正常生产生活，农牧民生活窘迫最终沦为贫困人口。因宁夏南部山区集中居住了大量贫困人口，被国家认定为"特困地区"。在甘肃定西地区，植被遭受严重破坏、生态系统失衡、生产生活条件极端恶化，大量农牧民陷入贫困状态。针对上述情况，1983 年，中国在素有"瘠苦甲于天下"之称的"三西"地区（宁夏西海固地区、甘肃以定西为代表的中部干旱地区和河西走廊地区）启动"三西"① 农业建设计划，明确提出"一年搬迁，两年定居，三年解决温饱，四年五年致富"的移民开发设想。②

1983—1992 年，政府计划对"三西"地区进行为期 10 年的开发，每年拨款两亿元支持"三西"进行综合性扶贫开发。③ 在中央和地方政府的主导下，宁夏作为第一批实施生态移民的省（市、自治区）之一，制定了"以川济山、山川共济"的生态移民政策，成功地实施了闻名全国的"吊庄移民"。④ 宁夏将南部山区的部分贫困农牧民迁移到生存条件相对较好的宜农荒地上异地安置重建家园，在引黄灌区和扬黄灌区建设"吊庄移民"基地，"吊庄移民"被看作是生

---

① "三西"地区是指甘肃河西地区（19 个县、市、区）、甘肃中部以定西为代表的干旱地区（20 个县、区）和宁夏西海固地区（8 个县），共计 47 个县（市、区），总面积 38 万平方公里。1992 年，国家同意将甘肃南部的 10 个县纳入"三西"地区统一建设。从此，"三西"建设扩大到 57 个县（市、区），其中国家贫困县 37 个。1992 年，为了深入实施易地扶贫，国务院将"三西"农业建设计划顺延了 10 年，2009 年国务院再次将"三西"工程延长至 2015 年，并且将专项资金支持上升到每年 3 亿元。

② 李纪恒：《贫困地区发展论》，中共中央党校出版社 1997 年版，第 164 页。

③ 宋建军：《我国生态移民的起源以及相关政策》，《中国民族报》2005 年 10 月 14 日第 6 版。

④ "吊庄移民"是基于宁夏地习俗的一种称谓，即移民基地如同吊起之物，能够来回摆动，实际上是指移民在迁出地、迁入地之间来回奔波，尚未定居的一种生产和生活方式。

态移民在中国的最早实践。截至 1986 年，宁夏已经搬迁了 15.41 万人。甘肃在其中部地区也实施了异地扶贫工程，将居住在生态环境特别恶劣地区的贫困农牧民，迁移到生产条件较好的河西走廊地区和中部引黄灌区等。据统计，到 20 世纪 90 年代初，以上地区一共完成了 30 万贫困农牧民的异地扶贫搬迁任务。①

国家在这些地区实施的生态移民工程，以缓解生态脆弱区农牧民贫困问题为主要目标，同时也关注了减轻生态压力、改善生态环境、发展经济等一系列问题。但其本质上是异地扶贫或易地扶贫，即落脚点是"扶贫"，对生态环境保护的关注度不够。这一时期的生态移民工程，是新中国成立后首次有计划、有组织实施的农村贫困人口迁移行为，具有特殊的历史意义。此次生态移民工程覆盖范围较小，只是在少数几个省区的农牧区定点实施，虽然同期在其他地区也实施了异地扶贫工程，但均是较为零星地开展，所积累的可资借鉴的经验不多。

二 生态移民的探索

1994—2000 年是中国生态移民探索阶段。1994 年 3 月，中国公布并实施《国家八七扶贫攻坚计划（1994—2000 年）》是中国扶贫开发进入攻坚阶段的重要标志。作为新中国历史上首个对扶贫开发目标、对象、措施和期限的界定都较为明确的行动纲领，将"对极少数生存和发展条件特别困难的村庄和农户，实行开发式移民"作为扶贫开发的基本途径，提出力争到 2000 年年底，基本解决农村贫困人口的温饱问题。

正值当时，"三西"前 10 年的农业建设计划期满，成绩斐然。河西地区农业得到发展，农产品产量增加，宁夏西海固和甘肃定西地区的贫困程度有所缓解，初步遏制了迁出地生态环境继续恶化的趋势。"三西"试行异地扶贫工程的成功，对其他地区提供了创新扶贫途径的灵感和思路，相继开始对生态移民实践的探索。

1994 年，内蒙古将阿拉善孪井滩灌区作为实施异地扶贫的重点区

① 李宁：《宁夏吊庄移民》，民族出版社 2003 年版，第 207 页。

域，对生态环境脆弱区的贫困人口实施开发式移民。中国政府以此为契机，决定在部分省（市、自治区）开展易地扶贫试点。考虑到宁夏、内蒙古、云南和贵州生态环境恶劣，贫困人口规模大、贫困程度深、连片贫困地区较多，居住在生态环境恶劣地区的农村贫困人口众多的现实状况，国家将这些地区优先列为实施易地扶贫开发式移民试点的范围。1996 年，贵州省在紫云、罗甸、长顺和普安 4 个县率先开展易地扶贫试点。1998 年，内蒙古为了缓解阴山北麓生态脆弱区长期以来的人地矛盾，在牧区实施了易地扶贫工程，分批实施了 2000 余人搬迁。易地扶贫试点以来，包括新疆、广东、湖北、陕西、吉林、山西等在内的东、中部地区的一些省份，也陆续将易地扶贫工程纳入地方政府的扶贫计划中。

这一时期，生态移民工程进入探索阶段，部分省（市、自治区）将生态移民工程作为扶贫开发的基本途径，生态保护与扶贫开发相统一的意识不断增强。在实践过程中，生态移民工程得以有序推进，由之前的定点尝试转变为局部推广，以注重扶贫为主要目标，兼顾生态改善，各地结合地方实际，探索了各具特色的移民安置模式。但是，该阶段没有专门出台对生态移民具有指导意义的文件或政策，因此，这一时期的生态移民缺乏规范性。

三　生态移民的发展

2001—2010 年是中国生态移民快速发展阶段。这一时期，中国做出启动实施西部大开发战略的重大决策，强调"改善西部地区贫困状况、保护和建设生态环境"是西部大开发战略极为重要的内容，并将这两项内容的实施成效作为地方政府政绩考核的依据之一。

2001 年，国务院颁布实施《中国农村扶贫开发纲要（2001—2010 年）》，将易地扶贫搬迁作为扶贫开发的重要内容和途径，强调要结合退耕还林还草，对居住在生态环境恶劣、不具备基本生存条件地区的贫困人口稳步实施自愿移民搬迁。

根据中国实施西部大开发战略的背景和新的扶贫开发形势，为了从根本上解决居住在生态环境极其恶劣地区贫困群众的生存和发展问题，国家发展和改革委员会（原国家计划委员会）出台了《关于易地扶贫搬迁试点工程的实施意见（2001）》，这是中国首部专门指导生态移民工程实施的规范性文件，对易地扶贫搬迁做出战略性部署，明确优先选择西北地区和西南地区的部分省（市、自治区）开展易地扶贫搬迁试点，推进了生态移民在西部地区的实施。

2003年实施的《退耕还林条例》，鼓励生态移民与退耕还林相结合，对生态移民户的生产生活给予适当补助。随后，国家出台了"退牧还草"政策，提出5年时间内要完成恢复10亿亩退化草场（占退化草场面积的40%）的目标。从此，内蒙古、新疆等地的牧区，以实施"退牧还草"工程为契机，相继推动了生态移民工程的开展。

"十一五"时期，易地扶贫搬迁工程坚持规划先行。国家发展和改革委员会编制了《易地扶贫搬迁"十一五"规划》，指出"易地扶贫搬迁，亦称生态移民"，明确了易地扶贫搬迁的指导思想和原则、搬迁对象、安置方式、建设内容和保障措施等。该规划将易地扶贫搬迁实施范围界定为以西部农村地区，特别是西部国家扶贫开发工作重点县为重点实施区域。

2001—2003年，内蒙古、宁夏、贵州、云南四省（自治区）在积累了前期经验的基础上，继续推进易地扶贫搬迁试点工程，甘肃、四川、广西等省（自治区）也在省（自治区）内实施了小范围的生态移民。内蒙古实施生态移民工程时，由盟（市）负责编制规划、旗（县）组织实施。2001—2005年，共实施65万人易地扶贫搬迁，移民中有28.3万人来自牧区，重点迁出区域包括两种类型：一是"一方水土养不起一方人"的缺乏基本生存条件的区域，实施40万人搬迁；二是生态建设重点区域，实施25万人搬迁。[①] 2004年，广西、四川、陕西、青海和山西五省（自治区）也被列入易地扶贫搬迁试点范围，易地扶贫搬迁试点省（自治区）数目增加到9个。[②] 2004年，中国规划投资75.23亿元，启动实施《三江源自然保护区生态保护和

---

① 宋建军、张庆杰、赵晓英：《中国生态移民的起源和发展》，载色音、张继焦《生态移民的环境社会学研究》，民族出版社2009年版，第1—15页。

② 张丽君：《中国牧区生态移民可持续发展实践及对策研究》，《民族研究》2013年第1期。

建设工程（2004—2010 年)》①，结合退牧还草工程，采取就业安置或依托小城镇安置的模式，对当地 5.5774 万牧民实施生态移民。② 至此，中国生态移民的发展步入了"快车道"，各地逐渐扩大了生态移民规模。2008 年，宁夏计划在 5 年时间内完成 20.68 万人的生态移民任务；甘肃计划对居住在南部干旱地区的 20 万贫困人口实施生态移民，将其安置在黄河灌溉区；青海拟将居住在东部自然条件极其恶劣地区的 10 万农村贫困人口迁移到柴达木盆地；广东计划对北部喀斯特地区的 10 万人口实施生态移民，将其安置在广州市的郊区；长江三峡库区也准备从 2010 年起，在 10 年时间内完成 19.9 万人的生态移民任务。③

2001—2010 年，中国累计安排 132 亿元中央补助资金，共实施 284.7 万人的生态移民任务。④ 与前两个时期相比较，这一时期实施的生态移民工程，不仅注重农村贫困人口的脱贫致富，同时也高度关注自然生态环境的改善。移民性质从之前以"农村扶贫开发"为侧重点，转变为"农村扶贫开发与生态环境保护并重"，"易地扶贫搬迁"从本质上向真正意义上的"生态移民"转变。

虽然这一时期生态移民工程重点在西部地区实施，但生态移民已成为新时期中国扶贫开发和生态建设的重要举措，因而在全国范围内得到了广泛推广。遵循"先行试点、逐步扩大"的原则，十年来，中国的生态移民实践取得了明显成效，在很大程度上缓解了西部地区较为严峻的贫困问题，有不少移民已经实现"搬得出、稳得住、能致

---

① 三江源地区位于中国的西部，平均海拔 3500—4800 米，是世界屋脊——青藏高原的腹地、青海省南部，为孕育中华民族、中南半岛悠久文明历史的世界著名江河：长江、黄河和澜沧江（湄公河上游）的源头汇水区。被誉为"中华水塔"。行政区域包括玉树、果洛、海南、黄南 4 个藏族自治州的 16 个县和格尔木市的唐古拉乡，总面积为 30.25 万平方公里，约占青海省总面积的 43%，占 16 县 1 乡总面积的 97%。

② 杜发春：《三江源生态移民研究》，中国社会科学出版社 2014 年版，第 33 页。

③ 张梦媛：《我国生态移民模式及可持续性研究》，硕士学位论文，北京林业大学，2015 年，第 12 页。

④ 数据来源于国家发展和改革委员会组织编制的《易地扶贫搬迁"十一五"规划》和《易地扶贫搬迁"十二五"规划》，根据"十五"与"十一五"期间投资规模与搬迁人数分别加总计算而得。

富"的目标，迁出地生态环境得到了恢复和保护，对促进农村地区尤其是西部农村地区的人口、资源、环境与经济协调发展起到了积极作用。这十年是中国生态移民发展速度明显加快的时期，生态移民工程实施规模和范围不断扩大，与之相关的政策、文件陆续出台，生态移民正式步入规范化和制度化的轨道，为生态移民工程的深入推进奠定了制度基础。

四 生态移民的完善

2011—2015 年是中国生态移民得到完善的阶段。为扎实推进生态移民工程，在国家发展和改革委员会公布的《"十二五"促进区域协调发展的思路建议》中，鼓励将生态移民作为针对限制开发区和禁止开发区而实施的区域性生态政策之一，并提出保护生态环境必须完善生态补偿机制。《中共中央国务院关于深入实施西部大开发战略的若干意见》（中发〔2010〕11 号）提出，要稳步有序地推进生态移民工程，注重移民后续发展。中共中央、国务院颁布的《中国农村扶贫开发纲要（2011—2020 年）》（以下简称《纲要》）强调要以尊重群众意愿为前提，对居住在生态环境恶劣、不适宜生存地区的农村贫困人口实施生态移民，确保到 2020 年这部分移民群众稳定实现"两不愁、三保障"。国家发展和改革委员会组织编制了《易地扶贫搬迁"十二五"规划》，重新界定生态移民的实施范围，由"十一五"时期的西部地区，扩大到除新疆和西藏以外的中西部地区，实施重点为《纲要》中明确的扶贫攻坚主战场"11 + 3"集中连片特困地区①，以及连片特困区以外的国家扶贫开发工作重点县、国家明确的其他贫困地区，并提出确保生态移民"搬得出、稳得住、能发展、可致富"，与全国同步进入全面小康社会。2014 年，国家发展和改革委员会印发实施《关于做好新时期易地扶贫搬迁工作的指导意见》，进一步规范易

---

① 国务院扶贫开发领导小组办公室制定的《中国农村扶贫开发纲要（2011—2020 年）》第十条明确指出：国家将六盘山区、秦巴山区、武陵山区、乌蒙山区、滇桂黔石漠化区、滇西边境山区、大兴安岭南麓山区、燕山—太行山区、吕梁山区、大别山区、罗霄山区等区域的连片特困地区和已明确实施特殊政策的西藏、四川藏区、新疆南疆三地州，作为扶贫攻坚主战场。

地扶贫搬迁工程的实施。2015 年颁布的《中共中央国务院关于打赢脱贫攻坚战的决定》，将易地扶贫搬迁作为实施精准扶贫的方略之一，强调要加快推进易地扶贫搬迁工程。同年年底，国家发展和改革委员会、国务院扶贫开发领导小组办公室会同财政部、国土资源部、中国人民银行五部门联合印发的《"十三五"时期易地扶贫搬迁工作方案》明确强调，实施易地扶贫搬迁必须坚持与新型城镇化相结合，对居住在"一方水土养不起一方人"地方的农村建档立卡贫困户和其他确需同步搬迁的农户实施易地搬迁。可见，生态移民的相关制度不断完善。

在西部的一些省份，生态移民工程得到稳步推进。2011—2015 年，云南省共实施生态移民 35.72 万人，投入专项扶贫资金 22.42 亿元，并加大资金整合力度，带动 100 多亿元其他资金投入生态移民工程，帮助贫困群众彻底摆脱恶劣的生态环境。① 贵州省在实施易地扶贫搬迁工程的基础上，结合本省实际，创造性地提出大规模实施扶贫生态移民工程，这一阶段是贵州省有史以来对生态移民工程投入最多、搬迁规模最大的时期，5 年内生态移民工程总投资 116.338 亿元（含国家专项资金、省级配套资金和地县配套资金），共搬迁 66.1683 万人。

"十二五"时期以来，中国对生态移民工程累计安排中央预算内补助投资 231 亿元，充分发挥扶贫资金的杠杆效应，带动中央部门和地方投资于生态移民工程建设资金、搬迁农户自筹资金约 800 亿元，共实施 394 万人的搬迁任务。实施范围也由易地扶贫搬迁试点初期的内蒙古、贵州、云南、宁夏 4 个省（自治区），增加到 17 个省（直辖市、自治区），意味着中国有一半以上的省份已经实施了生态移民工程。②③

① 《云南"十二五"已实施易地扶贫搬迁 7.79 万户》，新华网：http://news. xinhuanet. com/2015 - 06/22/c_ 1115685974. htm，2016 年 3 月 22 日。

② 《"十二五"我国易地扶贫搬迁贫困群众 394 万人》，新华网：http://news. xinhuanet. com/fortune/2015 - 10/16/c_ 1116850973. htm，2016 年 2 月 16 日。

③ 《发改委：正组织制定"十三五"易地扶贫搬迁工作方案》，中国新闻网：http://www.chinanews. com/cj/2015/11 - 12/7619669. shtml，2016 年 1 月 12 日。

通过实施生态移民工程，移民户的基本生产生活条件有了很大改善，逐渐走上脱贫致富的道路。同时，迁出区的生态系统也处于自然修复和人为修复的状态，获得了经济效益、社会效益和生态效益的有机统一。这一时期，深入实施西部大开发战略和以集中连片特殊困难地区为重点的扶贫攻坚，为精准实施生态移民工程指明了方向。生态移民目标更加明确，措施更为有力，尤其是经过前期较长时间的试点，积累了丰富的可资借鉴的经验，推动了生态移民工程的顺利开展，生态移民工程已成为中国缓解和消除中西部地区贫困问题、保护生态环境的重要战略。

第二节　生态移民发展态势

中国共产党第十八次全国代表大会以来，强调实施精准扶贫、推进新型城镇化和建设生态文明，提出到 2020 年实现全面建成小康社会的目标。在此宏观背景下，生态移民作为扶贫攻坚的重要组成部分之一，呈现出新的发展态势。

一　生态移民与生态文明耦合

中国共产党第十八次全国代表大会报告中确立了生态文明在"五位一体"中的基础地位，首次强调将生态文明理念融入经济、政治、文化、社会建设的全过程。生态移民作为中国改善生态脆弱区生态环境的重要途径，其本质上是对生态文明建设战略的落实。以往实施生态移民工程时，重点关注的是迁出地生态环境恢复与改善，未将生态文明理念贯穿生态移民工程实施的全过程，尤其是迁入地的建设。生态文明上升到国家战略层面，这就要求生态移民工程必须真正落实到可持续发展的轨道上。因此，未来生态移民的发展态势必然与生态文明耦合。

生态移民与生态文明都是长期性、复杂性和艰巨性的任务，需要决策者运用科学方法进行规范决策，提高决策的执行力。建立"从生态文明理念到生态移民实践"的传导机制，将生态文明融入生态移民工程的各方面。调动全社会的积极性，各级政府和相关部门要深入宣传生态移民与生态文明的内涵，不断提高广大群众尤其是移民和迁入地居民对生态移民工程和生态文明建设的认识。

改变生态建设与经济建设相互割裂的现状，充分发挥生态移民的衔接作用，将生态移民与生态建设、经济建设有机统一起来。在迁出地继续实施天然林保护和退耕还林还草工程，恢复和保护森林植被，加强水土流失治理，生态建设中要注重实现生态建设的产业化。迁入地的生态文明建设，主要体现在培育后续产业时，要注重推进产业发展的生态化，建立资源节约和环境友好型生产方式，在生态移民安置点发展一批生态型的农业、工业、服务业企业和各类生态产业园区及示范基地等，逐步构建形成经济发展与生态环境良性运转的生态型产业体系。

出台生态移民与生态文明的支持性政策，建立健全资源有偿使用制度和生态补偿机制，实现环境资源成本内部化，在限制开发区和禁止开发区实施生态移民工程时，根据生态脆弱区的状况制定人口迁移政策，结合迁入地的人口承载力确定合理的移民规模。

二　生态移民与精准扶贫耦合

2013 年 11 月，习近平总书记在湘西调研扶贫工作时，明确提出扶贫工作"要精准扶贫，切忌喊口号，也不要定好高骛远的目标"。之后，国家相继出台了《关于创新机制扎实推进农村扶贫开发工作的意见》《建立精准扶贫工作机制实施方案》和《扶贫开发建档立卡工作方案》等，对全面实施精准扶贫战略的具体措施、机制等做了详尽规划。随着中国扶贫战略已经转变为精准扶贫，生态移民的思路也应有所创新，需要将精准扶贫理念贯穿于实施生态移民工程的全过程。新一轮的易地扶贫搬迁，将与精准扶贫战略耦合，突出生态移民的精准度，从根本上杜绝以前"搬富不搬穷"的现象，有望成为生态移民扶贫成效最好的时期。

一是精准确定搬迁对象。生态移民精准扶贫最为重要的步骤就是精准识别生态移民对象。迁出区域瞄准生态区位重要、生态环境脆弱、集中连片特困地区和民族地区的贫困县、贫困乡、贫困村。搬迁对象瞄准农村建档立卡贫困人口，加强与扶贫部门管理信息系统中农村扶贫对象的衔接，做到应搬尽搬。

二是精准选择安置方式。以促进移民就业和增收、推进工业化和城镇化为核心，以县城和集镇、有就业岗位的产业园区、旅游服务区等作为重点安置区域，根据移民文化程度、适应能力或者技能掌握情况的差异性进行分类安置。

三是精准推进就业保障。调查统计移民家庭待业劳动力数量、受教育程度、技能掌握情况等，以市场为导向结合移民个人意愿开展精准式培训。在迁入地就业岗位较为充分的情况下，优先采取就地就近安置的方式，同时广泛开辟劳务输出渠道，努力解决好移民的长远生计问题。

三 生态移民与新型城镇化耦合

生态移民究竟要安置到什么样的区域才能实现可持续发展，后续发展问题是一个至关重要的因素。因此，生态移民应将安置点的选择与安置点产业选择联系起来统筹考虑。

从世界各国工业化和城市化的演变过程看，基本上是通过人口、资本、产业向城镇集中，城镇规模扩大后进一步带动更多的生产要素集聚，工业、服务业等非农产业快速发展，产业结构发生变动，农村剩余劳动力陆续从第一产业，向第二、第三产业转移，进而带动就业结构的变动。

30多年来的生态移民实践表明，可分配给生态移民作为生产资料的土地资源越来越有限，采取有土安置的方式已经难以为继，生态移民的安置方式需要转变为无土安置。城镇安置模式属于无土安置，通过将移民安置在城镇，利用城镇产业对劳动力的吸纳作用，将移民生计方式从搬迁前以依赖土地为主转变成以依托市场为主。生态移民从农村搬迁到城镇，不仅是居住地域空间的变化，同时也是职业身份、生计方式的转变。

中国新型城镇化战略的提出为实施生态移民提供了新的思路，生态移民可以依托城镇集中安置，逐渐转变传统的生产生活方式。新型城镇化的过程也是产业演进的过程，生态移民依托城镇安置的前提，是城镇能吸引资本和产业的集聚，创造出吸纳就业的能力。如果城镇没有一定的产业发展空间，那么生态移民的迁入，不但不会促进城镇经济的发展，反而会加重城镇的就业压力，成为城镇负担。

因此，新型城镇化的首要任务是优化城镇软环境，加快资本、技术、劳动力等生产要素集聚，形成以中心城镇为核心的增长板块，推动产业发展，为移民创造更多的就业岗位，使移民逐步转变为现代农业、工业和服务业的产业工人和从业者。在中国实施新型工业化和新型城镇化战略的背景下，推进新型城镇化与新型工业化发展相融合，逐步形成城镇中心以服务业为主，园区以工业为主，城郊以生态农业为主的由内向外、合理布局的城镇产业空间格局。探索"要素集聚—企业引进—产业壮大—吸纳就业—城镇发展"的生态移民与新型城镇化良性发展路径，在促进产业集聚的同时，拓展城镇发展空间。

随着新型城镇化的不断推进，城镇对生产要素的聚集、繁衍和扩散效应增强，具备较强的产业支撑能力，就业岗位增加。可见，城镇在促进产城互动、多业态融合的同时，也将成为安置生态移民最为理想和现实的载体。受生态贫困约束的中西部生态脆弱地区如何有序推进生态移民，要求生态移民与新型城镇化耦合，将城镇作为安置生态移民的主要载体，实现保护生态环境、消除贫困和推进新型城镇化建设的和谐统一。

第三节　生态移民基本特征

一　区域性

生态移民的本质是重新调整人和自然的关系，获得减贫消贫与保护生态环境的双重效益，促进生态移民的可持续发展。因生态与贫困问题互相交织且互为因果循环关系，生态移民已经成为中国一些省（自治区）消除区域性贫困和保护生态环境的基本途径。从区域角度看，中国生态移民具有明显的区域性特征，即实施生态移民工程在区域范围上不具有普遍性。

中国生态移民的实施范围往往与贫困人口集中分布的地区相互重叠。经过多年的扶贫开发，中国贫困人口的分布格局发生了新的变化，呈现出"大分散、小集中"的特征，主要分布在一些边远山区、民族聚居区、革命老区、省际交界区等。以上地区有相当部分生态区位重要、自然地理条件较差、生态环境脆弱、交通不便、自然灾害频繁、信息闭塞、农村贫困发生率高。考虑到致贫原因的复杂性及贫困人口空间分布的高度集中特征，中共中央、国务院发布《中国农村扶贫开发纲要（2011—2020 年）》，明确了"11 + 3"个集中连片特困区，在这些地区继续采取常规就地扶贫的措施难以帮助贫困人口脱贫，因此亟须实施生态移民搬迁。

在 2016—2020 年规划实施的约 1000 万生态移民中，集中分布在西北荒漠化地区和高寒山区、西南高寒山区和石山区、中部深山区等"一方水土养不起一方人"的地方，实施对象为农村建档立卡贫困户和其他确需同步搬迁的农户。① 在西北地区、西南地区和中部地区实施生态移民的重点区域，包括集中连片特殊困难地区以及散落在连片特困区之外的国家扶贫开发工作重点县。

二 阶段性

首先，生态移民政策具有阶段性特征，即生态移民政策是中国特定历史时期的产物。生态移民的产生具有特殊的历史背景，源于 20 世纪 50 年代后期到 70 年代人类不合理的经济活动对后代所带来的生态贫困问题。"大跃进"时期"以钢为纲""以粮为纲"指导思想上的偏差，对森林和农田生态系统产生了极大的破坏，尤其是"文化大革命"时期的"以粮为纲"，可以说给生态环境造成的破坏更是灾害性的。改革开放后，实行农村家庭联产承包责任制，迅速释放了农民被长期禁锢的生产积极性，对土地采取非理性粗放式开发。以上种种短期行为，造成了土地过度垦殖、森林覆盖率急剧下降、水土流失严重，进而引发土地荒漠化、石漠化、生物多样性减少甚至濒临灭绝等

---

① 《"十三五"期间我国将对一千万贫困人口实施易地搬迁》，央广网：http：//news. cnr. cn/dj/20151112/t20151112_ 520483787. shtml，2016 年 2 月 8 日。

生态环境问题，中国遭遇了空前的生态危机，生态危机又进一步加剧了贫困问题。基于以上背景，生态移民作为解决生态贫困问题的战略措施应运而生。随着生态移民工程的不断推进，如果生态系统重新实现新的平衡，贫困人口实现脱贫致富，生态移民政策也会随着生态贫困问题的解决而退出历史舞台。

其次，生态移民对象的阶段性特征。生态移民在搬迁后，通常会经历过渡期、稳定发展期和可持续发展期三个阶段。在搬迁后的初期阶段，即过渡期，移民面临新的生产生活环境会产生种种不适应，短期内可能会找不到工作机会，难以适应迁入地环境；经过一段时期的过渡后，具有劳动能力的移民会陆续进入新的就业岗位，完成生产方式的转型并逐渐适应新的生活方式，步入稳定发展期；经过较长时期的发展后，移民已经完全融入迁入地，找到归宿感和自我认同感，尤其是"生态移民"这一特殊标签对移民子女而言已经淡化，不再是他们身份的代名词，移民进入可持续发展期，生态移民这一称谓也将不复存在。

三　敏感性

从中国实施生态移民的区域看，大多数是少数民族聚居和多民族混居的地区。生态移民的民族属性，决定了实施生态移民的对象有相当部分是世居少数民族人口，生态移民与少数民族人口双重身份的统一，使生态移民在运行中具有敏感性特征。

西部地区集中了全国80%以上的少数民族，因其生态环境脆弱、贫困问题突出，同时又是实施生态移民的重点区域。[①] 在少数民族聚居的地区实施生态移民，不仅仅是这些贫困群众的空间位移，同时还涉及少数民族传统生产生活方式的转型，以及民族文化、社会组织结构和风俗习惯的变化。生态移民使少数民族移民的生活环境由封闭转变为开放，如果移民的民族语言、生活方式、风俗习惯与迁入地当地居民存在较大差异，可能会降低移民社会适应性，难以真正融入新

---

① 周鹏：《中国西部地区生态移民可持续发展研究》，博士学位论文，中央民族大学，2013年，第49页。

环境。

在历史长河中，少数民族独特的生产生活方式、民族习惯、宗教信仰、道德伦理、群落关系、意识形态等世代繁衍传承，并随着社会形态、生产发展和民族演进逐渐积淀并固化下来。少数民族移民对迁入地其他民族的居民如何看待自己的生活习俗及传统民族文化比较敏感，一旦民族文化得不到认同，极有可能会触发移民的民族情感和民族意识，甚至会以非常极端的形式表现出来，产生民族冲突，造成社会动荡和不稳定。

民族文化是民族存亡之根。因此，在生态移民工程实施中，针对少数民族的敏感性特征，要尊重移民的民族文化，鼓励少数民族移民使用民族语言，并采取措施维持和延续各民族的文化脉络，传承民族风俗习惯和宗教信仰等。推动迁入地民族文化多元化发展，是生态移民进程中需要重点关注的问题，让少数民族移民在迁入地获得文化的归属感及民族存在感，维护民族团结及社会稳定，实现各民族共同繁荣。

四 外部性

外部性是指某些行为所产生的收益或成本超出其本身所预料的范畴，从而对该行为之外的其他群体强加了不可补偿的成本（负外部性），或给予无须补偿的收益（正外部性）。与外部性相关的名词有外部成本、溢出效应或外部效应等，生态移民兼有正外部性和负外部性的特征。

正外部性主要包括：一是带动迁入地社会经济发展。移民进入迁入地，为当地社会经济建设提供了稳定的劳动力，特别是依托城镇安置移民，增加了城镇人口，有利于提高城镇化率，人口的集聚增强了城镇发展动力，加快城镇建设步伐。二是改善迁出地留守农牧民的生存环境。在一些实施非整村生态移民的区域，移民搬迁降低了迁出地的人口密度，土地的流转可以实现迁出地资源的重新配置，提高留守农牧民的人均资源占有水平，增加他们的收入并缓解贫困状况。同时，实施生态移民打破了迁出地长期封闭的环境，为迁出地获取现代化信息与资源创造了条件。

负外部性主要包括：一是与迁入地当地居民的就业竞争。生态移民搬迁到迁入地后，在迁入地就业岗位有限且后续产业培育力度不够、发展潜力不足的情况下，移民会与迁入地当地居民在就业上形成竞争。二是民族传统文化传承和发展受到一定的冲击。如前所述，实施生态移民的对象中大多数是少数民族人口，且大部分聚居在较为偏远、民族传统文化保存较为完整的少数民族村寨，实施生态移民可能会使传统社区组织逐渐解体，民族传统文化赖以传承和发展的载体、组织和机制受到削弱，进而危及少数民族移民群体民族文化的可持续发展。

生态移民的外部性特征，决定了实施生态移民工程不能完全依靠以利益最大化为目的市场机制来实现资源优化配置。生态移民需要由政府主导，将外部性效益和成本内在化，引导市场主体将资源有效配置到生态移民工程中，实现生态移民的最大效益。

五　系统性

从某种意义上讲，生态移民是一项社会重建工程，涉及生态、经济、社会、政治、文化等多个领域，涉及面广，并且在时间和空间上跨度大。因此，生态移民具有较强的系统性特征。

在生态移民实施过程中，需要充分发挥移民、发改、财政、扶贫、国土、交通、教育、卫生、人社等相关部门的优势。政府不仅要帮助移民在搬迁初期平稳过渡，妥善解决移民在过渡期的生活问题，还要为他们实现可持续发展创造条件。政府要综合运用自然科学与社会科学知识组织编制生态移民工程规划，并针对生态移民工程的重点建设内容，如生态建设、基础设施建设、提供公共服务、就业创业培训、后续产业培育、社会保障等编制专项规划或实施方案，严格以规划指导实践，稳妥安置生态移民，完善相关配套政策。

政府尤其要结合迁入地的资源禀赋、社会经济发展现状与潜力，培育有利于吸纳移民就业的后续产业，为移民提供均等化的公共服务，着重保障移民搬迁后的经济、社会、政治、文化等权利，使移民获得物质与精神层面的双重利益。针对生态移民搬迁后可能面临的各种潜在风险，政府部门要预见这些不确定性风险，尽可能提前采取措施将风险程度降到最低，减少风险对移民带来的损失。

本章小结

本章追溯了中国生态移民的起源、探索、发展和完善过程，研判了生态移民的发展态势，对生态移民的基本特征进行了分析。

中国生态移民的起源最早可以追溯到 20 世纪 80 年代异地扶贫（易地扶贫）工程的实施，1983—1993 年是中国生态移民的初步尝试阶段，以 1983 年启动为期 10 年的"三西"农业建设计划为标志，重点实施了宁夏"吊庄移民"和甘肃异地扶贫工程，这一阶段生态移民的落脚点是"扶贫"，对生态环境保护的关注度不够；1994—2000 年是生态移民探索阶段，1996 年中国将宁夏、内蒙古、云南和贵州优先列为实施易地扶贫开发式移民试点的范围，其他地区也相继开始对生态移民进行探索，但因没有专门出台生态移民相关文件或政策，在实施中缺乏规范性；2001—2010 年是中国生态移民快速发展的阶段，2001 年正式启动易地扶贫搬迁试点工程，在《易地扶贫搬迁"十一五"规划》中明确指出"易地扶贫搬迁，亦称生态移民"，这一时期生态移民工程实施规模和范围不断扩大，共实施 284.7 万人的生态移民任务，与之相关的政策、文件也陆续出台，生态移民步入规范化和制度化的轨道；2011—2015 年是中国生态移民得以完善的阶段，深入实施西部大开发战略和以集中连片特殊困难地区为重点的扶贫攻坚，为精准实施生态移民工程指明了方向，生态移民制度不断完善、目标更加明确、措施更为有力，这一时期共实施 394 万人的搬迁任务，实施范围从试点初期的 4 个省（自治区）增加到 17 个省（直辖市、自治区）。

中国强调实施精准扶贫、推进新型城镇化和建设生态文明，提出到 2020 年实现全面建成小康社会的目标。在此宏观背景下，生态移民作为扶贫攻坚的重要组成部分之一，呈现出新的发展态势：一是生态文明上升到国家战略层面，要求生态移民工程真正落实到可持续发展的轨道上来，生态移民必然与生态文明耦合；二是中国扶贫战略已经转变为精准扶贫，要求生态移民与精准扶贫耦合，需要精准确定搬迁对象、精准选择安置方式、精准推进就业保障，提高生态移民瞄准精度；三是新型城镇化的不断推进，要求生态移民与新型城镇化耦合，将城镇作为安置生态移民的主渠道，促进生态移民与新型城镇化的良性发展。

中国生态移民具有以下基本特征：一是区域性特征，即实施生态移民在区域范围上不具有普遍性，通常是贫困人口集中分布地区与生态脆弱地区相互重叠；二是阶段性特征，主要表现在生态移民行为和生态移民对象具有阶段性特征；三是敏感性特征，实施生态移民的对象有相当部分是世居少数民族人口，他们对迁入地的其他民族如何看待自己的生活习俗及传统民族文化比较敏感；四是外部性特征，生态移民兼有正外部性和负外部性的特征；五是系统性特征，生态移民是一项社会重建工程，涉及生态、经济、社会、政治、文化等多个领域，并且在时间和空间上跨度大，具有较强的系统性。

第四章 贵州生态移民演进历程与安置模式

贵州省喀斯特地区生态环境脆弱、社会经济发展滞后、境内民族众多，使生态环境恶化、农村贫困问题异常突出且与民族地区发展滞后问题相互叠加，互为恶性循环因果。基于以上问题和现象的现实存在，贵州省生态贫困人口比例高，是中国生态移民任务极其繁重的省份之一。

第一节 贵州实施生态移民的必要性分析

一 生态移民与实现同步小康

贵州省88个县（市、区、特区）中有50个县被列为国家扶贫开发工作重点县，占全国592个国家扶贫开发重点县的8.45%，有934个贫困乡、9000个贫困村。此外，贵州省委、省政府根据省情又确定了33个有扶贫开发任务的省级扶贫开发重点县，全省有扶贫开发任务的县一共达到83个，占全省总县数的94.32%。

在国家扶贫攻坚主战场"11＋3"个集中连片特困地区中，武陵山区、乌蒙山区和滇桂黔石漠化区三大连片特困区覆盖了贵州50个国家扶贫开发重点县和70个县级行政区，占全省国土总面积的85.3%。

长期以来，贵州一直是中国农村贫困人口最多、贫困面最广、贫困程度最深、扶贫开发任务最艰巨的省份之一。按照国家2300元

（2010 年不变价）的扶贫标准，2015 年，贵州有农村贫困人口 493 万①，占全国农村贫困人口总数的 8.84%。"十三五"期间，贵州需要实施生态移民 162.51 万人，其中有 130.47 万是居住在深山区、石山区、"一方水土养不起一方人"地方的农村建档立卡贫困人口，占全省农村贫困人口的 26.46%。② 这部分贫困人口居住的区域生态环境脆弱、生态区位重要、自然灾害频繁、交通不便、基础设施和公共服务滞后，通过就地扶贫方式难以帮助他们彻底摆脱贫困，亟须实施生态移民。

贵州实施生态移民是实现同步小康的需要。2016—2020 年，贵州能否顺利完成 160 余万人的易地扶贫搬迁任务，从根本上破解贫困山区群众生存和发展难题，帮助其摆脱贫困并与全国人民同步实现全面小康，将直接关系到中国 2020 年全面建成小康社会的宏伟目标能否如期实现。

二　生态移民与保障生态安全

贵州地处云贵高原东部，长江、珠江流域上游地带，生态区位十分重要，是"两江"上游的重要生态屏障。全省国土面积 17.62 万平方千米，其中山地、丘陵占 92.5%，是中国唯一没有平原支撑的内陆山区省份。

贵州地处西南喀斯特生态脆弱区中心，喀斯特（出露）面积占 61.9%，以特殊的喀斯特地质地貌为基底的原生脆弱性加上人类不合理的开发活动，使生态环境遭受了较为严重的破坏。据《贵州省水土流失公告（2006—2010）》数据，2010 年，贵州省水土流失面积为 55269.40 平方千米，占土地总面积的 31.37%。根据不同强度等级划分，其中，轻度 27700.4 平方千米，中度 16356.32 平方千米，强烈

---

① 《贵州省 2015 年国民经济和社会发展计划执行情况》，人民网：http://gz. people. com. cn/n2/2016/0209/c194827-27714227. html，2016 年 2 月 24 日。

② 根据贵州省《关于进一步加大扶贫生态移民力度推进精准扶贫的实施意见》，"十三五"期间，将对居住在深山区、石山区"一方水土养不起一方人"地方的 105 万贫困人口和 37 万生态脆弱区的农户实施移民搬迁。在贵州省水库和生态移民局组织编制的《贵州易地扶贫搬迁"十三五"规划》中，结合贵州省实际情况，对全省需要实施易地扶贫搬迁的人口规模和易地扶贫搬迁中农村建档立卡贫困人口的规模进行了调整，计划在"十三五"期间在贵州省实施易地扶贫搬迁 162.51 万人，其中，有 130.47 万人是农村建档立卡贫困人口。

6011.53 平方千米，极强烈 2960 平方千米，剧烈 2241.15 平方千米，分别占土地面积的 15.72%、9.28%、3.41%、1.68%、1.27%。① 水土流失加剧使贵州成为石漠化最严重的省份，石漠化等级齐、程度深、危害重，是制约贵州经济社会发展最严重的生态问题。

武陵山区、乌蒙山区和滇桂黔石漠化区三大连片特困区所涉及的贵州片区，喀斯特面积占全省喀斯特总面积的 84.21%，这些地区空间结构复杂，生态环境十分脆弱。三大连片特困区石漠化比例高、水土流失严重、耕地资源缺乏、自然灾害频繁、发展基础薄弱、农村贫困发生率高，是贵州乃至中国扶贫攻坚的"硬骨头"，覆盖了全省91.2% 的贫困人口、90.6% 的贫困乡镇、92.1% 的贫困村。② 在2016—2020 年贵州规划实施的 162.51 万生态移民中，三大连片特困区需实施生态移民的人口高达 153.17 万，占全省搬迁人口规模的94.25%，其中建档立卡搬迁人口 123.52 万，占全省建档立卡搬迁人口规模的 94.67%。③

因此，贵州实施生态移民是保障生态安全的需要，有利于减轻生态脆弱区的生态环境压力，有效遏制生态恶化趋势，促进生态恢复、建设和保护，维护"两江"下游生态安全。

三 生态移民与统筹城乡发展

统筹城乡发展就是要逐步消除城乡分割的"二元经济社会结构"，缩小城乡发展差距，形成以城带乡、以工促农、城乡互动、协调发展的格局，最终实现向"一元经济社会结构"的转换。贵州城镇化水平低下，2015 年城镇化率为 42.01%，比全国低 14 个百分点。④⑤ 贵州

---

① 《贵州省水土流失公告（2006—2010）》，贵州水土保持生态建设网：http://www.gzsb.org.cn/newlist.aspx? group=111，2016 年 3 月 6 日。

② 《贵州 4 年减少贫困人口 526 万》，中国新闻网：http://www.chinanews.com/gn/2015/07-06/7387732.shtml，2016 年 3 月 6 日。

③ 参见贵州省水库和生态移民局组织编制的《贵州易地扶贫搬迁"十三五"规划》。

④ 《2015 年贵州城镇化率 42.01% 5 年城镇人口增加 306 万》，搜狐网：http://mt.so-hu.com/20160317/n440735587.shtml，2016 年 3 月 20 日。

⑤ 《国家统计局：2015 年中国城镇化率达到 56.10%》，中国经济网：http://www.ce.cn/xwzx/gnsz/gdxw/201602/29/t20160229_9163351.shtml，2016 年 3 月 21 日。

对生态环境脆弱、生态区位重要、自然条件恶劣等区域的农村贫困人口实施生态移民，将其就近集中安置在生产生活条件相对较好的城镇和产业园区，能从根本上加快农村人口向城镇集聚、农村劳动力向城镇第二、第三产业转移的步伐，有利于加速工业化、城镇化进程。农村贫困人口在经历"生态移民"这一标签化过渡后，社会身份由"农民"向"城镇居民"转变，与迁入地城镇居民同等享有基本公共服务，能不断提高自身素质，增强自我发展能力。同时，移民搬迁后，有利于将迁出地原坡耕地退果还林、退耕还林，拆除宅基地还耕，促进农村土地向规模经营的农户集中，改变传统农业的分散经营模式，积极引入社会资金发展现代农业。在农村社会经济发展水平得到提升后，最大限度地将城市发展成果反哺农村、农业、农民，促进城市基础设施和公共服务向农村延伸，实现城乡协调发展。

四　生态移民与维护民族团结

贵州是一个多民族聚居的省份，居住着 49 个民族，主要有苗族、布依族、侗族、仡佬族、水族、回族等 17 个世居少数民族。据第六次人口普查世居民族人口数，少数民族人口占贵州省总人口的比重高达 36.11%。[①] 2014 年贵州省民族自治地方人均地区生产总值 24524 元，仅占全省人均地区生产总值 29847 元的 82.16%。[②] 全省 50 个国家扶贫开发重点县包含 36 个少数民族县，武陵山区、乌蒙山区和滇桂黔石漠化区三大集中连片特困区覆盖了全省 82.5% 的民族乡镇，黔南布依族苗族自治州、黔西南布依族苗族自治州、黔东南苗族侗族自治州全部列入滇桂黔石漠化区。少数民族人口规模大，而且大多数居住在地处偏远、生产生活条件较差、生态环境脆弱、石漠化严重的贫困地区，少数民族地区社会经济发展十分滞后。在贵州省 2016—2020 年规划实施的生态移民中，少数民族地区需要搬迁的农村人口为 103.99 万人，占全省搬迁总规模的 63.99%。对少数民族困难群众实

---

① 贵州统计局、国家统计局贵州调查总队：《贵州统计年鉴（2015）》，中国统计出版社 2016 年版，第 53 页。

② 同上书，第 38、472 页。

施生态移民，改善他们的生存生活生产环境，能从根本上解决制约其长远发展的突出问题，有利于维护民族团结。

第二节　贵州生态移民演进历程

贵州省由政府有组织实施的生态移民始于 20 世纪 80 年代，当时对易地扶贫搬迁做了初步尝试，但因投资数量较少，易地扶贫搬迁工作一度中断。直到 1994 年国家提出并组织实施"八七"扶贫攻坚计划后，易地扶贫搬迁才重新提上议事日程。贵州严格意义上的生态移民始于 1996 年，其演进历程经历了四个阶段。

一　易地扶贫搬迁初步探索阶段（1996—2000 年）

1996—1997 年，国家计划委员会在贵州省以工代赈资金中安排了易地扶贫搬迁试点资金。贵州省选择了紫云、罗甸、长顺和普安 4 个县进行易地扶贫搬迁试点。4 个试点县易地扶贫搬迁工程总投资 1626 万元，其中：以工代赈资金 1125 万元，其他资金 282 万元，投工投劳折款 219 万元。在资金使用结构中，住房资金占总投资的 43.2%，水、电、路、基本农田、造林等生产性资金占总投资的 31.5%，其他附属设施资金占总投资的 25.3%。两年共建设安置点 32 个，搬迁农户 573 户、2474 人，建设住房 41040 平方米，修建道路 46 千米，修建蓄水池 532 立方米，铺设输水管道 14 千米，完成坡改梯 471 亩，架设 10 千伏输电线路 41.6 千米。据不完全统计，到 2000 年累计实施易地扶贫搬迁 17817 户、85237 人。[①]

各试点县加强对移民后续发展引导，采取了一系列行之有效的政策措施。据调查，试点县对易地扶贫移民户的后续扶持主要有四种类型：一是"农业开发为主"型。即移民户仍然主要从事农业生产，移民人均耕地达 1—2 亩，经果林 1—2 亩，主要依靠从事农业生产脱贫

---

① 王永平、陈勇：《贵州生态移民实践：成效、问题与对策思考》，《贵州民族研究》2012 年第 5 期。

致富；二是"农业开发＋务工"型。移民人均耕地达 1—2 亩，移民户继续从事农业生产解决温饱问题，同时还外出务工以增加家庭收入，实现脱贫致富；三是"农工"型。移民户均安排 0.2—0.3 亩菜地，其主要生活来源依靠到农场、茶场、果园打工获得；四是第二、第三产业开发为主型。政府不再为移民户安排耕地，主要通过开发第二、第三产业为他们提供就业岗位。

通过易地扶贫搬迁，迁出地生态环境逐渐恢复，对中低产田土进行生物改造和工程改造，移民生产条件得到改善，同时还享受到相对完善的水、电、路、文化、教育、交通、卫生等基础设施和公共服务，大部分移民户解决了温饱问题，有些移民户走上了致富路。易地扶贫搬迁已初步显现了生态、经济和社会效益，但因易地扶贫搬迁还处于探索阶段，试点的县十分有限，该项政策覆盖范围小，且在顶层设计和操作层面都有待于进一步完善。

二 易地扶贫搬迁正式试点阶段（2001—2010 年）

2001 年，国家正式启动易地扶贫搬迁试点工程，将其作为扶贫攻坚的一项重要举措。工程实施之初，国家发展和改革委员会就把贵州省作为首批易地扶贫搬迁试点省份之一。贵州需要实施易地扶贫搬迁的人口规模大，共安排了 9 个市（自治州）的 83 个县实施易地扶贫搬迁工程。易地扶贫搬迁工程资金主要由国家专项资金、省地县配套资金、农户自筹资金组成。国家专项资金主要用途是为搬迁群众提供基本的生产设施和必要的生活设施。2001—2010 年，贵州省在 9 个市（自治州）累计投入易地扶贫搬迁资金 24.19 亿元，其中：国家专项资金 15.47 亿元，省财政配套资金 1.97 亿元，地县配套资金 3.91 亿元，群众自筹资金 2.84 亿元。

按照"搬得出、稳得住、能致富"的目标，贵州省各地因地制宜，积极探索出了开垦宜农荒地安置、依托产业发展基地（农产品基地）安置、调整耕地安置、与退耕还林结合安置、依托小城镇安置、置换式安置、山上搬山下安置、依托旅游景区安置等多种生态移民安置模式。经过十年来的努力，累计完成了 8.78 万户、38.27 万农村贫困人口的易地扶贫搬迁任务。

　　易地扶贫搬迁工程以改善迁入地基本生产条件为主兼顾生活条件的改善。一些项目县对移民实行有土安置，共为移民调整和新增耕地21.42 万亩。注重改善安置点的基础设施条件，共修建乡村公路3098.19 千米，建设输电线路 2190.87 千米，修建沼气池 21945 口，建设住房及附属设施 508.36 万平方米①，移民住房以砖混结构为主。不同安置模式在实现移民安居的同时还注重"造血"功能的培育，培育发展后续产业，加强对移民户的技能培训。移民后续发展的制度安排日趋系统化，逐步引入生态文明建设理念，扶贫攻坚成果得到了巩固。

　　十年来的易地扶贫搬迁试点证明：实施易地扶贫搬迁工程是缓解人地矛盾、恢复和改善生态环境、帮助失去基本生存条件的农户彻底解决温饱、实现脱贫致富奔小康的有效途径，易地扶贫搬迁已成为新阶段扶贫攻坚的支柱性工程。

三　易地扶贫搬迁深入实施阶段（2011—2015 年）

　　据统计，2011 年贵州还有 204.3 万农村贫困人口生活在生态环境脆弱、自然灾害频繁、"一方水土养不起一方人"的深山区、石山区、边远山区、高寒山区、革命老区、地方病多发区和少数民族聚居区，亟须实施生态移民。异常艰巨繁重的生态移民任务，成为贵州扶贫攻坚、全面建成小康社会进程中的"短板"。②

　　为了加快扶贫开发进程，确保 2020 年与全国同步实现全面小康，这一阶段贵州创造性地提出实施"扶贫生态移民工程"。在总结易地扶贫搬迁试点经验的基础上，2011 年 10 月贵州省委、省政府做出了实施扶贫生态移民工程的重大战略决策，并于 2012 年 5 月正式启动实施，计划用 9 年（2012—2020 年）时间，将生态区位重要、生态环境脆弱以及生存条件极差地区的 204.3 万农村贫困人口搬迁到城镇

---

　　① 王永平、陈勇：《贵州生态移民实践：成效、问题与对策思考》，《贵州民族研究》2012 年第 5 期。

　　② 根据《贵州省扶贫生态移民工程规划（2012—2020 年）》，计划在 9 年时间内，对47.71 万户、204.30 万人实施扶贫生态移民搬迁，其中，少数民族 24.06 万户、103.46 万人，分别占全省搬迁户数和搬迁人口规模的 50.43%、50.64%。

（集镇）或产业园区等条件较好的地方安置。

　　与前两个阶段相比较，这一阶段是贵州有史以来对生态移民工程投入最大、搬迁人口数量最多的时期。2011 年，易地扶贫搬迁工程总投资 2.338 亿元，其中：国家专项资金 1.855 亿元，省级配套资金 0.37 亿元，地县配套资金 0.0157 亿元。修建乡村公路 73.96 千米，架设输电线路 156.55 千米，建设住房 577.87 万平方米。2012 年启动实施扶贫生态移民工程，截至 2015 年，扶贫生态移民工程总投资 123.95 亿元，其中：中央预算内易地扶贫搬迁工程投资 27.66 亿元，中央财政专项扶贫发展资金 15.2 亿元，省级财政统筹安排专项资金 33.53 亿元，市（自治州）、县（市、区、特区）财政配套资金 39.5 亿元，整合住房与城乡建设部门资金 9.95 亿元。共建设扶贫生态移民住房 1485.71 万平方米，铺设供水管道 2615.2 千米，修建水池 5.865 万立方米，铺设排污水（沟）管网 1448.13 千米，架设供电线路 1872.53 千米、安装变压器 1010 台，修建（硬化）道路 747.5 万平方米，绿化亮化 413.99 万平方米。以小城镇和产业园区（工业园区）为重点迁入区域，共建设安置点 672 个。这 5 年间，易地扶贫搬迁工程和扶贫生态移民工程累计搬迁 66.1683 万人。①

　　根据"搬得出、留得住、能就业、有保障"的目标，在实践中，贵州省初步探索出了符合实际省情的生态移民安置模式。优先将产业发展潜力大、就业渠道较多的县城及县城规划区、农业园区和工业园区、重点发展的小城镇纳入迁入地备选方案。实施生态移民时，注重衔接工业化和城镇化两大战略所带来的机遇，大力发展现代农业，尽可能为移民创造更多的就业机会。安置点住房外观设计与布局注重体现地方特色和民族特色，打造了交通枢纽型、旅游景点型、绿色产业型、工矿园区型、商贸集散型、民族风情型等各具特色的安置点，为

---

　　①　2011 年易地扶贫搬迁相关数据，系贵州省发展和改革委员会地区经济处提供。2012—2015 年扶贫生态移民工程相关数据，根据贵州省人民政府发布的《贵州省 2012 年扶贫生态移民工程实施方案》《贵州省 2013 年扶贫生态移民工程实施方案》《贵州省 2014 年扶贫生态移民工程实施方案》《贵州省 2015 年扶贫生态移民工程实施方案》中相关数据汇总而得。

移民后续发展创造了就业机会和创业条件。

四　新一轮易地扶贫搬迁阶段（2016—2020 年）

虽然 2014 年贵州省开始实施精准扶贫战略，但这一时期还处于探索阶段。在生态移民演进历程的前三个阶段，均不同程度地存在生态移民搬迁对象锁定不准、搬迁对象个体瞄准有所偏离的问题。因生态移民工程需搬迁农户自筹部分建房资金，项目参与门槛高，不是所有的贫困户都能受益，一些地区在实施生态移民工程时存在"搬富不搬穷"、扶贫资源"漏出"等现象。

为了帮助生态区位重要、生态环境脆弱以及生存条件极差地区的农村贫困人口到 2020 年与全国人民同步进入全面小康社会，2016—2020 年，贵州省需要完成 162.51 万人的易地扶贫搬迁任务，其中，需要搬迁的农村建档立卡贫困人口为 130.47 万，在全国"十三五"期间 981 万建档立卡贫困人口易地扶贫搬迁任务中所占比重高达 13.30%。[①] 这一阶段是全面建成小康社会决胜阶段，也是贵州省有史以来易地扶贫搬迁任务最繁重、最艰巨、最紧迫的阶段。

在实施精准扶贫战略的大背景下，贵州省新一轮易地扶贫搬迁将提高生态移民的瞄准精度，杜绝扶贫资源"漏出效应"，通过加大生态移民力度推进精准扶贫。贵州省将实施生态移民的主战场锁定为武陵山区、乌蒙山区和滇桂黔石漠化区三大连片特困区所涉及的贵州片区，以及片区之外的其他国家扶贫开发工作重点县，力求区域瞄准最大限度地覆盖生态脆弱区贫困人口。整村搬迁应选择生态环境恶劣且建档立卡贫困户比例高的贫困村，插花搬迁的对象必须选择建档立卡的贫困户。在生态移民贫困户中，要全面推行最低生活保障制度与扶贫开发政策衔接工作，建立"两项制度"有效衔接机制。

---

① 根据《关于印发全国"十三五"易地扶贫搬迁规划的通知》（发改地区〔2016〕2022 号），计划在 2016—2020 年对 981 万建档立卡贫困人口实施易地扶贫搬迁，解决居住在"一方水土养不起一方人"地方贫困人口的脱贫问题，迁出区范围涉及全国 22 个省（区、市）约 1400 个县（市、区）。

第三节 贵州生态移民安置方式与安置模式

一 安置方式

贵州生态移民跨县安置较少，基本上属于县内安置。根据地形、地势和人口分布状况，采取的搬迁安置方式主要有以下四种：整体搬迁，集中安置；整体搬迁，分散安置；部分搬迁，集中安置；部分搬迁，分散安置。①

整体搬迁是指对居住在水、电、路三不通的深山区、石山区、生态环境保护核心区内的贫困农户，以自然村寨为单位采取整体搬迁的形式，把移民户集中安置到水、电、路和学校、卫生院等基础设施和公共服务设施较为完善的乡（镇）建设移民新村；或者将移民户分散安置到水、电、路和学校、卫生院等基础设施和公共服务设施相对完善的乡（镇）。

部分搬迁是指由于迁出地贫困农户较多但居住分散，不能一次性实行整体搬迁，而是将部分贫困农户集中安置到水、电、路和学校、卫生院等基础设施较好的乡（镇）；或者将部分搬迁的贫困农户分散安置到基础设施和公共服务设施较为完善的乡（镇）。

实施生态移民工程的项目县根据自身的实际情况，坚持移民自愿原则，因地制宜地采取不同的搬迁安置方式。对于农村贫困人口集中连片分布的村寨，基本实施整村整寨搬迁，并以村为单元集中安置，最大限度地保留了移民原有的社会关系网络，使其更容易融入新环境，同时也有利于在迁出地实施生态建设。在安置方式上，由于"十二五"以来贵州实施工业化和城镇化带动两大战略，实施生态移民工程时倾向于采取小城镇安置模式，为了获得规模效应通常对移民实行集中安置。

---

① 王永平、袁家榆、曾凡勤等：《欠发达地区易地搬迁扶贫面临的问题与对策探讨——从贵州扶贫主题调研引发的思考》，《特区经济》2008 年第 1 期。

二　安置模式

贵州严格意义上的生态移民已有 20 年历史，各项目县在具体实施过程中以解决移民生活稳定和生产发展为目标，在实践中探索出了各具特色的安置模式。根据生态移民安置时所依托的载体，将安置模式主要归纳为以下九种。[①]

（一）依托城镇集中安置模式

依托城镇集中安置模式，是在交通便利、发展潜力较大的小城镇或乡镇建集贸市场，将生态移民安置点建在市场周围，在设计移民住房时基本上为每户移民配套建设了一个门面，移民可以利用市场的辐射功能发展餐饮、交通运输、经商等第二、第三产业或利用便利的交通信息条件外出务工。

贵州省城镇化水平低，小城镇有较大的发展潜力，这种安置模式不仅为移民户提供了就业机会，也为当地第二、第三产业的发展带来新的空间，加快了小城镇建设步伐。黔南布依族苗族自治州的惠水县断杉镇、平塘县大塘镇，铜仁市石阡县五德镇、思南县东华乡等在实施生态移民工程时均采取了依托城镇集中安置模式。尤其是 2012 年启动实施扶贫生态移民工程以来，依托城镇集中安置成为最为主要的安置模式，也是未来生态移民的首选模式。

由于小城镇土地价格持续攀升，在现有生态移民工程投入十分有限的情况下，政府调整土地压力不断增大。依托城镇集中安置模式如何顺利完成安置点的征地是政府部门必须面临的现实问题。另外，凡是进入小城镇的移民户，从长远看，都要彻底放弃农业生产。在搬迁后相当长一段时期内是移民户的过渡期或转轨适应期，移民如何顺利转产转业，实现在城镇的可持续发展，将是本书要深入探讨的问题。

（二）依托产业园区安置模式

依托产业园区安置模式，是指为了解决移民后续发展问题，将移民安置点布局在工业园区和现代农业产业园区附近，尤其是向已经趋

---

① 王永平、袁家榆、曾凡勤：《贵州易地扶贫搬迁安置模式的探索与实践》，《生态经济》（学术版）2008 年第 1 期。

于成熟的产业园区和劳动密集型产业园区集中，鼓励园区企业用工优先聘用生态移民，积极引导移民在园区尽快实现就业。

为了充分调动园区企业吸纳生态移民就业的积极性，政府对一些在解决生态移民就业问题上成效突出的企业，在地方税和税收地方留成部分适当减免。政府将移民就业与园区用工需求相结合，加强对移民职业技能培训，采取供需见面、订单培训等多种形式，优先安置移民进入工业园区、农业园区就业，使移民转变为产业工人，保障移民就近就业和创业。如普定县龙场乡玉兔山安置点、西秀区集镇安置点均与工业园区企业签订了用工合作协议，黎平县肇兴井寨安置点，石阡县石固乡、青阳乡、聚凤乡安置点，余庆县白泥镇和景湾安置点等均将移民安置在农业园区就业。

近年来，随着贵州工业园区和农业园区建设的不断推进，今后依托产业园区安置移民也是一种较为现实的安置模式。但需要注意的是，依托产业园区集中安置移民时要充分考虑园区对就业的吸纳能力，避免在安置点积压大量需要解决就业的移民劳动力，同时要对移民开展针对性较强的就业培训以适应企业用工需求。

（三）依托旅游景区安置模式

依托旅游景区安置模式，是指在实施生态移民时利用旅游业发展所带来的就业机会，选择在一些发展前景较好的旅游景区内或景点周边建设安置点。政府对移民中的青壮年劳动力开展旅游业相关知识培训后对接旅游企业，将他们安置在当地旅游企业就业，或是引导移民发展餐饮、住宿等旅游服务业，生产或销售具有民族特色的旅游产品，开展民族风情浓郁的旅游活动等增加经济收入。

贵州旅游资源丰富，以喀斯特生态和民族文化为重点的旅游产品拥有一定的知名度。居住在生态区位重要的国家自然保护区和风景名胜区内的农户，发展种养业受到极大的限制，生活已处于非常艰难的境地，将他们迁移出来依托当地旅游资源发展第三产业增加收入，不仅能使他们逐渐脱贫致富，同时又保护了生态环境，促进了贵州旅游业发展。例如，黔南州荔波县在实施生态移民时，利用小七孔风景名胜区和茂兰喀斯特森林保护区旅游业发展潜力较大的优势，在景区附近建设移民新村，瑶山乡拉片移民新村、驾欧乡景区移民新村的不少移民户通过发展旅游业已经彻底摆脱贫困，走上了致富之路。

依托旅游景区安置已成为实施生态移民的重要模式之一，但此种安置模式受旅游资源开发程度的限制，必须选择旅游资源条件较好、发展潜力大、开发程度较高的旅游景区，否则会导致旅游景区和移民发展的不可持续性。早在 2009 年，笔者在紫云县水塘镇格丼村安置点调研时发现，依托格凸河国家级旅游风景区安置移民，因景区旅游资源开发程度不高未能对移民产生就业带动效应，移民自身素质不高也难以在景区就业，从而出现了移民集体返迁的现象。

（四）与退耕还林结合安置模式

与退耕还林结合安置模式，是指在退耕还林区实施易地扶贫搬迁项目时将两项政策结合起来，以稳定移民生活为原则将贫困农户迁出退耕还林区，移民户既享受部分退耕还林优惠政策，又享受部分易地扶贫搬迁优惠政策。一般将移民安置在小城镇或者是靠公路沿线建设移民新村，搬迁后根据安置点的产业发展思路，帮助移民发展第二、第三产业，逐渐脱离对土地的依赖，推动退耕还林政策的实施，巩固生态治理成果。

易地扶贫搬迁和退耕还林都是中国在西部地区实施的政策。由于这两项政策涉及面广，加之贵州省退耕还林区基本上是贫困地区，因此，在实施时必然有交叉。与退耕还林结合安置模式通常有两种类型：一是享受全部易地扶贫搬迁专项资金的移民户，只享受部分退耕还林政策。移民户将退耕还林的粮食补偿和经果林、生态林交给当地政府，由政策统一调整给其他未搬迁贫困农户使用；或是移民户只保留退耕还林补偿的粮食，将经果林和生态林交出给原集体分配给未搬迁农户；或是移民户只保留退耕的经果林和生态林，补偿的粮食交给当地政府另行安排。二是享受全部退耕还林政策的移民户，只享受部分易地扶贫搬迁政策。易地扶贫搬迁只补助移民户 5000—1 万元的住房建设资金。对进入小城镇、退耕还林面积小、经济条件差的移民户多补；反之则少补。

（五）依托农业结构调整安置模式

依托农业结构调整安置模式，是指对生态移民进行安置时与农业结构调整相结合，即充分利用未开发利用或开发利用程度较低的农业资源对生态移民进行安置，移民通过从事各种不同的农业生产以增加收入。

有不少项目县采取了这一模式，如黔南州独山县划出部分县国营林场林间草地出租给移民，移民采取荒山种草、林下种草等方式饲养奶牛，实现了草地资源的开发和畜牧业的发展。罗甸县上隆茶场移民安置点位于逢亭镇上隆村上隆茶果场，移民搬迁后进入茶果园从事生产管护，既为茶果园的正常生产提供了劳动力保证，同时还获得了收入来源。从江县贯洞告埂安置点和停洞传洞安置点也采取了此种模式，在贯洞告埂安置点，移民主要发展饲养山羊和鹅为重点的养殖业，停洞传洞安置点则重点发展蔬菜、土豆等种植业和发展生猪饲养等养殖业。

生态移民采取农业结构调整安置模式，在促进安置点农业结构不断优化的同时，还增加了移民户的经济收入。在此种安置模式下，对移民原有的生产生活方式冲击较少，移民比较容易接受，但要受到安置点农业生产资源和生产场地的制约，在推广时有一定的局限性。

（六）依托开垦耕地安置模式

依托开垦耕地安置模式，是指将缓坡以下、土质适宜的荒地开垦成耕地用于安置移民。在开垦耕地时，通常采取两种方式：一是由国土部门统一开垦。在家庭联产承包责任制下，土地已经分田包产到户，从其他农户手中为移民调整耕地比较困难。为了保证移民搬迁后仍有一定数量可用于从事农业生产的土地，国土部门会在一些未利用宜农荒地资源较为丰富的地区开垦出部分耕地，再将耕地交给当地政府统一分配。实施生态移民工程的项目县统筹安排，将耕地集中用于安置部分移民户，新开垦的耕地成为移民最为重要的生产性资源。二是移民户自主开垦耕地。即乡村根据宜农荒地的数量和质量，划拨一部分给移民自主开垦，并给予移民户一定额度的补助资金。

采取该种安置模式时，搬迁对象主要是居住在耕地资源严重匮乏地区的极贫户，通常为移民每人分配约 1 亩耕地。例如，在黔南州惠水县太阳乡凤皇新村安置点，毕节市威宁县云贵乡安置点、海拉乡安置点、雪山镇安置点均采取了这一模式。与搬迁前相比较，移民户生产条件有了较大改善，一些食不果腹的移民立马解决了温饱问题。一些项目县在开垦宜农荒地安置移民时，还结合农村产业结构调整发展经果林或种草养畜，取得了明显的效果。

但是，采用该种模式有一定局限性：一是要求迁入地有充足的耕地后备资源；二是要避免开垦耕地时对生态环境的破坏。以上两方面都制约了这种安置模式的推行。

（七）山上搬山下安置模式

山上搬山下安置模式，是指对居住在生态环境恶劣、自然资源严重缺乏、基础设施建设滞后的高山上的贫困群众实施生态移民，在不调整原有土地的情况下，就近在山下选择居住条件较好的地方建设移民安置点。搬迁对象主要是故土难离，以务农为生的贫困农户。

受贵州特殊的地形地貌制约以及一些少数民族的居住习惯，有相当部分群众还居住在深山区或大山顶上，而田土大多在山下，用电、交通、饮水极其不便，严重影响了他们的正常生产生活并制约其发展。山上搬山下模式以就近就平搬迁、就交通便利搬迁为原则，将这些极贫农户搬迁到山下饮水、用电、交通、教育、卫生等基础设施较好的地方，使耕种、田间管理以及生活都变得方便，为他们发展创造条件。

与其他安置模式相比较，这种安置模式被移民户和政府普遍接受。因基本上是村内安置，在不调整耕地的情况下，移民户能继续从事农业生产。政府在组织实施时基本上不用考虑为移民提供后续生产资料，投入相对较低，在实施中可操作性较强，是易地扶贫搬迁试点阶段采用得比较多的安置模式，如黔东南苗族侗族自治州锦屏县钟灵乡洞坎安置点就采用了该模式。但是，在这种安置模式下，搬迁后移民仍然耕种原有土地，从根本上对生态恢复的作用不明显。随着贵州城镇化进程的加快，贫困群众更希望搬迁到城镇，与城镇居民同等享受完善的公共基础设施，而不仅仅是满足于山上搬山下所带来的生活条件改善。

（八）置换式安置模式

置换式安置模式，是指在贫困乡村中选择具有一定经济实力并有搬迁意愿的农户（置换户），通常包括外出务工户、参军户、在外工作户等，将其搬迁至城镇安置。置换户自愿将自己的土地承包经营权、房屋所有权按"等值交换"的原则置换（卖）给政府，再由政府将因自然环境恶劣等原因需搬迁的极贫户迁入置换户挪出的居所，并耕种置换户让出的耕地。其特点是"搬穷挪富"或"扶贫促富"。

置换式是一种梯级搬迁安置模式，能获得梯级联动效益：一是改善贫困农户的生产生活条件，使贫困农户在短时间内脱贫；二是解决了安置点现有耕地粗放经营、时有荒芜、重用轻养、质量下降等矛盾，盘活了现有耕地资源，促进了土地流转，提高了土地的利用率；三是缓解了贫困农户原居住地人地矛盾，耕地资源得以退耕还林，生态系统逐渐修复；四是采取"置换式"将农村中的富人、能人、文化素质较高的人迁移至城镇，使他们在县城和乡镇所在地安居乐业，开辟了新的生产和生活领域，是推动小城镇发展的有效途径，有助于改变贵州省城镇化水平不高的现实状况。

但是，该模式的局限性是，只能对部分人口进行迁移，难以实现整村整组搬迁和集中安置，无法承载大规模的生态移民，因而不具有面上推广意义。

（九）依托国有（集体）农场安置模式

依托国有（集体）农场安置模式，是指依托一些土地资源冗余、人口承载力较高的国有（集体）农场安置生态移民，并为生态移民建设住房和其他附属用房，配套建设水、电、路和沼气池等设施。

贵州省有各级各类农场数百个，由于国有（集体）农场的部分员工居住较远或是退休造成农场劳动力不足，对农场土地利用率不高，闲置了大量土地。基于以上原因，易地扶贫搬迁依托农场安置了部分移民，其具体做法有三种：第一种是将贫困农户搬迁到国有（集体）的农（牧、果、茶）场内，通过与场部签订协议，移民户与农场建立长期稳定的合同关系。企业负责对移民进行生产技术培训，移民为农场提供劳动力，移民的身份既非工人又非农民，而是以"农工"身份从事农业生产劳动，农场按月支薪给予移民劳务报酬。第二种是将极贫农户搬迁到有大量闲置土地的农场内，农场将土地出租给他们耕种，人均1.5—2亩，租赁时间参照农村土地承包30年期限，租金由政府一次性付给。第三种是政府买断农场将土地承包给移民使用。

在这种安置模式下，移民入住率较高，不仅解决了农场劳动力短缺问题，带动农场生产经营规模的扩大，而且保证了移民后续发展所需的生产和生活资料，获得较为稳定的收入，在短期内可实现脱贫。如遵义市正安县桴焉茶场安置点、朝阳茶场安置点，毕节市大方县马场镇后槽安置点，黔西南州兴仁县屯脚镇马鞍山安置点均采用了此种安置模式。需要指出的是，这种模式在最初实施生态移民时采用得较多，随着国有（集体）农场闲置土地越来越少，已经不能再发挥安置生态移民的功能。

除上述九种生态移民安置模式外，一些安置点还探索了依托企业安置、调整耕地安置、自助式安置等模式。无论采取何种安置模式，其出发点都是帮助移民实现"搬得出、留得住、能就业、有保障"的目标。在九种安置模式中，根据移民在安置点所拥有的耕地资源状况分类，前四种为无土安置，后五种为有土安置。由于国有土地极其有限，集体土地基本上已分完，绝大部分农户不愿出让承包地，新开垦耕地质量差，未来生态移民实行有土安置不具有可行性。随着城镇化水平的提升，城镇能为生态移民提供更大的安置空间和就业机会，依托城镇安置模式将成为未来生态移民最主要的安置模式。

第四节　贵州生态移民的主要成效

实施生态移民工程将扶贫开发、保护和改善生态环境、发展民族地区社会经济等目标紧密结合起来，对减贫消贫、促进"老少边穷"地区人口与资源环境协调发展具有积极作用。生态移民工程帮助贫困农户彻底"挪穷窝"，使他们在较短时期内脱贫且返贫率较低，逐步增强可持续发展能力，已成为扶贫攻坚的支柱性工程，带来了显著的生态、经济和社会效益。

一　移民生存环境显著改善

搬迁前，大部分移民居住的是土木房、木质房、土坯房甚至茅草房，原居住地基础设施与公共服务设施供给严重不足。生态移民工程注重移民后续发展，通过改善基础设施，为移民提供基本生产生活条件。搬迁后，移民住上了由政府统一规划的砖混结构住房，尤其是依托城镇安置，政府还为每户移民配套建设一个门面或摊位、柜台。安置点基本上为移民完善了水、电、路、通信等基础设施，环境卫生、社会治安比原住地也有较大改善，移民户与当地居民同等享受安置点所在地的学校、医院、文化活动场所等公共服务设施，很大程度上解决了移民吃水难、行路难、用电难、住房难、就医难、入学难等问题。

二　移民增收渠道明显拓宽

在为生态移民配置了生产性土地资源的安置点，由政府引导移民户结合贵州省的自然条件优势，发展中药材、经果林、有机茶和猪、牛、羊等特色种养业；针对进入小城镇和旅游景区的移民，政府则鼓励他们发展农副产品加工、经商、餐饮、运输、旅游商品加工等第二、第三产业；在靠近农业园区或工业园区的安置点，政府引导移民进入园区企业务工。

安置点政府部门对移民中的青壮年劳动力开展职业技能培训或者结合园区企业需求开展就业培训，提升移民就业技能，为移民创造更多的就业机会。此外，政府还通过购买公益性岗位的形式，优先安排"4050"移民人员①和就业困难的移民家庭成员就业。结合"3个15万元"工程②，鼓励移民依托返乡农民工创业园开设小微企业，实现

---

① "4050"移民是指移民处于劳动年龄段中女40岁以上、男50岁以上的，本人就业愿望迫切，但因自身就业条件较差、技能单一等原因，难以在劳动力市场竞争就业的劳动者。

② 2012年2月，贵州省人民政府出台了《贵州省人民政府关于大力扶持微型企业发展的意见》（黔府发〔2012〕7号），采取"3个15万元"的扶持措施大力扶持微型企业发展，即投资者出资达到10万元以上，政府给予5万元无偿补助、15万元额度的银行贷款或担保支持、15万元的税收奖励。同时，符合条件的微型企业享受行政事业性"零收费"政策。

自主创业。部分青壮年移民利用安置点交通便利、信息灵通的有利条件，也陆续加入了农民工队伍，自发实现了劳务输出。

实施生态移民工程为移民搭建了认识和接受新事物的平台，使他们逐步树立开放发展的意识，自身"造血"功能增强，增收渠道拓宽，收入来源由单一的种养业逐步向种养业、加工业、运输业、商贸业、劳务输出等多元化转变，移民总体上做到"头年搬迁，第二年脱贫，第三年开始走上致富路"。

三　加快了小城镇建设步伐

城镇化水平是衡量一个地区经济发展的重要标志。长期以来，贵州城镇化水平较低，城镇容纳空间小，第二、第三产业发展滞后，吸纳劳动力潜力有限，再加上基础设施与公共服务供给能力不足等问题的存在，缺乏产业发展的环境支撑，造成"人气"与"商气"不足。

生态移民依托城镇安置模式符合"人口集聚—城镇扩张"的发展路径，在贵州生态移民的四个阶段均采取了这种模式。尤其是2012年实施"扶贫生态移民工程"以来，主要推行城镇安置模式，重点小城镇安置点的数量最多，占生态移民安置点总数的49.89%。①

将农村贫困人口集中搬迁到小城镇内建点安置，不仅促进了农村人口市民化进程，提高了城镇化率，而且通过鼓励移民积极发展农产品加工、商贸流通、餐饮服务、交通运输等产业，还推动了城镇第二、第三产业发展，繁荣了市场。人口和资源的集聚为小城镇注入了内生动力，增强了城镇活力，壮大了城镇规模，加快了小城镇建设步伐。

四　生态修复效果初步显现

贵州省实施生态移民的区域大多数是自然地理环境条件较差、耕地贫瘠、人口严重超载的山区，当地农户为了解决温饱问题，不得不大规模地毁林开荒，种植粮食作物。对自然界掠夺性的开发，使生态系统遭受严重破坏，水土流失严重，进而加剧了石漠化，致使自然灾

---

① 贵州财经大学中国减贫与发展研究院：《贵州省扶贫生态移民工程实施效果评估（2012—2014年）》，研究报告，贵阳，2015年，第21页。

害频发。采取生态移民的方式，将这部分人口搬迁出来，使迁出地生态系统处于人为修复和自然修复状态。

一些移民在原承包地上种树或承包荒山植树造林，在一些整村搬迁的村寨实施了土地流转和宅基地复垦，耕地被重新规划用于种植经果林或者退耕还林还草，在这些人为措施下迁出地的生态系统逐渐走向良性平衡。

即使没有采取任何措施修复迁出地的生态环境，也初步显现了生态移民工程的生态效益，尤其是实施整村整组搬迁的区域，从源头上杜绝了人为因素对生态环境的破坏。在一些非整村搬迁的区域，通过生态移民也降低了迁出地的人口密度，缓解了人地矛盾，为生态系统自我休养生息赢得了时间。

五　降低贫困地区扶贫成本

从短期来看，生态移民工程所涉及的移民住房建设、安置点基础设施完善、移民后续发展等都需要大量资金投入。从长远来看，生态移民能从根本上阻断贫困的代际传递，反而节约了扶贫成本。

贵州规划实施生态移民的地区生态环境极其脆弱、山高坡陡、贫困农户居住分散，修建水、电、路等基础设施工程造价高，难以从根本上改善这类地区的基本生产生活条件。在一些地处偏远的地区，即便只是修建简易道路也需要较大投入，而且基础设施建设还会给原本脆弱不堪的生态环境带来不同程度的影响和破坏。将移民安置在条件相对较好的区域，在基础设施投入上，能以远远低于就地扶贫的成本解决通路、通电、通水、通电视、入学、就医等问题。

实施生态移民工程，不仅降低了政府对迁出地基础设施建设的投入，还避免了迁出地因自然灾害频繁损毁基础设施导致的重复投资。多年来的生态移民实践充分证明了易地扶贫搬迁成本比就地扶贫成本低，扶贫效果更加显著。

六　促进了各民族共同繁荣

贵州是一个多民族聚居的省份，少数民族人口占全省总人口近36%。据统计，在全省低收入以下贫困人口中，少数民族人口占58%。世居少数民族聚居区，往往也是农村贫困人口高度集中的区域。少数民族人口与农村贫困人口身份重叠，决定了实施生态移民的对象中有相当部分是少数民族贫困人口。因此，生态移民工程不仅有利于改善生态环境，而且还增进了民族团结与社会和谐。

例如，紫云县火花乡破关村安置点，就是典型的苗族移民安置到布依族村寨的成功案例。移民户原住地位于生态环境极其恶劣的猴场镇打哈村麻山腹地，搬迁的直接原因是火灾几乎烧毁了他们所有的生产生活资料，移民户全部为苗族，因其迁出地位于高山地区没有水田，移民也不懂种田技术。搬迁后，政府为移民户调整了田土生产资料，破关村党支部、村民委员会、村民自治委员会成员以及当地的布依族居民和苗族移民结对子，手把手教会他们种田技术，移民很快适应了安置点的生产方式。如今两族居民相处融洽，还曾获得全国民族团结奖。

再如荔波县瑶山瑶族乡拉片移民新村安置点，政府积极引导瑶族移民饲养瑶山鸡、发展农家乐休闲旅游、开发和生产少数民族工艺品，移民户收入水平较搬迁前有了较大提高。瑶族移民与安置点其他民族居民的频繁交往，增进了民族团结，促进了各民族共同繁荣。

第五节　贵州生态移民存在的问题

贵州作为中国首批易地扶贫搬迁试点省份之一，经过多年的实践已经取得了显著成效。但是，因生态移民工程涉及内容多，是一项生态、经济、社会重建工程，实施难度大，在实施过程中还存在一些较为突出的问题。

一　生态移民搬迁任务繁重

贵州生态移民需搬迁人口存量多、难度大，搬迁任务十分繁重。贵州以喀斯特地貌为基底的特殊地理环境非常脆弱，加上人类长期不合理的开发活动，对生态环境造成了破坏，水土流失加剧，使贵州省成为中国石漠化最严重的省份。

贵州境内不同程度存在石漠化问题的县在全省88个县（市、区、特区）中所占比重高达 88.64%，因生态致贫的人口众多，需实施的生态移民数量庞大。据统计，2015 年年底，全省还有 162.51 万人居住在"一方水土养不起一方人"的生态环境恶劣地区，其中，有 130.47 万农村贫困人口，只有通过生态移民才能缓解人地矛盾，帮助他们解决温饱问题并逐步实现脱贫致富。

2001—2010 年，贵州累计完成易地扶贫搬迁 38.27 万人，年均不到 4 万人。2012 年，贵州实施了大规模的扶贫生态移民工程，2011—2015 年，累计搬迁 66.1683 万人，年均搬迁 13.23 万人。尽管"十二五"时期生态移民的推进速度远远快于"十五"和"十一五"时期，但"十三五"时期要完成 162.51 万人的搬迁任务，年均需搬迁 32.5 万人对贵州来说是极大的挑战。特别是武陵山区、乌蒙山区和滇桂黔石漠化区三大连片特困区贫困程度更深、扶贫成本高，增加了生态移民的难度。

二　投入与需求间矛盾突出

生态移民资金主要由国家专项资金、地方配套资金和群众自筹资金三部分构成，以国家专项资金为主体。"十一五"时期，国家易地扶贫搬迁专项资金只有 6.07 亿元，反而比"十五"时期减少了 3.33 亿元。[①] 国家住房建设补助标准偏低，2001—2010 年，国家对移民户的补助标准为 5000 元/人。"十二五"时期，人均补助标准尽管在原来的基础上上浮了 1000 元，但仍然偏低。随着原材料、生产资料等价格上涨，工程造价不断提高，依托城镇安置生态移民在不计算征地补偿费的情况下，建房成本已达 1500 元/平方米左右。贵州是中国西部的"两欠"（欠发达、欠开发）省份，省地县三级财力薄弱，对生态移民工程资金配套难，贫困农户要靠借款才能完成筹资任务。

2001—2010 年，贵州易地扶贫搬迁规划任务为 50.2 万人，但由于资金投入不足，实际搬迁人数只相当于规划任务的 75%；"十二五"时期，大规模实施扶贫生态移民工程，资金投入与需求的矛盾越

---

① 王永平、金莲、黄海燕等：《贵州实施扶贫生态移民的条件与对策》，《贵州农业科学》2012 年第 7 期。

发突出，使搬迁进度未能如期跟进。截至 2015 年 5 月，贵州 2012 年、2013 年、2014 年扶贫生态移民工程实施方案中规划搬迁的扶贫生态移民实际搬迁入住人数为 31.9 万人，仅占规划搬迁任务的 75.17%。①

为了突破资金"瓶颈"，贵州鼓励各地积极探索扶贫生态移民工程资金整合的形式，但目前尚未形成完善的生态移民工程项目资金整合机制。生态移民工程项目资金大多实行县级整合，在整合时困难重重，因此，只限于局部试点。例如，2013 年贵州要求生态移民住房建设的省级人均 6000 元住房补助资金需整合农村危房改造、城镇保障性住房资金来解决，但在实地调研时，安置点普遍反映"三房"因实施地点、安置对象以及项目来源渠道不同，不仅整合难度大，而且在项目审计时也难以通过。对于其他项目资金的整合，同样存在项目实施地点、实施进度不一，受益对象、项目来源部门不同等问题，在整合时可能触及政策红线，因而项目县缺乏资金整合的积极性。面临162.51 万待搬迁人口的繁重任务，生态移民工程的资金约束"瓶颈"将会长期存在。

三　移民对象瞄准精度不够

生态移民搬迁对象的精准与否，直接关系到生态移民的实施效果与目标能否实现。在生态移民对象的选择上，要求瞄准生态环境脆弱、生产生活条件恶劣地区的农村贫困人口。

受贵州财力因素的制约，政府对生态移民工程投入有限，生态移民只能分批实施，每一批次只分配一定数量的名额，而且需要移民户自筹部分住房建设资金，使真正应该成为生态移民实施对象的贫困户因无法解决自筹资金问题而享受不到生态移民政策。受各种主客观因素的影响，在实际操作中，某些地区对经济状况相对较好的农户实施了搬迁，出现移民搬迁对象不够精准、"搬富不搬穷"等现象。

生态移民项目参与门槛高，使真正的贫困农户难以受益，扶贫资

---

① 贵州财经大学中国减贫与发展研究院：《贵州省扶贫生态移民工程实施效果评估（2012—2014 年）》，研究报告，贵阳，2015 年，第 15 页。

源"漏出"现象仍然存在，导致实际搬迁人口中贫困人口所占比重低于年度实施方案中规定的贫困人口比重，违背了生态移民政策的初衷。据统计，2012—2014 年实施的生态移民项目中，贫困人口在移民总人口中所占比重为 53.80%，其中 2012 年为 50.44%，2013 年为 51.12%，2014 年达到 60.41%，2012 年、2013 年分别比实施方案中所规定的贫困人口比重约低 10 个百分点。[①]

四　土地调整难度不断加大

多年来的生态移民实践表明，不能顺利获得生态移民工程所需土地是大多数项目县所面临的最大困难，土地已成为实施生态移民工程的主要制约因素。贵州的土地政策规定，"调整耕地主要是调整国有或集体土地，尽量不要从农民手中调整耕地"。

如前所述，由于可用于调整给移民使用的国有和集体耕地资源已经分完，适宜开垦的耕地质量较低，农户不愿意调出承包地等多重原因，近年来，贵州在生态移民安置模式的选择上，不再对移民实行有土安置。但是，即便不为移民配置生产性耕地资源，移民安置点建设用地仍然是一个不可回避的现实问题。

在实地调研中发现，土地征用难是项目县反映的突出问题。一是迁入地建设用地储备有限。近年来，安置点选址基本上在集镇和县城规划区，这些地区土地增值较快，政府征地补偿过低，部分群众不同意土地被征用。二是安置点选址要避免占用基本农田。如安顺市平坝区夏云安置点的建设用地属于全省"万亩大坝"基本农田保护区，以致工程项目建设用地不能得以报批。三是征地成本大。根据实地调查，从贵州省平均征地成本看，城镇征地每亩需 5 万—7 万元，乡镇征地每亩需 3 万—5 万元。国家明文规定，安排易地扶贫搬迁的专项资金不能用于土地征用及补偿，因此，项目征地费只能由县级承担，县级财政资金紧张难以配套，给建设用地落地带来很大困难。四是安置点建设用地先用后报，土地使用审批程序与国土部门土地使用办法

[①]　贵州财经大学中国减贫与发展研究院：《贵州省扶贫生态移民工程实施效果评估（2012—2014 年）》，研究报告，贵阳，2015 年，第 60 页。

相悖，难以顺利获得国土部门审批。

五　后续产业发展能力薄弱

在贵州省若干种生态移民安置模式中，项目县比较倾向于采取依托城镇安置、依托产业园区安置、依托旅游景区安置等无土安置模式，从发展趋势看，无土安置将成为生态移民今后一段时间内的首选安置模式。当移民无地可耕时，他们能否在安置点实现可持续发展，很大程度上依赖于政府对后续产业的扶持力度。

从目前的情况看，贵州省虽然已经建立了一系列支持移民发展后续产业的政策，但在政策执行过程中缺少与之相配套的具体措施，从而在一些安置点存在着政策执行有偏差或政策落实不到位的情况。部分迁入地所提供的就业岗位有限，产业园区、公益性岗位难以向移民倾斜；产业政策落实不够，针对移民发展后续产业的扶持力度较小，后续产业扶持难以跟进；创业政策宣传不到位且限定条件多，实际上移民难以接受创业培训；部分移民因文化素质偏低、缺乏就业创业技能，仍以继续耕种迁出地的土地作为主要谋生手段。有些移民家庭搬迁后的生活水平与搬迁前相比没有明显改善，甚至有少数移民户生活水平出现下降。地方政府扶持和发展后续产业能力弱，不利于移民在迁入地的可持续发展。

六　政策面广协调成本较高

生态移民工程是一项利国利民尤其是惠及贫困地区的民生工程，涉及生态建设、扶持后续产业、完善基础设施、发展社会事业等多个领域的内容。在具体实施中，需要移民、发改、扶贫、财政、国土、规划、住建、水利、电力、交通、教育、卫生、社保等多个部门的相互配合。

在现有体制下，生态移民资金和项目存在"条条管理、块块管理、条块分割"的情况，造成管理权分散混乱、权责不清。在实施生态移民工程时，需要将大量的时间与精力用于部门间的协调，资金项目整合难度大。因管理主体多元化和各部门职能的差异，还可能存在互相推诿和不作为的现象。体制机制的不顺畅，增加了生态移民工程的协调成本，涉及生态移民的资金或项目在使用过程中被部门分割，降低了资金合力和使用效率。

第六节 贵州生态移民的经验启示

在贵州生态移民实践中,凡是取得成功的案例都是以移民"搬得出、留得住、能就业、有保障"为目标,在经历了生态移民工程的"初步探索、正式试点、深入实施"三个阶段后,积累了一些可资借鉴的经验。

一 强化组织领导是根本保障

贵州生态移民工程之所以得以顺利推进,是以完善的组织机构和坚强的领导为保障。各级党委、政府高度重视生态移民工程,成立了易地扶贫搬迁工程领导小组和工作机构,各项目县把易地扶贫搬迁工程作为民生工程、扶贫攻坚工程和生态环境建设工程强力推进,着重从项目的操作层面强化管理,统一指挥和协调。

尤其是 2012 年贵州省委、省政府做出启动实施扶贫生态移民工程的决定以来,成立了贵州省扶贫生态移民工程领导小组,同时在贵州省发展和改革委员会设立了临时性正厅级扶贫生态移民工程领导小组办公室,领导小组主要负责组织制定扶贫生态移民工程的相关政策,解决重大问题,领导小组办公室则负责扶贫生态移民工程日常事务和协调工作。在贵州省的 9 个市(自治州)、各项目县(市、区、特区)也成立了扶贫生态移民工程领导小组及办公室,负责项目指导和监督。扶贫生态移民工作步入正轨后,已经正式移交给水库和扶贫生态移民局。自上而下强有力的组织领导,有利于统筹安排生态移民工程的人员调配、后续建设、跟踪督查等工作。

二 尊重群众意愿是前提条件

在生态移民工程实施过程中,政府主要发挥引导和推动作用,搬迁对象才是真正的主体。在规划搬迁的对象中,有相当一部分是少数民族人口,充分尊重少数民族贫困农户的搬迁意愿,不仅是尊重他们民族文化、传统风俗习惯、宗教信仰的需要,同时也是实现"搬得出、留得住"的前提条件。

生态移民工程的第一步是做好宣传动员工作，相关部门工作人员要纳入规划搬迁的贫困村组，采取走访、开群众会等多种形式，广泛、深入地开展生态移民政策宣传和发动工作，向贫困农户详细介绍生态移民工程的资金补助标准及构成、迁入地的基本情况、安置方式以及搬迁后可能带来的生产生活条件改善程度等。在充分尊重农户意愿的基础上，由农民自愿提出书面搬迁申请，再由村、乡（镇）、县逐层审核并将审核结果公示，确保生态移民程序公开、公平、透明，让贫困农户享有知情权、参与权、选择权和监督权。

由于贫困农户抵御风险能力弱，难免有少数群众对搬迁顾虑多而不愿意迁出。对这部分群众不能强制搬迁，而是借助已搬迁移民生活状况改善的示范效应，让原本不愿意搬迁的农户消除顾虑，转变为愿意搬、放心搬、想早搬、争着搬。

三 科学合理选点是重要基础

实施生态移民是一项庞杂的工程，科学合理地选择安置点，不仅可以降低安置点工程建设成本，缓解资金投入不足的压力，而且还能促进移民和迁入地的可持续发展。

实施生态移民工程较为成功的项目县通常将以下三个条件作为选择安置点的依据：一是迁入地的人口和经济容量在承载了一定规模生态移民的基础上，还有发展空间；二是移民迁入后要对迁入地的社会经济发展起到推动作用；三是生态移民要得到迁入地相关部门的配合和群众的支持。在安置模式上，根据迁入地资源禀赋与社会经济发展状况合理确定移民规模，各地在实践中已经探索出了城镇集中安置、产业园区安置、旅游景区安置、产业结构调整安置、开垦宜农荒地安置等众多模式。

近年来，在工业化和城镇化快速推进的背景下，一些项目县重点选择在城镇人口集聚区、城市辐射区、商贸业较为发达的小城镇、粗具规模的农业、工业园区、旅游景区和"5 个 100 工程"① 重点区域布局安置点。为了获得规模效应，安置方式由以前集中安置、分散安置、插花安置等多样化的方式转变为集中安置为主，其他安置方式为补充。

四　深化资源整合是有效途径

生态移民工程涉及生态、经济、公共管理、教育和社会文化等多方面建设内容。如前所述，生态移民工程艰巨繁重的任务与庞大的资金需求量之间矛盾突出，如果仅依赖一个部门难以顺利推进。在国家、省和地方财政投入十分有限的情况下，要通过资源整合的途径来突破资金"瓶颈"，才能完成生态移民工程的各项目标任务。

为确保工程顺利实施，一些项目县按照"用途不变、渠道不乱、集中使用、捆绑实施、各负其责、各记其功"的原则，积极整合农村危房改造、城镇保障性安居工程、扶贫、以工代赈、新农村建设、小城镇建设、财政"一事一议"、农贸市场建设、万村千乡市场工程、石漠化治理、巩固退耕还林成果、土地增减挂钩等项目的资金，集中用于生态移民工程。资源整合在一定程度上缓解了资金投入不足的压力，推进了安置点的住房和配套基础设施建设，提高了资金整体使用效益。

五　注重后续发展是关键环节

贵州多年来的生态移民工程实践证明，没有后续扶持保障的移民安置点，生态移民工程的经济效益和社会效益往往不高、实施效果不佳。虽然移民户的生存环境较搬迁前有所改善，但家庭经济状况并没有起色甚至变差，由于缺乏稳定的就业岗位，移民增收致富困难。因此，要实现移民"搬得出、稳得住、能就业、有保障"的目标，必须超前谋划，做好移民后续发展扶持保障工作。

一些项目县结合当地实际情况，选择合理的安置模式，根据安置

---

① "五个 100 工程"是 2013 年贵州省委、省政府做出的一项重大决策，其具体内容包括：重点打造 100 个产业园区、100 个现代高效农业示范园区、100 个旅游景区、100 个示范小城镇、100 个城市综合体。

点的资源禀赋状况和产业发展潜力，培育后续产业。为了提高移民自身素质和增强自我发展能力，在政府组织下，对移民劳动力开展培训并组织劳务输出，多管齐下帮助移民稳定就业。移民利用迁入地完善的公共服务设施，获得商品生产经营和从事餐饮、运输、进企业务工等就业机会。相关部门依托安置点较好的区位优势和发展条件，扶持和发展后续产业，形成"宜居、宜业"的良好环境，有利于促进移民可持续发展。注重后续发展，已成为生态移民实现可持续发展的关键环节。

本章小结

贵州喀斯特地区生态环境脆弱、社会经济发展滞后、境内民族众多，使生态环境恶化、农村贫困问题异常突出，而且与民族地区发展滞后问题相互叠加，互为恶性循环因果。基于以上问题和现象的现实，贵州生态贫困人口比例高，是中国生态移民任务极其繁重。

贵州实施生态移民的必要性主要体现在四个方面：一是实施生态移民是实现同步小康的需要，能帮助贫困农户摆脱贫困与全国人民同步实现全面小康；二是实施生态移民是保障生态安全的需要，能促进生态保护与恢复，维护长江、珠江流域下游生态安全；三是实施生态移民是统筹城乡发展的需要，有利于加速工业化、城镇化进程，促进城市发展成果反哺农村、农业、农民，实现城乡协调发展；四是实施生态移民是维护民族团结的需要，对少数民族贫困人口实施生态移民，改善他们的生产生活条件，有利于维护民族团结。

贵州生态移民演进历程经历了四个阶段：一是易地扶贫搬迁初步探索阶段（1996—2000 年），初步获得了生态、经济和社会效益，但试点项目县有限，在顶层设计和操作层面有待于完善；二是易地扶贫搬迁正式试点阶段（2001—2010 年），移民后续发展的制度安排日趋系统化，引入生态文明建设理念并巩固了扶贫攻坚成果；三是易地扶贫搬迁深入实施阶段（2011—2015 年），与前两个阶段相比较，这个阶段是有史以来对生态移民工程投入最大、搬迁人口数量最多的时期；四是新一轮易地扶贫搬迁阶段（2016—2020 年），是生态移民任务最繁重、最艰巨、最紧迫的阶段，在实施精准扶贫战略的背景下，需提高生态移民的瞄准精度。

贵州生态移民搬迁安置方式主要有四种：整体搬迁，集中安置；整体搬迁，分散安置；部分搬迁，集中安置；部分搬迁，分散安置。根据生态移民安置时所依托的载体，将安置模式主要归纳为九种，分别是城镇集中安置模式、产业园区安置模式、旅游景区安置模式、与退耕还林结合安置模式、农业结构调整安置模式、开垦耕地安置模式、山上搬山下安置模式、置换式安置模式和国有（集体）农场安置模式。前四种为无土安置，后五种为有土安置。随着城镇化水平的提升，城镇能为移民提供更大的安置空间和就业机会，城镇安置模式将成为未来生态移民的主要安置模式。

贵州生态移民工程取得了显著的成效，主要表现在移民生存环境显著改善，移民增收渠道明显拓宽，加快了小城镇建设步伐，生态修复效果初步显现，降低贫困地区扶贫成本，促进了各民族共同繁荣。因生态移民工程在某种意义上是一项生态、经济、社会重建工程，实施中还存在一些突出的问题，如生态移民搬迁任务繁重、投入与需求间矛盾突出、移民对象瞄准精度不够、土地调整难度不断加大、后续产业发展能力薄弱、政策面广协调成本较高等。贵州生态移民在经历了初步探索、正式试点和深入实施三个阶段后，积累了一系列可资借鉴的宝贵经验，为贵州生态移民工程的深入推进以及其他地区实施生态移民提供了很好的经验启示，如在实施生态移民工程中必须要强化组织领导、尊重群众意愿、科学合理选点、深化资源整合、注重后续发展等。

第五章　城镇安置模式下生态移民
可持续发展能力分析

　　生态移民是中国的特殊社会群体，增强生态移民的可持续发展能力，是实施生态移民政策的核心之一。城镇安置模式下的生态移民从农村进入城镇后，将逐步摒弃传统的生产生活方式，他们未来在城镇所拥有的可持续性资源、生产能力及生存空间，将直接关系到其可行能力，即可持续发展能力的形成。因此，本章将对比分析生态移民搬迁前后可持续发展能力的变化状况，深入探讨制约生态移民搬迁后可持续发展能力提高的深层次原因，为生态移民可持续发展的规范分析提供实证基础。

第一节　理论框架与假设前提

一　理论框架

　　本书以阿玛蒂亚·森的可行能力理论作为城镇安置模式下生态移民可持续发展能力分析的理论框架。

　　阿玛蒂亚·森的可行能力理论的最大贡献在于为人们提供了分析可行能力的一般理论框架，指出能力无法观察，通常只能以功能性活动来表示。森用政治自由、经济条件、社会机会、透明性保证和防护性保障五个功能性活动来研究福利，然后以福利来衡量人们的可行能力。一些发达国家在研究个体福利时，将功能性活动界定为居住条件、健康状况、教育和知识、社交和心理状况五个维度，有些学者还根据研究需要，将劳动力市场状态和家庭经济资源也一并纳入功能性活动的范畴（Martinetti，2000）。[①] 可见，可行能力理论不是数学运算法则，功能性活动的维度也并非一成不变，而是要根据特定的研究对象和研究目的进行相应调整。综上所述，可行能力理论为生态移民的可持续发展注入了更为丰富的内涵，在分析生态移民可持续发展能力时具有更强的实质合理性。

如前所述，在能力形成的过程中，森还提出了转换因素，即在假定功能、能力集合相同的前提下，因个人、社会、环境等因素的差异，造成商品或服务在向功能和能力转换过程中，转换程度和效率存在差异性。在对生态移民可持续发展能力进行实证分析时，同样要考虑转换因素对移民可持续发展能力的影响。考虑到生态移民的特殊性，本书将转换因素界定为区域差异，即进行安置点转换，分析不同安置点移民户的可持续发展能力在搬迁前后的差异性。

城镇安置模式下生态移民进入城镇后，生存环境发生较大改变，面临生产生活方式的转型，经济收入与生产投入、获得的社会公共服务与基础设施及其所处的生态环境也会相应地变化或变迁，需要重塑可行能力。需要注意的是，应充分考虑生态移民这一特殊群体以及城镇安置这一特殊模式，合理确定可行能力的功能性活动维度及指标。

二　假设前提

本书基于森的可行能力理论，提出如下假设前提：

假设 5 - 1：生态移民的可持续发展能力用其可行能力来衡量。生态移民的可行能力无法观察，只能通过评价生态移民功能性活动的变化状况来综合衡量可行能力的变化。根据森的可行能力理论，可行能力由功能性活动构成，功能性活动由具体指标来表示，功能性活动的指标集实质上是可行能力的原始指标集，即在对生态移民的可持续发展能力进行实证分析时，其结果取决于功能性活动具体指标的原始值。

假设 5 - 2：生态移民可行能力的功能性活动具有多维性。功能性

---

① 转引自高进云《农地城市流转中农民福利变化研究》，博士学位论文，华中农业大学，2008 年，第 53 页。

活动不仅涉及物质层面，也涉及非物质层面。体现移民户微观个体功能性活动的具体指标以移民自身报告的数据为依据，不同维度功能性活动的具体指标构成生态移民的功能性活动集，进而形成生态移民的可行能力。生态移民搬迁到城镇后，由于生产生活环境的变化，其各个维度功能性活动都会发生变化，任何一类功能性活动受到损害或未完全得以实现都会制约其他功能的实现，甚至会降低生态移民的整体可行能力。生态移民要获得全面的可行能力，依赖于各个维度功能性活动的充分发挥，才能增强其可持续发展能力。

假设 5-3：生态移民的各维度功能性活动对可行能力的贡献相同。在生态移民的各个维度的功能性活动中，只存在各功能表现形式的差异，不存在重要程度差异，即每个功能性活动对生态移民的可行能力，即可持续发展能力的影响程度一样。针对各维度功能性活动具体指标的特征可采取不同的分析方法，当直接表征功能性活动的指标数据获取困难时，可采用间接指标，虽然这些指标不是功能性活动的直接组成部分，但会影响生态移民功能性活动的实现，进而影响生态移民的可行能力。

第二节　生态移民可行能力评价思想与原则

由于影响城镇安置模式下生态移民可行能力的因素众多，且内部作用机理较为复杂，因此，需要建立多维度功能性活动与众多因素构成的综合评价指标体系。构建生态移民可行能力的功能性活动维度与选取具体指标必须遵循特定的指导思想与基本原则，同时要针对城镇安置模式下的生态移民这一群体的主要特征，选取较为科学的方法来度量生态移民在搬迁前后可行能力的变化状况。

一　指导思想

构建城镇安置模式下生态移民可行能力的功能性活动维度和评价指标体系时，不仅要能够反映生态移民的整体可行能力在搬迁前与搬迁后的变化状况，同时还要体现不同安置点生态移民可行能力的空间差异。通过综合参考国内外学者对生态移民可持续发展能力评价指标体系设计框架的已有研究成果，并结合前期研究经验进行归纳，本书在设计城镇安置模式下生态移民可持续发展能力评价指标体系时，基于以下指导思想：

首先，生态移民可行能力评价指标的选取，要能如实反映城镇安置模式下生态移民可持续发展能力的内涵，在每个功能性活动维度中选取指标的数量不宜过多，同时指标覆盖面要广且简洁明了。

其次，选取的指标需要充分考虑在生态移民安置点进行入户调研时，所收集的数据要具有可获得性，如果某些指标对评价生态移民的可行能力非常重要，但又难以获取相应数据时，则需要将该指标用易获取数据的近似指标来替代，或者通过其他转化方式来获取数据。

再次，在设计城镇安置模式下生态移民可持续发展能力评价指标体系时，要将生态移民与区域性生态脆弱及贫困的现实特征相结合，并且对可行能力的评价要具有较强的可操作性，能够通过对指标数据进行量化计算，获得定量评价结果，真实地反映城镇安置模式下生态移民可行能力变化的客观状况。

最后，要注重生态移民功能性活动指标选取时的规范性，本书属于应用性研究，规范化的指标能够提升生态移民可行能力评价结果的质量，从而成为城镇安置模式下生态移民可持续发展规范分析的实证基础。

二　基本原则

从目前有关生态移民可持续发展能力评价指标体系设计的研究看，由于指标的原始数据需全部来源于生态移民安置点和生态移民户的实地调研数据，也相应地增大了收集数据的难度，从而使指标体系的设计不够全面，对生态移民可持续发展能力的评价工作也变得较为复杂。其中也有一些指标过于僵化，难以派生演变，在使用时局限于特定地域，难以适用不同地区生态移民可行能力的评价。基于以上原因，在总结相关研究的基础上，为了设计具有代表性和完备性的城镇安置模式下生态移民可行能力评价指标体系，主要应遵循以下五个原则。

（一）科学性原则

科学性是指设计的指标体系具有完整性，选取的指标具有较强的代表性，且指标的选取在理论上有足够的依据。在实际操作中，应以本书的总体目标、总体思路及可行能力的内涵为依据，建立符合研究要求的指标体系。各维度功能性活动指标的确立应当建立在经济学、社会学、生态学等相关理论基础上，必须与生态移民可持续发展的价值观相一致，能对生态移民的可行能力有一个总体描述和抽象概括。每个单项指标都能与指标体系中的其他指标相互配合，构成一个有机整体，能科学、系统、准确地反映和描述生态移民的可行能力。指标所反映的概念要科学，有明确的界定含义，有科学的计算规则，以保证评价结果的真实有效。

（二）系统性原则

系统综合的指标体系是评价生态移民可行能力的基础，选取的指标应当具有全面客观、覆盖面广的特点，各指标之间应各有侧重、相互配合，形成一个系统的整体。要对城镇安置模式下生态移民的可持续发展能力做出全面客观的评价，需要在可行能力框架下构建一套系统、规范和完整的涉及生态移民各维度功能性活动的评价指标体系。实施生态移民工程是对生态脆弱区的生态环境与贫困进行综合性的治理，该工程实施后要显现出综合的经济、社会和生态效益。因此，城镇安置模式下生态移民可行能力评价指标体系的设计，要充分考虑可用于衡量生态移民的经济、社会和生态功能性活动的指标的整体结合，使之尽可能反映实施生态移民工程对移民户的经济、社会和生态功能性活动的影响状况，从而体现该工程所取得的生态环境和贫困治理成果。

（三）可行性原则

可行性原则是指不仅要从理论上注重指标体系的科学性，同时还要考虑选取的指标在实践中的适用性和可操作性。指标的选取必须结合城镇安置模式下生态移民工程的实施情况和自身特性，保证设计的指标体系符合工程的实际，适应生态移民可行能力评价的需要。在实际研究中，从指标体系的设定、方法的选择再到具体的评价结果分析等，每个环节都不能仅从理论上出发，必须具有可操作性。这就要求我们在选取指标时，首先应考虑现实数据的可获得性，即指标的数据资料能按统一口径在对生态移民家庭的入户调查中易于找到或者能获得适当的代表值。建立指标体系时要注意同一指标在不同移民安置点之间，以及搬迁前和搬迁后两个不同时点是否具有通用性和可比性，以便于横向、纵向比较，力求反映共性问题，尽量排除不可比的特殊指标，确保选取的指标能以真实有效的数据为基础，易于操作。

（四）导向性原则

选取的指标应能反映政府在实施生态移民政策时所做出的承诺，或者是政府在实施生态移民工程时致力要达到的目标。通过评价不仅要反映城镇安置模式下的生态移民在搬迁前与搬迁后可行能力的变化状况，同时也要能反映今后实施生态移民工程应努力发展的方向。对生态移民可行能力的评价结果，要能引导各地区实施生态移民工程的相关部门，不断强化促进城镇安置模式下生态移民可持续发展的政策措施和手段，增强广大贫困群众脱贫致富奔小康的愿望，既可以保证研究结论的适用性和及时性，又能够体现城镇安置生态移民的政策导向性。

（五）重点性原则

评价指标的选择尽量求简避繁，突出重点。可用于度量城镇安置模式下生态移民可持续发展能力的指标数据繁多，在具体操作中，不必要也不可能将所有指标都纳入指标体系，关键是选取代表性较强的指标，优先挑选对评价生态移民可行能力有较大影响的指标作为主要因素，指标要能突出重点和共性。同时，还要注意选取的各个单项指标是相互独立的，指标选取数量要适当，如果数量过多会增加数据获取的难度和计算分析的工作量，指标数量较少则不能反映构成生态移民可行能力的各个功能性活动的状况。该原则强调对主要因素做到"不遗漏、不重复"，合理确定指标数量，使研究能有相应的指标计算和分析的工作量。

第三节　生态移民功能性活动与指标体系构建

根据对已有研究成果的归纳和借鉴，国内外学者对生态移民可持续发展能力的评价通常包括经济、社会和生态三个领域，从而可以比较综合全面地了解实施生态移民工程对生态移民可持续发展能力的影响程度。从贵州省实施生态移民工程的实际情况看，该工程旨在对生态脆弱区的生态环境与贫困进行综合性的治理，突破生态脆弱区的农村贫困人口在经济功能性活动、社会功能性活动和生态功能性活动等方面的束缚，最终促进生态移民可行能力的提升。因此，本书将生态移民的可行能力分为经济、社会和生态三个功能性活动维度，并在这三个维度之下构建用于表征各功能性活动特征的指标体系。

一　功能性活动维度

（一）经济功能性活动

生态移民工程的实施除要实现恢复和保护生态环境的目标外，更是要改善生态移民的生产生活环境，最终引导移民走上可持续发展之路。实施生态移民工程对移民经济功能性活动的改善状况，是评价其可行能力的重要组成部分，同时也会对安置点的社会稳定及生态移民的后续发展产生重要影响。本书从生态移民家庭经济收入、生产投入和财产状况三方面来考察生态移民的经济功能性活动。

1. 经济收入

生态移民的家庭经济收入主要由农业收入、非农收入、转移性收入和财产性收入构成。生态移民的经济功能性活动，通常可以理解为其在经济活动中的投入与所获得成果之间的对比关系。传统福利经济学单纯地用经济福利来代替福利有一定片面性，但是必须认可，家庭经济收入状况虽然不是功能本身，但它既是实现可行能力的重要手段，也是结果。实施生态移民政策的目标之一就是让移民户脱贫致富，移民户个体的经济收入不仅会影响其生活状态，而且是实现可持续发展的关键性因素。只有在经济收入得到改善的前提下，生态移民才能在更高水平上实现可行能力质的提升，从而实现可持续发展。

基于以上考虑，本书将家庭经济收入状况作为衡量生态移民经济功能性活动指标之一。生态移民进入城镇后，虽然有相当一部分移民家庭仍然保留了原有土地等生产资料，但由于实施退耕还林政策或安置点距离原土地较远耕种不方便等原因，限制了土地作为生产资料功能的发挥。通常情况下，搬迁后移民户失去了稳定的农业收入来源，农业收入会减少，如果在非农产业寻求到了新的就业机会，非农收入会增加，收入结构也会相应发生变化。移民户家庭总收入的变动方向则是不确定的，有可能增加，也可能减少或是保持不变，移民家庭收入水平的变化必然会影响到移民的生活质量。

2. 生产投入

农业生产投入是移民家庭生产投入的主要方面。生态移民家庭生产投入的状况会影响其家庭人均纯收入的水平，本书在考察移民户的家庭生产投入时，仅分析其农业生产的投入状况，对其他生产性投入不作探讨。大部分移民户在搬迁以前，通常都从事以种植业和畜牧业为主的农业生产活动，种植业和畜牧业的产出与其投入成正比。如果移民户在搬迁后减少农业生产，则投入水平也会相应下降；反之，农业投入将会增加。

3. 财产状况

衡量生态移民的可行能力，还需要关注移民家庭的财产状况，其中，家庭固定资产和耐用消费品拥有量，是衡量移民户财产状况的重要标志。财产状况主要包括移民户的彩电拥有情况、住房面积和耕地面积。

搬迁后，如果移民户经济收入增加，城镇的市场经济环境较移民原住地相对发达，驱使移民转变消费观念，将刺激移民消费需求，移民户对一些耐用消费品的拥有量可能会实现零的突破。彩色电视机一直以来是农村居民家庭最为重要的现代生活设备，移民户对其拥有不仅意味着物质、精神生活条件的改善，而且电视机还是传播现代生产生活方式和文化观念的载体。因此，本书在选择经济功能性活动中财产状况的指标时，以传统的三大件——"彩电、冰箱、洗衣机"为依据，将移民户对彩色电视的拥有状况纳入分析框架。

为移民户在新居住地提供舒适的住房是实施生态移民工程的一项极其重要、先行的内容。搬迁前，由于移民户经济收入低，大多数还处于贫困状态，住房条件极差，有相当一部分移民户的住房结构还是石木房、木制房、土坯房甚至茅草房等。按照近年来农村危房改造的实施标准，许多移民户原住地的住房都应该是农村危房改造的对象。搬迁后，移民住房条件的改善，可以作为反映移民可行能力提高的一项重要指标。移民住上了由政府统一规划、面积不等的砖混结构房屋，甚至有些安置点还为移民配置了用于生产经营的门面。住房条件通常用住房面积来衡量，本书主要考察移民户的人均住房面积是否增加。生态移民政策应消除农村贫困人口住房条件的贫困化，改善其住房面积和质量，赋予贫困人口经济人权。

尽管生态移民搬迁到城镇后其生产生活方式会逐渐变迁，从长远看，土地可能不再是移民户不可或缺的生产资料，但土地对移民户仍然发挥着社会保障功能。移民户对原居住地的土地享有承包经营权，可以作为移民在城镇不能顺利转产转业的退路，在很大程度上能增强移民搬迁后抵御失业风险的能力。因此，土地在相当程度上能发挥对移民户的失业保障和社会稳定功能，本书主要考察移民户拥有的耕地资源状况。

（二）社会功能性活动

生态移民工程的实施将对生态移民的生活方式产生明显的影响，生活方式所包含的内容相当广泛，涵盖了人们衣、食、住、行、社会交往、休闲娱乐、思想观念等各个方面。生态移民工程对城镇安置模式下生态移民的社会功能性活动的影响，主要体现在工程的实施为移民能够获得的社会性基础设施与公共服务不断完善所带来的推动作用。对于原本居住在生态脆弱地区的移民来说，搬迁后，他们的生存环境发生巨大变化，同时也伴随着生活方式和思维方式的改变，生态移民工程会影响生态移民社会功能性活动的各个方面。生态移民社会功能性活动能力的增强，不仅取决于生活水平和消费水平，更重要的是对基础设施、教育、医疗等的选择自由度。本书对生态移民社会功能性活动的评价将从生活水平变化、基础设施状况、医疗卫生状况和教育培训情况四个方面来衡量。

1. 生活水平

生态移民的生活水平主要从生活和消费水平两方面来体现。从生态移民的实践来看，其终极目标不仅要改善或保护生态恶化地区或自然保护区的生态环境，而且要快速提高移民户的生活水平和生活质量。生态移民的生活水平能够综合反映其社会功能性活动水平，如果移民搬迁到城镇后的生活水平仍然处于较低状态，那么从可行能力的角度理解，生态移民的"实质自由"只能限定在社会功能性活动的"基本"范围内。

生态移民迁入城镇后，由于生产生活方式的变迁，移民家庭在食品、生活日用品等方面的支出可能在总消费支出中所占比重较大，如果家庭收入的增长不能弥补日益增长的消费支出，在短期消费行为之后，可能会造成移民家庭生活困难，制约生态移民社会功能性活动能力的提高。

2. 基础设施

迁入地基础设施的完善程度，是衡量生态移民居住环境是否改善的社会功能性活动指标之一。安置点的配套基础设施状况，虽然不是生态移民社会功能性活动的直接组成部分，但会影响生态移民社会功能性活动能力的实现。一般情况下，生态移民工程所选择迁入的城镇在水、电、路、通信等方面相对原住地比较完善。安置点充足的基础设施，是"社会功能性活动能力供给"的基本条件和提升生态移民可行能力的物质保障。

本书主要采用安置点的社会治安环境状况、道路交通条件和休闲娱乐设施配套三个指标来考察安置点的基础设施是否完备。良好的社会治安环境能使移民获得防护性保障，增强移民在安置点的安全感和归宿感；安置点的道路交通条件，将影响移民对生产生活性资源、信息和就业机会的获取能力；考虑到移民户迁入城镇后不仅要在物质条件上有所改善，同时还要满足其精神文化生活的需要，将安置点是否配套建设有休闲娱乐设施也作为衡量基础设施完善程度的指标之一。

3. 医疗卫生

安置点的医疗卫生服务是极其重要的公共产品，生态移民在安置点可能获得的医疗卫生资源，对他们社会功能性活动能力的形成至关重要。移民在搬迁前，由于农村医疗卫生资源匮乏，通常面临看病难的困境。一部分贫困农户的致贫原因是健康贫困，主要表现为健康能力贫困和健康权利贫困，从本质上看是健康可行能力的被剥夺。因此，安置点的医疗卫生资源状况直接关系到生态移民健康贫困问题的解决。

本书主要从安置点安全自来水供应情况、公立医院设立、私人诊所和药店的开设情况来考察安置点的医疗卫生服务水平。

4. 教育培训

可行能力理论的核心是功能性活动（以下简称功能），社会功能性活动是一个人享有其他可行能力的重要前提。阿玛蒂亚·森将社会排斥看作是能力剥夺的重要组成部分，认为社会排斥是将一部分人隔离在某些社会机会之外，从而减少了他们的发展机会。例如，接受教育或培训等机会的排斥会导致经济贫困，经济贫困又会形成人文贫困，进而造成多种形式的能力贫困，即社会排斥不仅是能力剥夺的重要表现形式，同时还是导致各种能力不足的原因之一。能够公平地接受教育是人的基本发展权利，也是阿玛蒂亚·森的可行能力理论中社会功能性活动的重要内容。

搬迁前，移民及其子女所享有的教育机会远不及城市居民，搬迁后如果不能为移民劳动力和移民子女提供良好的教育培训机会，移民将会与城镇接受良好教育人们的社会地位差距越来越大。增加移民接受教育培训的机会，将会改变移民在各种经济和政治生活中的地位。因此，本书将生态移民户家庭成员中学龄前儿童入学情况、学龄儿童入学情况和劳动力参加培训情况作为考察生态移民社会功能性活动的指标。

（三）生态功能性活动

生态移民工程的产生源于生态贫困，生态贫困是指由于低质量的原初生态环境，或由于生态环境的内在演化和人类社会经济活动对生态环境的副作用，导致生态环境质量下降，进而引起人类基本生存条件的衰变或丧失，使人们的基本生活需要因缺乏必要的客观物质基础而处于贫困的状态。衡量城镇安置模式下生态移民生态功能性活动的改善状况，不仅要评估此项工程是否有利于改善迁出地的生态环境，同时还要评估是否对迁入地造成新一轮的生态破坏，即综合考察生态移民工程对迁出地与迁入地的生态环境影响。

1. 迁出地生态环境恢复

由于迁出地生态环境脆弱，人口规模远远超过区域生态环境承载力，在生态脆弱的偏远贫困山区，一些农户为了维持生存大规模地毁林开荒、陡坡开垦以及砍伐林木用作薪炭和建材，导致植被覆盖率锐减、生态保护功能脆弱、水土流失加剧、自然灾害频繁，使原本脆弱的生态环境进一步恶化。对于遭到严重破坏而难以自然恢复的生态环境而言，通过人为干预逐渐恢复需要一段较长的时期。正是因为迁出地的生态环境改善状况在短期内难以观察，很多学者将森林覆盖率作为考察生态移民工程生态成果的重要指标。

近年来，贵州省森林覆盖率呈现逐渐上升的趋势，森林覆盖率的提高与生态移民搬迁后退耕还林还草工程的推广有一定联系。2015年，贵州省森林覆盖率为50%，比2011年提高8.47个百分点。① 移民搬迁后，配合天然林保护、退耕还林还草等工程的实施，可以起到提高迁出区的森林覆盖率和水土涵养功能的作用，从而加速生态环境的恢复。贵州省退耕还林工程管理中心的数据显示，截至2014年年底，退耕还林工程为贵州省增加近7个百分点的森林覆盖率。② 移民搬迁后，原陡坡耕地将逐步纳入退耕还林项目规划，有利于森林、草地等植被的恢复，促进生态系统的良性循环，进而在一定程度上改善生态移民的生态功能性活动能力。

尽管生态移民工程的实施对森林覆盖率的提高具有积极作用，但

---

① 贵州省统计局、国家统计局贵州调查总队：《贵州统计年鉴（2016）》，中国统计出版社2016年版，第207页。

② 王淑宜：《贵州省退耕还林造林2080万亩森林覆盖率新增近7%》，http：//www. gz. xinhuanet. com/2015－05/14/c_ 1115278843. htm，2017年3月13日。

是，个人与生态价值之间并不是可简单计量的线性关系，用定量的方法来衡量迁移一人对生态环境的影响程度是相当困难的。由于贵州省生态移民工程实施时间较短，生态环境在短时间内难以有根本性的变化，只能选取相关指标来衡量生态移民的生态功能性活动。本书用迁出地的退耕还林情况、宅基地复垦情况来考察城镇安置模式下生态移民的生态功能性活动状况。

2. 迁入地生态环境保护

生态移民的生态功能性活动能力还依赖于迁入地的生态环境保护。2012 年以来，贵州省实施生态移民工程主要采取城镇安置模式，生态移民从迁出地搬迁到迁入地的过程，不仅仅是贫困人口的输出过程，同时还意味着生态环境承载力和经济压力的输出，加上近年来工业化和城镇化的快速推进，给城镇带来了一定的生态环境压力。

贵州省对生态移民的安置方式基本上属于就近安置，即安置在本县、本乡镇内，跨乡镇、跨县安置的极少。虽然在安置点的选址过程中，对迁入城镇的生态环境容量做了科学评估，但是，迁入地的生态环境承载力较高只是相对于生态环境极其脆弱的迁出地而言。实际上，在贵州省的大多数地区，甚至包括迁入地本身都是生态脆弱地区，大量生态移民的迁入，当地居民必然要将本地有限的一部分生态环境资源让渡给迁入者，打破了原有的生态资源分配秩序。因此，将生态移民搬迁到城镇，在减轻迁出地生态压力的同时，一定程度上也会加剧了迁入地的生态环境承载压力，从而影响到移民的生态功能性活动。本书用迁入地的环境卫生状况、绿化水平来考察城镇安置模式下生态移民的生态功能性活动状况。

二 指标体系构建

生态移民可行能力的评价指标体系是由众多联系密切、相互影响、互为补充，并且层次分明、结构清晰的指标所构成。构建反映城镇安置模式下生态移民的经济、社会和生态功能性活动三个方面的评价指标体系，才能客观、准确、科学地评价生态移民可行能力的变动状况。本书借鉴已有相关研究成果，听取有关专家意见，结合实际情况，并考虑到指标数据的可得性，建立了城镇安置模式下生态移民可行能力评价指标体系框架（见表5-1）。

表5-1　　　城镇安置模式下生态移民可行能力评价指标体系

功能性活动维度	主要领域	具体指标
经济功能性活动	经济收入	人均纯收入、人均农业收入、人均非农业收入、人均转移性收入、人均财产性收入
	生产投入	人均农业生产投入
	财产状况	彩电拥有情况、人均住房面积、人均耕地面积
社会功能性活动	生活水平	生活水平、消费水平
	基础设施	社会治安环境、道路交通条件、休闲娱乐设施、安全自来水供应
	医疗卫生	公立医院、药店、诊所
	教育培训	学龄前儿童入学情况、学龄儿童入学情况、劳动力培训情况
生态功能性活动	迁出地生态环境恢复	退耕还林情况、宅基地复垦情况
	迁入地生态环境保护	环境卫生状况、绿化水平状况

（一）经济功能性活动指标体系

在从微观层面考察生态移民的经济功能性活动时，需建立一套与生态移民家庭经济状况相关的评价指标体系，指标的确立以实地调查中获得的有效数据为基础。生态移民经济功能性活动的评价指标主要包括经济收入和生产投入指标，为了体现移民户在搬迁前后的资产变动状况，还加入了财产状况的指标。另外，本章所构建的指标体系要对贵州省各安置点所调查的生态移民样本进行对比分析，所选取的指标应当具有普遍适用性。

根据指标选择的要求，将移民户经济收入、生产投入和财产状况三方面的指标进行系统的分析和筛选后，构建了生态移民经济功能性活动评价指标体系（见表5-2）。为了使收入指标能更准确地反映移民户之间的收入差别状况，收入指标均采用"人均"意义上的数据。

经济收入的指标包括人均纯收入、人均农业收入、人均非农业收入、人均转移性收入和人均财产性收入等；生产投入的指标包括人均农业生产投入；财产状况的指标包括移民户彩色电视机拥有情况、人均住房面积、人均耕地面积等。

表 5-2　城镇安置模式下生态移民经济功能性活动评价指标体系

主要领域	具体指标	指标解释
经济收入	人均纯收入 X_1	年人均农业纯收入、人均非农业收入、人均转移性收入和人均财产性收入之和
	人均农业收入 X_2	年人均种植业和林果业收入、畜牧业收入之和
	人均非农业收入 X_3	年人均工资收入、外出务工收入、经商收入、餐饮服务收入、运输收入、办厂收入及其他非农业收入之和
	人均转移性收入 X_4	年人均转移性收入
	人均财产性收入 X_5	年人均财产性收入
生产投入	人均农业生产投入 X_6	年人均种植业和林果业投入、畜牧业投入之和
财产状况	彩电 X_7	家里是否安装彩色电视
	人均住房面积 X_8	人均住房面积
	人均耕地面积 X_9	人均耕地面积

（二）社会功能性活动指标体系

生态移民工程作为一项重要的民生工程，对生态移民的社会功能性活动的影响也是多方面的，不仅有社会环境变化对搬迁农户生产生活行为的影响，而且还驱使移民在思想文化、发展观念等方面发生质的改变。移民迁入安置点后，一方面要适应新的社区环境，另一方面还要面临生产生活风险程度增高的可能性。生态移民的社会功能性活动能力的提升，能够从根本上改善移民的生存条件，激发移民的发展潜力，为移民在安置点的稳定生活提供基本保障。

立足于安置点区域层面和生态移民主观感受微观层面，综合考察生态移民户的社会生活环境变化情况，从而反映生态移民工程对生态移民的社会功能性活动的影响。关于生态移民社会功能性活动的评价内容主要包括移民户生活水平变化状况、安置点公共基础设施情况、安置点医疗卫生状况和移民家庭成员教育培训情况四个方面，具体指标设计如表5-3所示。

表5-3　城镇安置模式下生态移民社会功能性活动评价指标体系

主要领域	具体指标	指标解释
生活水平	生活水平	移民户生活水平上升、不变或者下降
	消费水平	移民户消费水平上升、不变或者下降
基础设施	社会治安环境	移民户对社会治安环境的主观感受
	道路交通条件	移民户对安置点道路交通是否满意
	休闲娱乐设施	安置点是否有休闲娱乐设施
	安全自来水供应	移民户能否饮用到安全自来水
医疗卫生	公立医院	安置点与最近公立医院的距离
	药店	安置点是否有药店
	诊所	安置点是否有私人诊所
教育培训	学龄前儿童入学情况	移民户学龄前儿童是否入学
	学龄儿童入学情况	移民户学龄儿童是否入学
	培训情况	移民是否参加培训

（三）生态功能性活动指标体系

实施生态移民工程对生态移民的生态功能性活动能力的影响程度，可以理解为生态环境质量改善为生态移民的经济、社会功能性活动能力的高水平实现提供良好的自然环境与物质基础。生态环境质量改善在生态移民社会经济活动过程中所发挥的有益影响和积极作用，不仅影响生态移民的生存和发展，而且对迁出地和迁入地居民的可持续发展都将产生长远影响。

遏制迁出地生态环境不断恶化的趋势，缓解其生态压力，同时又不给迁入地带来新一轮的环境破坏，最终提高生态移民的生态功能性活动能力是实施生态移民工程的直接原因。因此，本书从迁出地生态环境恢复和迁入地生态环境保护两个方面来建立评价指标体系（见表5-4），以衡量生态移民工程对生态移民的生态功能性活动产生的影响。迁出地退耕还林情况用生态移民搬迁前与搬迁后的户均退耕还林面积衡量，宅基地复垦情况用移民户原有宅基地是否复垦衡量；迁入地的环境卫生和绿化状况则用移民搬迁后在安置点的主观感受来衡量。

表 5 - 4　城镇安置模式下生态移民生态功能性活动评价指标体系

主要领域	具体指标	指标解释
迁出地生态环境恢复	退耕还林情况	移民户均退耕还林拥有面积、移民户均退耕还林实际面积
	宅基地复垦情况	移民户原有宅基地是否复垦
迁入地生态环境保护	环境卫生状况	移民户对环境卫生的主观感受
	绿化水平状况	移民户对绿化水平的主观感受

第四节　数据说明与样本描述

一　数据层面说明

虽然在森的可行能力理论表述中所涉及的研究对象是个体，但是，他在开展实证研究时却不局限于只使用个体数据。例如，针对种族不平等问题，在实证分析时，采用的是群体层面数据，对印度和撒哈拉以南的贫困问题进行实证分析时，采用的是国家和地区层面的数据。

结合本书研究主题，实证研究采用的是生态移民家庭层面和生态移民安置点区域层面的数据，理由有三点：一是考虑到实施生态移民工程是以贫困农户为基本单位，在探讨生态移民可持续发展时，采用家庭层面数据较为合理；二是受中国传统观念的影响，移民户家庭成员之间亲情浓郁，在其他家庭成员可行能力不变的前提下，如果搬迁后某一家庭成员可行能力增强，则对整个家庭可持续发展能力的提高都具有积极作用；三是对生态移民可行能力的考察，不仅包含移民家庭通过自身努力对增强其可行能力所做出的贡献，而且也包含外部环境的改观对移民可行能力提升的推动作用，因此，将生态移民安置点相关配套公共服务设施的相关数据也纳入分析框架中。

二　实证数据来源

本书数据来源于国家自然科学基金项目"城镇集中安置下生态移民家庭生计变迁与风险防范研究"（71463008），课题组分别于2015年2月和5月两次深入贵州省生态移民安置点进行实地调研所获得的数据。

针对生态移民家庭入户调查的需要，设计了《生态移民家庭调查问卷》（见附录一）和《贵州省扶贫生态移民工程实施效果评估调查问卷》（见附录四）；针对生态移民安置点和生态移民项目县和乡镇部门座谈的需要，设计了《移民安置点基本情况调查表》（见附录二）和《贵州省扶贫生态移民工程实施效果评估调研提纲》（见附录三）。在与生态移民项目县和乡镇相关部门、安置点负责人进行座谈，了解生态移民工程实施总体情况的基础上，采用简单随机不重复抽样方法，对贵州省2012年实施扶贫生态移民工程以来依托城镇集中安置的生态移民家庭进行入户调查，并对一部分移民进行了深度访谈，获得第一手资料。

为了较全面地获得贵州省生态移民安置点区域层面和生态移民家庭微观层面的数据，该调查抽样范围涵盖了贵州省的贵阳市、六盘水市、遵义市、安顺市、毕节市、铜仁市、黔西南布依族苗族自治州、黔东南苗族侗族自治州、黔南布依族苗族自治州9个市（自治州），每个市（自治州）选择1—3个实施生态移民工程的项目县，每个项目县选择1—4个城镇安置模式下的生态移民安置点。

2015年2月，课题组在贵州省榕江县、松桃县、万山特区、普定县、湄潭县、三都县、兴仁县、盘县、雷山县和黔西县选择了10个生态移民安置点开展调研，对安置点和生态移民家庭的基本情况进行了调查。调查内容包括生态移民安置点概况、安置点基础设施建设、安置点移民就业情况、生态移民家庭户主特征（包括年龄、健康状况、受教育程度等）、家庭特征（包括家庭规模、生态移民家庭自然资本、生计资本、生产行为、消费行为、收入水平等）、移民搬迁相关情况（包括搬迁意愿、搬迁缘由、安置条件等）、居住条件（包括房屋居住位置、房屋材质与结构、住房面积等）、搬迁模式、政府补贴等方面。上述数据均包括移民户搬迁前和搬迁后的详细信息，能够较为准确地反映移民户搬迁前后相关指标的变化状况，具有一定的代表性。此次调研共回收生态移民家庭入户调查有效问卷609份。

由于对城镇安置模式下生态移民可行能力的评价涉及经济、社会与生态功能性活动的各个方面，所需要的数据也应包括生态移民家庭的经济收入、生产投入、财产状况、生活水平、基础设施、医疗卫生、教育培训、迁出地和迁入地的生态环境等各个方面，数量较多且涉及广泛，要一次性全部获取是极为困难的。另外，经济收入与财产状况的敏感性决定了获取生态移民经济功能性活动的相关数据也存在一定难度。对2015年2月调研所得数据进行汇总筛选后，发现虽然得到了较为完整的生态移民经济功能性活动相关数据，但对生态移民的社会、生态功能性活动相关数据的覆盖不够全面，不利于课题组的后续研究。

以真实、全面地评价贵州省实施生态移民工程对城镇安置模式下生态移民可行能力的影响程度为原则，课题组于2015年5月再次深入各地区的生态移民安置点进行调查，以补充2月调研数据的不足。课题组在开阳县、黎平县、荔波县、六枝特区、石阡县、西秀区、兴义市、余庆县和织金县9个县（区、市）选择了23个生态移民安置点开展了调研。此次对安置点区域层面上的调查内容，主要涉及安置点基本情况和生态移民可持续发展的住房政策、土地政策、就业政策、产业政策、创业政策、社会保障政策等执行情况。针对生态移民户微观层面的调研，除对生态移民基本家庭情况及搬迁情况进行调查外，还着重对生态移民家庭的生产条件（包括土地资源等）、生活环境（包括生活水平、基础设施建设等）、就业培训情况（包括就业类型、培训情况等）、医疗教育（包括医疗水平、子女入学情况等）、迁出地与迁入地生态环境（迁出地退耕还林、宅基地复垦、迁入地环

境卫生、绿化水平等）方面进行了更详细更全面的调查。此次调研的
数据覆盖了生态移民社会与生态功能性活动的各个方面，共回收生态
移民家庭入户调查有效问卷 422 份。

2015 年 2 月和 5 月两次调研所得的数据互为补充，为课题组的后
续研究奠定了基础。需要说明的是，本章关于生态移民经济功能性活
动的分析均采用 2 月调研获得的数据，而 5 月调研数据主要用于生态
移民社会功能性活动和生态功能性活动的评价分析，以此对贵州省城
镇安置模式下生态移民的可行能力进行全面的评价。表 5 - 5 为两次
调研所得生态移民家庭入户调查问卷数量的地区分布。

表 5 - 5　　　　　　　生态移民家庭调查问卷地区分布

2015 年 2 月		2015 年 5 月	
县（区、市）	问卷数量（份）	县（区、市）	问卷数量（份）
湄潭县	40	开阳县	51
盘　县	91	黎平县	40
兴仁县	73	荔波县	36
三都县	59	六枝特区	50
松桃县	59	石阡县	51
万山特区	53	西秀区	50
普定县	47	兴义市	50
雷山县	35	余庆县	45
黔西县	52	织金县	49
榕江县	100	—	—
合计	609		422

三　安置点基本情况

2015 年 2 月和 5 月的两次调研共涉及 19 个生态移民项目县（区、
市）的 33 个生态移民安置点。如表 5 - 6 所示，从 33 个安置点规划
安置移民和目前实际安置移民的情况看，除普定龙场玉兔山安置点、
西秀蔡官小城镇安置点、六枝新窑那玉坝安置点、织金实兴新场安置
点规划安置的移民未实现全部搬迁入住外，其余 29 个安置点均按规

划任务已实现移民户的全部搬迁；从各个安置点移民户的实际户均住房面积看呈现出较大差异，榕江古州丰乐安置点的移民户均住房面积只有 50 平方米，而余庆松烟白沙水乡移民户均住房面积则高达 300 平方米；从安置点是否有产业园区的情况看，17 个安置点有产业园区，占调查安置点总数的一半以上。从首批移民安置时间看，兴仁李关骆丫鼓安置点早在 2005 年就已经安置了第一批移民，而六枝新窑那玉坝安置点在 2015 年 5 月课题组开展实地调研时，还处于项目建设期，移民未搬迁到安置点。

表 5－6　　　　　　　　生态移民安置点基本情况

安置点名称	规划安置移民（户）	规划安置移民（人）	目前安置（户）	目前安置（人）	户均住房（平方米）	有无产业园区	首批移民安置时间
榕江古州丰乐	955	3768	955	3768	50	有	2013
松桃迓驾集镇	150	750	150	750	120	无	2012
万山黄道丹阳	155	750	155	750	90	无	2012
普定龙场玉兔山	2225	10000	231	1008	104.7	有	2013
湄潭西河集镇	199	964	199	964	120	无	2012
三都九阡集镇	200	818	200	818	160	有	2013
兴仁李关骆丫鼓	342	1300	342	1300	80	无	2005
盘县石桥妥乐	410	1629	166	1629	288	无	2013
雷山丹江观音阁	381	1440	381	1440	80	有	2012
黔西谷里清明	110	474	110	474	240	无	2013
开阳城关大坡	68	348	68	348	120	无	2012
开阳城关温泉	233	1092	233	1092	100	有	2014
开阳城关烂木塘	180	813	180	813	100	无	2013
荔波佳荣集镇	280	1176	280	1176	200	有	2013
黎平永从六冲雅蝉	36	175	36	175	170	无	2012
黎平德凤薛家坪	492	1819	492	1819	50	有	2012
西秀蔡官小城镇	423	1994	300	1284	110	无	2013
六枝堕却中坝	104	426	102	426	108	无	2012

续表

安置点名称	规划安置移民（户）	规划安置移民（人）	目前安置（户）	目前安置（人）	户均住房（平方米）	有无产业园区	首批移民安置时间
六枝新窑那玉坝	312	1404	0	0	100	有	2015
六枝新场沙地	262	1124	262	1124	240	有	2012
兴义泥凼孟家凼子	123	540	120	540	240	无	2012
兴义泥凼环镇公路	132	677	124	677	240	无	2014
兴义南盘江南龙	130	560	130	560	180	无	2012
织金猫场齐心	221	1003	221	1003	105	有	2013
织金实兴新场	254	1100	106	427	84	无	2014
织金桂果柏秧林	337	1440	337	1440	84	有	2013
石阡汤山鸭背工业园	192	755	192	755	98	有	2013
石阡聚凤走马坪	168	750	168	750	160	有	2012
石阡青阳集镇	190	775	190	775	96	有	2012
石阡坪山坪洋寨	100	400	100	400	198	有	2014
余庆白泥和景湾	204	705	172	705	118	有	2014
余庆松烟白沙水乡	180	750	180	750	300	有	2012
余庆敖溪集镇	238	898	202	898	180	无	2013

注：以上数据系生态移民安置点所在乡镇提供。六枝新窑那玉坝安置点因计划首批移民安置时间为 2015 年，课题组开展调研时安置点尚未有移民入住，因此，调研只涉及安置点的基本情况调查，客观条件限制未能开展生态移民家庭的入户调查。

从生态移民安置点的社会公共服务设施情况看（见表 5 - 7），所有安置点已实现通自来水、通电、通公路和通电话；所有安置点有小学和初中且距离较近，14 个安置点有高中；除六枝新场沙地安置点离医院相对较远以外，其余安置点均有医院且离医院较近，而且移民户能近距离地享受到银行、邮局的服务。安置点相对完善的社会公共服务设施，很大程度上解决了移民在搬迁前面临的吃水难、用电难、行路难、通信难、就医难、上学难等一系列问题。

表 5 - 7　　　　　　　　生态移民安置点社会公共服务设施状况

安置点名称	是否通自来水	是否通电	是否通公路	是否通电话	有无初中	有无高中	有无医院	距离小学（千米）	距离初中（千米）	距离医院（千米）	距离银行（千米）	距离邮局（千米）
榕江古州丰乐	是	是	是	是	有	有	有	1	2	1.5	1	1
松桃迓驾集镇	是	是	是	是	有	无	有	0.6	0.6	0.5	0.4	0.4
万山黄道丹阳	是	是	是	是	有	无	有	1	2	1.4	0.6	0.8
普定龙场玉兔山	是	是	是	是	有	有	有	1	0.8	2.5	2	2
湄潭西河集镇	是	是	是	是	有	无	有	2	0.5	1	1	1
三都九阡集镇	是	是	是	是	有	无	有	0.5	0.5	0.3	0.3	0.5
兴仁李关骆丫鼓	否	是	是	是	有	有	有	2	5	5	5	5
盘县石桥妥乐	是	是	是	是	有	无	有	3.5	3.5	3	3	3
雷山丹江观音阁	是	是	是	是	有	有	有	0.04	3.5	1.2	0.06	1.6
黔西谷里清明	是	是	是	是	有	无	有	0.5	2	2	2	2
开阳城关大坡	是	是	是	是	有	有	有	1.5	2.5	1.5	2.5	2.5
开阳城关温泉	是	是	是	是	有	有	有	3	3	3	3	3
开阳城关烂木塘	是	是	是	是	有	有	有	1.5	1.5	1.5	1.5	1.5
荔波佳荣集镇	是	是	是	是	有	无	有	0.5	0.8	0.4	0.3	0.3
黎平永从六冲雅蝉	是	是	是	是	有	无	有	3	3	3	3	3
黎平德凤薛家坪	是	是	是	是	有	有	有	0.2	0.3	0.4	0.5	1.5
西秀蔡官小城镇	否	是	是	是	有	有	有	0.4	0.5	1	0.7	0.8
六枝堕却中坝	是	是	是	是	有	有	有	0	0	0	0	0
六枝新窑那玉坝	是	是	是	是	有	无	有	0.6	0.6	0.7	0.5	0.2
六枝新场沙地	是	是	是	是	有	无	有	0.7	2	13	13	13
兴义泥凼孟家凼子	是	是	是	是	有	无	有	1.8	1.8	2	2	2
兴义泥凼环镇公路	是	是	是	是	有	无	有	0.5	0.3	0.5	0.6	0.6
兴义南盘江南龙	是	是	是	是	有	无	有	0.5	3	1	19	19
织金猫场齐心	是	是	是	是	有	无	有	0.5	2	2	2	2
织金实兴新场	是	是	是	是	有	有	有	0.5	0.5	0.3	0.1	0.1
织金桂果柏秧林	是	是	是	是	有	无	有	0.8	1	0.3	0.8	0.3

续表

安置点名称	是否通自来水	是否通电	是否通公路	是否通电话	有无初中	有无高中	有无医院	距离小学（千米）	距离初中（千米）	距离医院（千米）	距离银行（千米）	距离邮局（千米）
石阡汤山鸭背工业园	否	是	是	是	有	有	有	0.6	5	2	6	6
石阡聚凤走马坪	是	是	是	是	有	无	有	0.5	1	0.5	0.5	0.3
石阡青阳集镇	是	是	是	是	有	无	有	0.5	0.8	1	0.7	0.4
石阡坪山坪洋寨	是	是	是	是	有	无	有	0.5	9	0.3	9	8.5
余庆白泥和景湾	是	是	是	是	有	有	有	1	0.8	1.4	1.3	1.4
余庆松烟白沙水乡	是	是	是	是	有	无	有	2	2	1	1.2	1.6
余庆敖溪集镇	是	是	是	是	有	无	有	1	0.2	1	0.8	0.8

注：以上数据系生态移民安置点所在乡镇提供。

四 调查样本描述

（一）受访对象家庭规模

在 2015 年 2 月受访的生态移民家庭中，家庭规模平均为 4.12 人；在 5 月的调研中，受访的生态移民家庭规模均值为 4.86 人。在对移民户的入户调查中，课题组发现，移民家庭规模以 3—5 人居多，家庭结构主要有夫妻和子女共同居住，夫妻双方居住，父母、夫妻和子女共同居住三种类型。图 5 - 1 是两次调研中受访对象的家庭规模具体分布情况。

（二）受访对象年龄分布

在 2015 年 2 月的调研中，受访对象的平均年龄为 44.5 岁，5 月调查的受访对象平均年龄为 46 岁。结合受访对象的实际情况，将受访对象的年龄分为以下六个区段，从图 5 - 2 可以看出，两次调研的受访对象年龄分布情况基本一致，受访对象主要集中分布在 26—35 岁、36—45 岁和 46—55 岁三个区段。

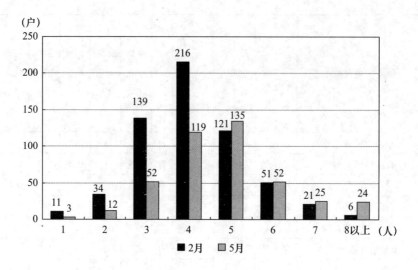

图 5 - 1 受访对象家庭规模分布

注：2015 年 2 月调研有 10 户生态移民家庭的家庭成员数为缺失值。

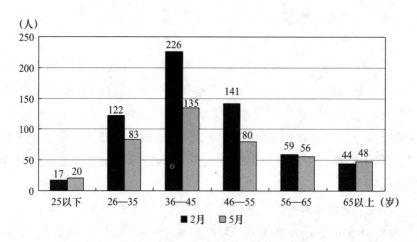

图 5 - 2 受访对象年龄分布

（三）受访对象文化程度

人口的文化程度是衡量其社会素质的重要指标，既受社会经济发展水平的制约，反过来也影响社会经济的发展。根据实地调查的具体情况，如图 5 - 3 所示，将受访对象的文化程度由低到高分为没上学、小学、初中、高中（含中专）、大专、本科及以上六个层次。调查数据显示，在 2015 年 2 月的调研中，受访对象文化程度在初中及以下的占 92.5%，其中，有 19.7% 的受访对象没上学；5 月的调查中，初中及以下文化程度的占 88.4%，没上学的占 20.1%。可见，贵州省生态移民的文化程度普遍较为低下。

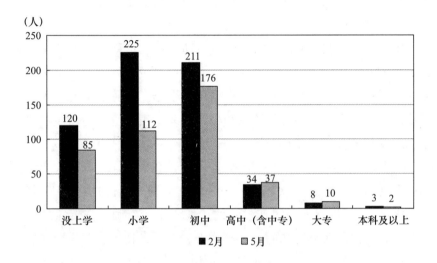

图 5－3　受访对象文化程度分布

注：2015 年 2 月调研有 8 户受访对象文化程度为缺失值。

第五节　生态移民可行能力评价

一　生态移民经济功能性活动评价

为了更直接地评价生态移民工程对城镇安置模式下生态移民的经济功能性活动的影响程度，课题组采用 2015 年 2 月实地调研所获得的生态移民家庭的微观数据，在经济功能性活动指标体系框架下，分别从移民户的经济收入状况、安置点转换下生态移民的经济功能性活动相对水平两个层面来评价生态移民的经济功能性活动能力变化状况。

（一）移民户经济收入状况

本部分从微观层面分析生态移民工程对移民户的经济收入与生产投入产生的影响。需要说明的是，经济功能性活动指标体系中有关移民户财产状况的变量将与经济收入、生产投入变量用于安置点生态移民经济功能性活动区域比较的分析中，在这里不作分析。

1. 移民户的经济收入与生产投入变动状况

生态移民微观层面的经济功能性活动主要是指移民户通过生态移民工程的实施而获得的经济利益。因此，最直观的评价方法就是观察其获得经济收入是否有所提高。根据调研数据，计算出生态移民户在搬迁前与搬迁后的各项经济收入和生产投入，用经济收入与生产投入水平的变化来反映生态移民经济功能性活动的改善程度。

表5－8反映了生态移民户搬迁前后经济收入与生产投入变化状况，搬迁前与搬迁后各项指标的统计数据分别为移民户在2012年度和2014年度经济收入与生产投入的一般水平。就调研安置点的整体情况而言，搬迁后移民户的收入水平略有上升，具体表现为搬迁后生态移民户的人均纯收入由搬迁前的7440.74元提高至8408.10元，增幅为13%，由于调查的移民户搬迁时间较短，家庭收入增长还比较有限，移民户的经济功能性活动还有待于进一步改善。

表5－8　　　　　生态移民户搬迁前后经济收入与生产投入　　　　单位：元

	搬迁后（2014年）	搬迁前（2012年）
人均种植业和林果业收入	391.5279 （1534.00529）	1187.8504 （2053.67843）
人均畜牧业收入	207.7754 （1038.8121）	1106.8712 （2004.14816）
人均非农业收入	7426.2513 （13581.17094）	5576.3052 （10250.92744）
人均转移性收入	302.0412 （1316.42318）	97.7807 （337.10433）

续表

	搬迁后（2014 年）	搬迁前（2012 年）
人均财产性收入	199. 1005 （3670. 14042）	34. 6327 （426. 79398）
人均种植业和林果业投入	60. 1656 （199. 90655）	168. 7374 （230. 92883）
人均畜牧业投入	58. 4296 （241. 30024）	393. 9585 （1744. 37143）
人均纯收入	8408. 1010 （14316. 89909）	7440. 7443 （10831. 96068）

注：以上数据根据调查问卷中的原始数据计算整理而得，括号内的数值是标准差。

根据移民户的各项人均收入与人均投入情况具体分析如下：一是农业收入下降。搬迁后，人均种植业和林果业收入、人均畜牧业收入均有较大幅度下降，下降幅度分别为 67.04%、81.23%。二是农业生产投入下降。人均种植业和林果业投入及人均畜牧业投入分别下降了 64.34% 和 85.17%，与人均农业收入的变动方向一致。三是其他收入上升。其他收入由人均非农业收入、人均转移性收入和人均财产性收入三部分构成，其中非农收入主要包括工资收入、外出打工收入、经商收入、餐饮服务收入、运输收入等，搬迁后生态移民户的人均非农业收入、人均转移性收入、人均财产性收入较搬迁前均有不同程度上升，人均非农业收入增幅为 33.17%，人均转移性收入和人均财产性收入分别是搬迁前的 2.09 倍和 4.75 倍。

2. 移民户经济收入变动的原因分析

观察生态移民户的各项经济收入与生产投入构成情况，因转移性收入和财产性收入在移民人均纯收入中所占比重较小，因此，仅对生态移民农业收入减少与非农业收入增加这一此消彼长态势的原因做深入分析。

首先，搬迁后从事农业生产的移民户减少。尽管大部分移民户在搬迁之前都居住在自然条件恶劣、靠天吃饭的山区，土地资源数量极其有限且多数不适宜耕种，农业生产条件较差，但移民户在搬迁前收入来源渠道十分有限的前提下，仍然沿袭了比较利益低下的农业生产活动，因此，农业收入是移民户在搬迁前家庭经济收入的主要来源之一。

生态移民迁入城镇安置点以后，大多数移民家庭面临人地分离的现实困难，迁入地的政府没有为移民户配置新的耕地，而原居住地的耕地由于距离安置点太远无法耕种，造成土地闲置或粗放经营。据调查，搬迁后有 19.9% 的受访移民户表示其原有土地全部闲置，另有 22.9% 的受访移民户的土地部分闲置或已退耕还林，其余移民户对土地采取粗放经营的方式。此外，生态移民采取城镇集中安置模式，大部分安置点未给移民提供发展畜牧业的养殖圈舍或场所，畜牧业发展受限。以上所述是移民户农业收入减少的直接原因。

其次，搬迁后生态移民户的收入渠道拓宽。依托小城镇安置是贵州省 2012 年以来实施生态移民工程所采取的主要安置模式，生态移民户大多是由交通闭塞的山区搬迁至乡镇城郊等交通相对便捷的地区、旅游风景名胜区或工业园区附近。安置点离城镇更近且交通条件较好，移民户的谋生方式有所转变，就业机会增加，务工渠道增多。一些移民户为了应对农业收入减少给家庭经济状况带来的负面影响，主动在非农业领域寻找就业机会，非农业收入相应上升。

移民自身素质的差异性对其家庭经济收入的改善程度不尽相同。搬迁前移民户家庭成员中的劳动力大多以从事农业生产为主，搬迁后由于居住环境的改善增加了移民的就业途径。文化程度较高的移民接收新知识、新技能的能力较强，因此，也更容易达到城镇的就业要求，经济功能性活动能力能实现较大改善。还有一部分在搬迁前就常年在外务工的移民，经过多年城市生活的历练，头脑较为灵活，学习能力更强，能够更快地在安置点所在城镇或省内外其他地区寻找就业渠道且迅速地适应转产转业的工作要求，经济收入改善状况相对更为明显。

（二）安置点转换经济功能性活动相对水平比较

以构建的经济功能性活动指标体系为基础，本部分运用 SPSS 20.0 对比分析 2015 年 2 月实地调研的 10 个安置点的生态移民经济功能性活动相对水平在搬迁前与搬迁后的变动状况。主要步骤如下：

1. 确定公因子及载荷矩阵

从因子分析的适用性出发，通过观察各变量的相关系数矩阵来判断其是否适合作因子分析，大部分变量的相关系数都大于 0.3，符合因子分析的条件。

为了达到简化结构、便于分析实际问题的目的，首先采取最大方差法对因子进行正交旋转，以便对各因子的载荷做出合理解释，得到方差极大化后的解释方差贡献率（见表 5 - 9）和旋转因子载荷矩阵（见表 5 - 10）。

表 5 - 9　　　　　　　　　　　解释方差贡献率

成分	搬迁前			搬迁后		
	旋转平方和载入			旋转平方和载入		
	合计	方差贡献率（%）	累计方差贡献率(%)	合计	方差贡献率（%）	累计方差贡献率(%)
1	2.903	41.473	41.473	2.948	42.117	42.117
2	1.873	26.755	68.228	1.678	23.971	66.087
3	1.297	18.535	86.763	1.100	15.714	81.802

表 5 - 10　　　　　　　　　　　旋转因子载荷矩阵

指标	搬迁前			搬迁后		
	成分			成分		
	1	2	3	1	2	3
人均纯收入	0.974	—	—	0.913	- 0.147	- 0.16
人均农业收入	0.698	- 0.342	0.548	0.846	—	—
人均非农业收入	0.941	—	- 0.169	0.869	- 0.24	—
人均农业生产投入	0.147	- 0.798	0.238	0.783	0.521	—
彩电	0.358	0.836	0.169	—	—	0.966
人均住房面积	- 0.628	0.639	—	—	- 0.812	0.272
人均耕地面积	- 0.192	—	0.934	- 0.172	0.816	0.247

　　方差贡献率代表的是公因子对原始指标的解释程度，而累计方差贡献率表示所有公因子累计反映出的原始指标信息量。选取公因子时要以因子的累计方差贡献率达到80%以上且指标的特征值大于1为原则，才能保证原始数据所包含的信息量被提取的公因子较完整地反映出来。根据表5-9反映出来的信息，生态移民搬迁前和搬迁后前3个因子的累计方差贡献率分别达到86.763%和81.802%，能反映变量的大部分信息具有显著代表性。因此，确定选前3个因子作为公因子进行分析。

　　旋转因子载荷矩阵代表的是公因子与原始指标之间的关系，能够反映出两者的关联程度。因子载荷的绝对值越大，表明两者之间的相关程度越大，公因子对原始指标因子的代表性越强。由表5-10中旋转后的因子载荷矩阵可知，第一个公因子在人均纯收入、人均农业收入和人均非农业收入上的载荷值较高，可见，F_1 对收入方面的指标具有较强的代表性；F_2 对生产投入和部分反映财产状况的指标载荷值较高；F_3 则对部分反映财产状况指标的解释程度较高。

　　2. 因子得分

　　通过计算和评价因子得分，能够更直观地分析各安置点的生态移民在搬迁前后的经济功能性活动相对水平。各因子的成分得分系数矩阵如表5-11所示。

表5-11　　　　　　　　　　各因子成分得分系数矩阵

指标	搬迁前			搬迁后		
	成分			成分		
	1	2	3	1	2	3
人均纯收入	0.345	0.078	-0.055	0.302	-0.077	-0.099
人均农业收入	0.226	-0.100	0.403	0.294	0.016	0.102
人均非农业收入	0.336	0.098	-0.121	0.296	-0.127	0.067
人均农业投入	0.003	-0.413	0.120	0.274	0.324	0.009
彩电	0.178	0.499	0.204	0.048	0.018	0.887
人均住房面积	-0.181	0.321	0.102	0.002	-0.476	0.222
人均耕地面积	-0.063	0.076	0.733	-0.03	0.494	0.246

根据表 5－11 的因子得分系数矩阵，可以分别得到 3 个因子在生态移民搬迁前与搬迁后的得分函数：

搬迁前因子计算公式：

$$F_1 = 0.345X_1 + 0.226X_2 + 0.336X_3 + 0.003X_4 + 0.178X_5 - 0.181X_6 - 0.063X_7 \tag{5.1}$$

$$F_2 = 0.078X_1 - 0.100X_2 + 0.098X_3 - 0.413X_4 + 0.499X_5 + 0.321X_6 + 0.076X_7 \tag{5.2}$$

$$F_3 = -0.055X_1 + 0.403X_2 - 0.121X_3 + 0.120X_4 + 0.204X_5 + 0.102X_6 + 0.733X_7 \tag{5.3}$$

搬迁后因子计算公式：

$$F_1 = 0.302X_1 + 0.294X_2 + 0.296X_3 + 0.274X_4 + 0.048X_5 + 0.002X_6 - 0.03X_7 \tag{5.4}$$

$$F_2 = -0.077X_1 + 0.016X_2 - 0.127X_3 + 0.324X_4 + 0.018X_5 - 0.476X_6 + 0.494X_7 \tag{5.5}$$

$$F_3 = -0.099X_1 + 0.102X_2 + 0.067X_3 + 0.009X_4 + 0.887X_5 + 0.222X_6 + 0.246X_7 \tag{5.6}$$

根据因子的得分函数，可以直接计算出各个安置点的公因子的得分，进而对各个生态移民安置点的生态移民经济功能性活动相对水平进行计算和比较。以每个公因子的方差贡献率占累计方差贡献率的比值作为 F_1、F_2、F_3 的权重来进行计算，方法如下：

搬迁前安置点生态移民经济功能性活动相对水平计算公式：

$$F = 41.473/86.763 \times F_1 + 26.755/86.763 \times F_2 + 18.535/86.763 \times F_3 \tag{5.7}$$

搬迁后安置点生态移民经济功能性活动相对水平计算公式：

$$F = 42.117/81.802 \times F_1 + 23.971/81.802 \times F_2 + 15.714/81.802 \times F_3 \tag{5.8}$$

指标的综合得分值可以用来衡量各个安置点的生态移民在搬迁前后的经济功能性活动相对水平。需要说明的是，不论得分值为正值或为负值，仅表示该安置点的生态移民经济功能性活动水平在 10 个安置点生态移民经济功能性活动平均水平的相对位置，并不能说明该安置点的生态移民经济功能性活动水平的绝对值为正或为负。

3. 安置点转换生态移民经济功能性活动相对水平比较

从表5-12可以看出，湄潭西河集镇、松桃迓驾集镇和兴仁李关骆丫鼓3个安置点生态移民的经济功能性活动水平最高，无论是在搬迁前还是搬迁后，均分别排在第1位、第2位、第3位。对这3个安置点移民户的劳动力就业情况作进一步分析，发现在这3个安置点的生态移民家庭中，省外务工人员在家庭成员中所占比例分别为30.8%、36.2%、27.1%，远高于调查的10个安置点移民家庭省外务工人员占16.7%的平均水平，移民户较多的家庭成员外出务工能够获得较高的家庭非农收入，是这3个安置点的生态移民经济功能性活动能力较高的主要原因。

表5-12　　　　安置点生态移民的经济功能性活动得分及排序

时间	编号	安置点名称	F_1	F_2	F_3	F	排名
搬迁前	1	湄潭西河集镇	1.840	0.170	0.422	1.022	1
	2	盘县石桥妥乐	-0.647	0.494	0.082	-0.139	5
	3	兴仁李关骆丫鼓	-0.399	-0.033	2.539	0.341	3
	4	三都九阡集镇	-0.088	-2.461	-0.452	-0.898	10
	5	松桃迓驾集镇	1.715	0.842	-0.498	0.973	2
	6	万山黄道丹阳	-0.435	0.322	-1.213	-0.368	9
	7	普定龙场玉兔山	-0.315	-0.151	-0.584	-0.322	7
	8	雷山丹江观音阁	-0.692	0.770	-0.220	-0.140	6
	9	黔西谷里清明	0.158	-0.763	0.119	-0.134	4
	10	榕江古州丰乐	-1.138	0.810	-0.196	-0.336	8
搬迁后	1	湄潭西河集镇	1.218	0.236	0.777	0.845	1
	2	盘县石桥妥乐	-1.550	-1.783	0.952	-1.138	10
	3	兴仁李关骆丫鼓	-0.589	2.123	0.672	0.448	3
	4	三都九阡集镇	-0.283	0.094	-1.967	-0.496	9
	5	松桃迓驾集镇	1.882	-0.892	0.516	0.807	2
	6	万山黄道丹阳	0.738	0.138	-0.711	0.284	4
	7	普定龙场玉兔山	-0.371	-0.179	-0.965	-0.429	8
	8	雷山丹江观音阁	-0.370	0.351	1.074	0.119	5
	9	黔西谷里清明	-0.118	-0.418	-0.529	-0.285	7
	10	榕江古州丰乐	-0.558	0.330	0.183	-0.156	6

万山黄道丹阳、三都九阡集镇、雷山丹江观音阁和榕江古州丰乐 4 个安置点生态移民的经济功能性活动能力在 10 个安置点中的相对水平较搬迁前有所提高。尤其是万山黄道丹阳安置点，生态移民经济功能性活动水平排名由搬迁前的第 9 位跃升至搬迁后的第 4 位，观察该安置点各个因子的得分情况，发现搬迁后该安置点在代表收入的因子 F_1 上得分增幅较大，说明搬迁后该安置点移民户的收入水平有了很大程度的提高，因而使实施生态移民工程后移民户的经济功能性活动能力有了明显的改观。而搬迁后盘县石桥妥乐、普定龙场玉兔山和黔西谷里清明 3 个安置点生态移民的经济功能性活动水平在 10 个安置点中的排名则出现了不同程度下降，其中盘县石桥妥乐安置点下降幅度最大，排名下滑了 5 位。

对各个安置点生态移民经济功能性活动的综合得分及各因子得分具体情况的分析，我们可以了解到各安置点的移民户在生态移民工程实施后的经济功能性活动水平的相对变化情况，为各个安置点如何依据自身实际情况来推进生态移民工程的实施，以及完善相应配套政策措施提供了重要依据，从而有助于有针对性地设计城镇安置模式下生态移民可持续发展的制度和机制，更大幅度地提高生态移民的经济功能性活动水平。

（三）生态移民经济功能性活动评价结论

通过前面对生态移民在搬迁前后的经济收入状况的总体评价和安置点转换生态移民经济功能性活动相对水平的区域比较，可以得出以下结论：

第一，从对生态移民户搬迁后的经济收入状况总体评价看，生态移民工程在一定程度上提高了生态移民的经济功能性活动能力。移民家庭人均纯收入略高于贵州农村居民人均可支配收入，但由于移民户搬迁到城镇的时间较短，相对于贵州城镇居民人均可支配收入水平而言，生态移民工程对移民家庭收入增长的贡献作用还比较有限。以非农业收入为主的其他收入虽然有较大幅度的增长，但其对移民家庭总收入提高的积极作用有相当一部分被农业收入减少的负面作用所抵消，因此，总体来看，搬迁后移民户的经济功能性活动能力还有较大的提升空间。生态移民家庭收入结构之所以呈现农业收入减少、非农业收入增加的此消彼长态势的主要原因是：一方面移民户迁入城镇后未获得新的耕地资源且距离原居住地耕地较远，对土地退耕还林，或采取粗放经营方式甚至撂荒，城镇集中安置模式下移民户普遍缺少发展畜牧业的养殖圈舍或场所，畜牧业发展受限，造成农业收入锐减；另一方面依托小城镇安置生态移民，居住环境改善使移民家庭劳动力的就业机会增加，务工渠道增多，以非农业收入为主的其他收入随之上升。

第二，对安置点转换生态移民的经济功能性活动相对水平的比较分析，结果显示，湄潭西河集镇、松桃迓驾集镇和兴仁李关骆丫鼓 3 个安置点生态移民的经济功能性活动水平无论在搬迁前还是搬迁后都是最高的；生态移民工程对各个安置点移民户的经济功能性活动相对水平的影响程度呈现出明显的差异性，比较各安置点的生态移民经济功能性活动在 10 个安置点中的相对水平，搬迁后万山黄道丹阳、三都九阡集镇、雷山丹江观音阁和榕江古州丰乐 4 个安置点的生态移民经济功能性活动相对水平较搬迁前有所改善，盘县石桥妥乐、普定龙场玉兔山和黔西谷里清明 3 个安置点的生态移民经济功能性活动相对水平在搬迁后下降，其余安置点则保持不变。安置点生态移民户家庭成员中外出务工人数越多，移民户的非农收入也就越高，从而成为部分安置点生态移民的经济功能性活动水平较高的主要原因，生态移民的经济功能性活动水平提高较为明显的安置点，主要是由于在搬迁后该安置点在代表收入的因子 F_1 上得分增幅较大。

第三，生态移民户农业收入的下降在短期内是潜在的不稳定因素。搬迁后，生态移民户传统的生产生活方式会发生变化，家庭人均纯收入、人均生产投入、财产状况等各个方面都受到了影响。移民户搬迁到城镇后，收入渠道的拓宽，加上政府的扶持政策，使其收入水平较搬迁前上升，但与此同时，大部分生态移民户也面临着农业收入下降的现实挑战。城镇安置模式属于无土安置，移民户在迁入地没有获得耕地资源和养殖圈舍或场所，除极少部分移民户回原居住地继续从事农业生产活动外，有相当部分移民户在搬迁后已不再从事农业生产，农业收入的大幅下降直接影响了生态移民的经济功能性活动能力。高额的前期搬迁费用和搬迁后大幅上升的日常消费支出使大部分移民家庭承受着巨大的经济压力，如果移民户在城镇不能顺利实现生产方式的转型，原居住地的土地不仅被移民户当作最基本的生产资料，同时也承担着社会保障功能和稳定心理归属感的重要作用。移民对土地的依赖情结可能会驱使部分移民户在迁入地私自开垦一些不具备条件的土地进行农业生产，从而会引发新一轮环境破坏。另外，对城镇土地资源的竞争也可能引发移民与迁入地原居民之间的矛盾和冲突，进而影响移民融入迁入地社区和移民的心理健康，在一定程度上会增加移民的返迁意愿，不利于生态移民在安置点的稳定生活和可持续发展。

第四，持续提高移民户的非农收入是促进生态移民经济功能性活动能力不断提升的重要渠道。生态移民搬迁到城镇或离城镇较近的地区后，交通更加便捷，方便移民家庭劳动力在非农业领域就业，为其在本地务工和外出务工拓宽了渠道。生态移民相关就业创业政策的不断完善，也解决了部分移民的就业问题，从长远看，生态移民经济功能性活动能力的改善不再单纯依赖于农业收入的提高。一些依托农业园区或工业园区安置生态移民的安置点，通过安排移民在产业园区就业，或者对移民开展实用技能培训，为一些移民逐步实现由第一产业向第二、第三产业的转业创造了条件。部分城郊安置点的移民户还依托附近的旅游资源开办农家乐，吸引城镇居民到安置点休闲度假、观光娱乐、体验劳作等，使家庭非农业收入持续快速增长，从而成为生态移民经济功能性活动能力改善的主要推力。

二　生态移民社会功能性活动评价

由于 2015 年 2 月对生态移民家庭的入户调查数据基本上未涉及生态移民社会功能性活动的相关内容，课题组采用的是 2015 年 5 月实地调研所获得的 422 户生态移民家庭微观数据，在社会功能性活动指标体系框架下，分别从移民户生活水平状况、安置点公共基础设施情况、安置点医疗卫生状况和移民家庭教育培训情况 4 个方面来评价城镇安置模式下生态移民的社会功能性活动能力变化状况。

（一）移民户生活水平状况

关于移民的生活水平变化状况，本书选择移民户生活水平变化和消费水平变化两个指标来反映。根据表 5 – 13 调查数据，可以看出，大多数生态移民户的生活水平朝着好的方向发展变化。在受访移民户中，分别有 18.3%、42.1% 的访谈对象认为在搬迁后家庭生活水平上升很多或略有上升，但与此同时，分别有 8.4%、4.1% 的访谈对象认为在搬迁后家庭生活水平略有下降或下降很多，说明生态移民工程的实施在短期内对不同移民家庭生活水平的作用方向不一致。由于搬迁后有少数移民户在丧失或减少了农业收入来源，未能顺利实现在城镇非农产业领域就业，导致收入减少或无收入来源，生活水平状况变得更差。

表 5 – 13　　　　　　搬迁后生态移民户生活水平变化状况　　　　单位:%

指标	上升很多	略有上升	没有变化	略有下降	下降很多
生活水平变化	18.3	42.1	27.2	8.4	4.1
消费水平变化	46.3	44.1	8.7	1.0	0.0

同时，生态移民工程的实施对移民户的消费水平也产生了较大影响。据调查统计分析，绝大多数生态移民户的消费水平都呈现上升趋势，认为搬迁后消费水平上升的受访移民户在所有访谈对象中占 90.4%，其中分别有 46.3%、44.1% 的访谈对象认为搬迁后家庭消费水平上升很多或略有上升。

造成移民户在搬迁后消费水平普遍上升的主要原因分析如下：生态移民户大多从交通不便的偏远山区搬迁至乡镇附近，城镇消费水平普遍高于迁出地，在生活水平提高的同时，家庭其他开支也随之增多。对于移民户搬迁前的消费方式来说，由于居住在偏远山区，农村市场经济不发达，移民户搬迁前的日常消费支出相对较少。移民户搬入城镇后，自给自足的小农经济难以沿袭，所有生活必需品都需要通过市场获取，消费支出也相应增加。

　　课题组在生态移民安置点的入户调查中，在问及"您家的家庭生活支出中哪个方面占的比重最大"时，有45%的受访移民户表示搬迁后日常生活支出大幅度增加，构成家庭消费支出中最主要的部分。受访移民户家庭消费支出各项目所占的比重如图5-4所示。

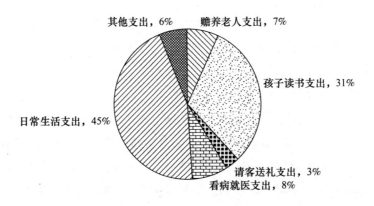

图5-4　生态移民户家庭主要消费支出构成情况

　　大部分生态移民户生活水平的提高，一方面增强了已迁入城镇的移民群体的安定感，另一方面对其他规划实施生态移民工程地区但尚未搬迁的农户产生了积极的刺激作用，提高了他们搬迁的积极性与主动性，有利于生态移民工程的顺利实施与推广。虽然从总体上看移民户在搬迁后家庭消费支出增加的情况下还能保持生活水平上升，但也需要认识到消费水平的上升会影响移民户在安置点稳定生活的信心，可能会带来回迁现象，因此也是一个不容忽视的问题。

　　（二）安置点公共基础设施情况

　　结合对移民户进行访谈和与安置点相关负责人座谈获取的信息，课题组了解到在所有调查的移民安置点中，大部分安置点的基础设施已经相对完善，基本上能满足移民户的日常生产生活需要，移民户普遍认为，安置点的基础设施环境与原居住地相比有了很大改善（见表5-14）。

表 5-14　　　　　　生态移民安置点基础设施与社会治安状况　　　　　单位:%

指标	是	否
安置点是否具有良好的社会治安环境	71.3	28.7
对安置点道路交通条件是否满意	92.2	7.8
安置点是否有休闲娱乐设施	68.1	31.9

关于安置点的社会治安情况，调查结果显示，有 71.3% 的访谈对象认为安置点周边的社会治安环境比较好，没有发生过影响移民户正常生产生活的违法乱纪行为。

用移民对安置点道路交通条件的满意度来反映安置点的道路交通设施完善状况，有 92.2% 的访谈对象表示对安置点的道路交通条件感到满意。在实地调研中，各移民安置点都已铺好水泥路，路面状况良好、交通便利。据调查，在受访移民户中有 21.9% 的移民家庭在搬迁后新购置了摩托车、电动车等交通工具，出行比搬迁前方便。

休闲娱乐设施是丰富移民精神文化生活的基础，搬迁前移民很难享受到现代化的娱乐设施。有 68.1% 的访谈对象认为生态移民安置点基本上配套建设了相关的休闲娱乐设施，例如健身器材、活动广场等，为移民群众提供了休闲娱乐的空间，有利于移民的身心健康，促使移民在安置点能够获得较强的安定感与归属感，从而有利于他们尽快适应新的环境。

另外，调查发现，安置点的通信设施条件较搬迁前原居住地的状况相比也有很大改善，移民的迁出地大多位于偏远山区，没有手机信号覆盖或者信号不佳，通信条件极差，影响了他们与亲朋好友之间的日常沟通。实地调查的安置点都安装有固定电话线路，手机信号良好，解决了移民以往长期面临的通信障碍。

人是社会性的动物，在平常生活中会主动与别人交往，以获得自我生存保障的安全感。搬迁后，移民户能否在与原居住地的亲戚、朋友等维系原有社会关系的前提下，融入新的社会结构和社会关系之中，在与安置点其他移民户或当地居民互动交往中构造新的社会关系网络，找到归宿感和自我认同感，直接关系到生态移民能否实现可持续发展。贵州实施生态移民工程时，基本上采取县内甚至乡（镇）内安置，属于近距离迁移，其邻居一般是同村或同乡的移民，移民的民族身份、宗教信仰、生活习惯等与安置点的其他移民或当地居民具有较高一致性。由于生态移民在安置点享受到相对完善的基础设施，加上城镇安置模式基本上对移民采取集中安置，搬迁后移民集中居住在生态移民安置点这个相对狭小的区域内，与搬迁前在迁出地相对分散的居住环境相比较，移民户与邻里其他移民户和迁入地原住户之间的交往也变得较为频繁。

（三）安置点医疗卫生状况

从与生态移民安置点相关负责人座谈中，了解到安置点的基本情况，并结合对生态移民家庭入户调查获得的信息，大多数访谈对象认为，搬迁后享受到的医疗卫生服务比搬迁前有了很大的提高，就医条件明显改善。

移民户的原居住地大多位置偏远，医疗卫生条件简陋，看病难、就医难一直是他们面临的突出问题。搬迁后各安置点附近都有公立医院，移民家庭成员一旦生病不再担心无处就医，安置点相对便利的交通条件也为移民能及时就医提供了保障。

图 5－5 是 2015 年 5 月调查的 23 个安置点附近最近的公立医院与安置点的距离，除了六枝特区新场乡沙地村安置点外，其余所有被调查安置点和附近医院之间的距离都不超过 4 千米。因六枝新场沙地安置点是依托以种植核桃为主的农业园区而设置的，该园区的特殊性质使该安置点位于城郊，因此，沙地村安置点与医院的距离也相对较远。

除考察安置点是否有医院外，安置点是否有药店和私人诊所也是衡量生态移民在搬迁后能享有的医疗卫生服务水平的重要指标（见表5－15）。访谈对象中有 80.6% 的移民认为在安置点内就有药店，常用药品在附近的药店都能够买到。而安置点有私人诊所的占 68.1%，移民户家庭成员头疼感冒等小病可以在私人诊所得到治疗，和公立医院相比，私人诊所都设在安置点生活区内，不仅距离更近，能节省看病时间，而且费用也更低，减轻了移民户的负担。"大病上医院，小病进诊所和药店"已成为安置点移民的普遍就医方式。

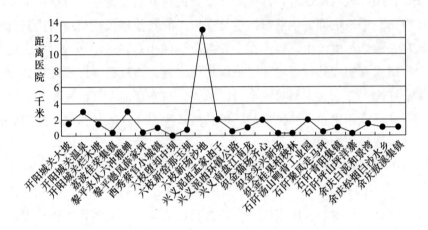

图 5 - 5   生态移民安置点最近距离医院千米数

表 5 - 15   生态移民安置点医疗卫生情况   单位:%

指标	是	否
安置点是否有药店	80.6	19.4
安置点是否有私人诊所	68.1	31.9
是否饮用到安全自来水	94.5	5.5

调查的所有安置点都通了自来水,有94.5%的访谈对象认为搬迁后饮水设施得到了很大改善,能够饮用到安全自来水,但仍有个别安置点的移民户反映存在饮用自来水水质不良的问题,搬迁后仍未解决安全饮水问题。

(四)移民家庭接受教育培训情况

教育培训是提高生态移民社会功能性活动能力的重要途径。移民在搬迁前,由于交通不便等因素造成农村教育资源严重不足,搬迁后移民能够享受的教育资源增加。2015 年 5 月调查的 23 个安置点附近都建有幼儿园、小学、初中等学校,便于移民子女入学接受教育。据访谈对象反映,自从迁入城镇安置点后,移民家庭基本上不存在适龄儿童辍学失学的现象。移民迁入城镇后,接受新事物、新观念、新信息的渠道增多,移民的思想观念已发生变化,对知识与教育重要性的认同感较高，这也从另一个侧面反映了移民的思想也在与时俱进。在与移民户的交谈中也进一步了解到，有相当一部分移民家庭之所以选择搬迁到城镇的主要原因之一，是为了给下一代创造更好的教育环境，让子女能接受更好的教育。

针对生态移民户的调查问卷，设计了学龄前儿童入学情况和学龄儿童入学情况的相关问题，表 5 - 16 的调查数据显示，有 79.5% 的学龄前儿童能按时入学，而学龄儿童入学比例高达 97.0%。在与移民深度访谈中发现，大多数移民家庭对教育的重视程度较高，而且更关注对下一代的教育培养。

表 5 - 16　　　　　　生态移民户家庭成员教育培训情况　　　　　单位：%

指标	是	否
学龄前儿童是否入学	79.5	20.5
学龄儿童是否入学	97.0	3.0
是否参加培训	25.4	74.6

从生态移民的文化程度看，大多数移民的文化素质较为低下。搬迁后，移民因其自身文化素质的制约，很难适应城镇产业部门的要求，就业机会较少，对环境的不熟悉也妨碍了他们能较快寻找到就业岗位。

针对移民在城镇就业困难的现实情况，一些安置点所在地的政府部门还重视加强对生态移民就业培训的政策倾斜，帮助和引导移民尽快实现在城镇就业。为了帮助移民增强自我发展能力，部分生态移民安置点的相关部门和安置点所在地的政府部门专门联系学校、请来教师为移民提供实用技能培训，例如，烹饪、家政服务、农产品加工、服装制作工艺等，移民掌握了一技之长，增大了就业与自主创业的可能性。移民也可以根据自己的实际情况和兴趣自愿报名，免费参加培训。但是，各个安置点针对移民开展的技能培训却不同步，只有少数安置点在移民刚搬迁入住时，就已经对移民开展了技能培训，而大多数安置点在移民搬迁入住几年后，仍未有组织地专门针对移民开展技能培训。

据调查，访谈对象中曾经参加过培训的移民仅占25.4%，移民参加培训率较低的主要原因是大多数文化素质相对较高、学习能力较强的年轻移民选择了外出务工，流动性较大，要统一组织其参加培训存在一定难度。在未参加过培训的访谈对象中，有28.9%的访谈对象表示有培训但并未参加，主要原因是在外打工无法参加当地组织的培训，71.1%的访谈对象则表示从未听说过有培训，可见，政府对移民的培训宣传与组织工作还有待加强。

生态移民迁入地政府比较鼓励和支持移民自主创业，在移民参加过的培训内容中，就业、创业培训占主要部分，比例达80.3%。在问及已参加过培训的移民"培训给你带来的最大收获是什么"时，81.4%的访谈对象认为通过参加培训其技能得到了很大提高，例如，在一些依托旅游景区安置生态移民的安置点，有不少参加过烹饪培训的移民如今都已开办了餐馆和饭店，家庭收入较搬迁前有了很大提高。一些依托工业园区安置生态移民的安置点，也针对移民举办了产业园区相关知识技能的培训班，培训内容紧密结合县乡工业园区的用工需求，在较大程度上提高了移民的就业技能。

（五）社会功能性活动评价结论

实施生态移民工程为生态移民社会功能性活动能力的提升带来了多重社会效益，不仅会影响移民的可行能力，而且对增强移民后代的可持续发展能力也将产生难以估量的深远影响。通过对生态移民社会功能性活动各方面的分析，可以得出以下结论。

第一，生态移民的生活水平明显提升。大多数生态移民户的生活水平在搬迁后均有所改善，有近2/3的访谈对象认为搬迁后家庭生活水平上升很多或略有上升，但也有少数移民户在搬迁后家庭生活水平略有下降或下降很多，说明生态移民工程的实施在短期内对不同移民家庭生活水平的作用方向不一致。与此同时，超过90%的受访移民户的消费水平都较搬迁前上升，主要是将贫困农户从生态脆弱、生产生活条件较差的山区搬迁到城镇以后，彻底改善了他们的生存环境，离市场和城镇更近，自给自足的小农经济难以沿袭，所有生活必需品都需要通过市场获取，加上城镇消费水平普遍高于迁出地，移民家庭消费支出也大幅度增长，使移民户搬迁后面临较大的生存压力。

第二，生态移民能享用相对完备的公共基础设施。基础设施的完善程度对生态移民社会功能性活动能力的提升具有积极作用。对安置点和移民户的调查显示，各安置点的基础设施相对较完善。2/3以上访谈对象认为安置点具有良好的社会治安环境并且配套建设有相关的休闲娱乐设施，超过90％的访谈对象表示对安置点的道路交通条件感到满意，安置点的通信设施条件较原居住地也有很大改善，较为完善的基础设施有助于移民在安置点能够获得较强的安定感与归属感。另外，调查发现，因基础设施较完善以及城镇安置模式对移民采取集中安置，移民户在搬迁后与邻居之间的交往也变得较为频繁。搬迁后，移民与迁入地的城镇居民同等享受相对完备的基础设施，为生态移民社会功能性活动能力的增强提供了基本的物质保障，有利于移民在城镇的可持续发展。

第三，生态移民获得的医疗卫生服务水平明显提高。搬迁前，移民大多居住在交通不便、远离城镇的山区，医疗卫生条件简陋，面临看病难、就医难的问题，对于一些突发性疾病无法得到及时有效的医治，未享受到应有的医疗保障。生态移民搬迁至交通条件良好、距离城镇较近的安置点后邻近公立医院，大多数安置点还开设有药店与诊所，为移民看病抓药提供了更为便利的条件，"大病上医院，小病进诊所和药店"已成为安置点移民的普遍就医方式。此外，有94.5％的访谈对象表示在安置点能够饮用到安全自来水，但仍有个别安置点仍未解决移民户的安全饮水问题。

第四，生态移民获得了良好的教育培训资源。教育培训是提高生态移民社会功能性活动能力的重要途径。将贫困农户搬迁到城镇，能够使他们获得相对充足的教育资源，生活环境的改变对搬迁农户文化教育观念的转变也产生了积极作用，更多移民已经意识到教育对其自身和子女素质提高的重要性。搬迁后，移民家庭中的学龄前儿童和学龄儿童基本能按时入学，与城镇居民子女同等接受良好的教育。同时，针对移民在城镇就业困难的现实情况，一些安置点所在地的政府部门还加强对生态移民就业培训的政策倾斜，帮助和引导移民尽快实现在城镇就业，增强移民的自我发展能力。但是，各个安置点针对移民开展的技能培训却不同步，只有少数安置点在移民刚搬迁入住时就已经对移民开展了技能培训，而大部分安置点在移民搬迁入住几年后仍未有组织地开展专门针对移民的技能培训。可见，移民培训工作的滞后是制约生态移民社会功能性活动能力提升的一大短板。

三 生态移民生态功能性活动评价

城镇安置模式下生态移民生态功能性活动能力的改善，依赖于迁出地和迁入地生态环境的恢复与保护。实施生态移民工程，对生态环境改善所产生的生态效益具有非物质化的特征，不能直接产生社会产品，尤其是对生态移民的生态功能性活动能力提升所做出的贡献无法通过市场价值来衡量。鉴于实施生态移民工程对生态移民的生态功能性活动能力的影响程度定量评价具有一定的难度，本部分主要采用有利于促进迁出地和迁入地生态环境质量改善的相关指标来评价生态环境质量改善对生态移民的生态功能性活动能力变化的间接作用，进而衡量生态移民的生态功能性活动能力是否得以提升。

由于许多衡量迁出地和迁入地生态环境质量改善成效的统计数据难以获得，因而本部分采用 2015 年 5 月调研所得数据，结合迁出地和迁入地对改善生态环境采取的措施以及生态移民对生态环境的主观感受，运用描述性统计方法，评价城镇安置模式下的生态移民搬迁后的生态功能性活动状况。

（一）迁出地生态环境恢复

贵州省生态移民工程的搬迁对象大多居住在地理位置较为边远的山区，生态环境十分脆弱。生态移民在搬迁前沿袭传统的农业生产方式，主要依靠对自然资源的掠夺性开发。为了维持自身的生存和发展，农户持续毁林开荒、开垦不具备耕种条件的土地，超负荷的人类活动对原本脆弱的山区生态环境造成极大的破坏。部分农村地区还存在乱砍滥伐现象，导致土地涵养功能下降，水土流失日益加剧，这些地区的生态环境状态已经无法承载人们的生存发展。

通过实施生态移民工程，将人口从生态脆弱区迁移出来，在很大程度上缓解了迁出地的生态环境压力，从根本上阻断了人们过度利用自然资源的行为，毁林开荒、乱砍滥伐、随地排污的现象也得到有效控制，有助于遏制水土流失、石漠化等生态问题不断恶化的趋势，为生态环境的自我恢复创造了良好的条件，保障生物多样性的发展。同时，移民搬迁后的陡坡耕地陆续纳入退耕还林项目规划，有利于森林、草地等植被的进一步恢复，提高森林覆盖率，从而改善生态移民的生态功能性活动能力。

在实地调研中，关于迁出地生态环境恢复的问题，课题组调查了生态移民户在搬迁前与搬迁后退耕还林的情况。如表 5 – 17 所示，搬迁后移民户的退耕还林户均拥有面积和实际利用面积并未明显增加。在调查搬迁后移民户就如何处置原居住地的土地和山林时，访谈对象中表示"自家土地和山林全部退耕还林"的比例仅占 4.6%，"自家土地和山林部分退耕还林"的有 7.7%。总体上看，搬迁后移民户原耕地退耕还林的比例较低，主要原因有两个方面：一是在移民搬迁前，国家已将部分农户符合退耕还林条件的耕地纳入退耕还林政策的实施范围，因而搬迁后移民户的退耕还林面积没有大幅度上升；二是此次调查的大多数移民户搬迁时间较短，未及时对其土地资源进行妥善处置，因而土地资源的利用方式没有发生根本性的变化，尚未体现出明显的退耕还林成效。

表 5 – 17　　　　生态移民搬迁前后户均退耕还林面积　　　　单位：亩

指标	均值	标准差
搬迁前退耕还林拥有面积	1.502	12.4530
搬迁前退耕还林实际利用面积	0.578	1.9451
搬迁后退耕还林拥有面积	1.753	12.2625
搬迁后退耕还林实际利用面积	0.856	2.2073

调查中也了解到，有少数退耕还林实施情况较好的生态移民项目县，例如，在兴仁县一些已实施生态移民项目的迁出地，部分搬迁移民在迁出地原土地上种植杉树、桉树和板栗等经果林，改善了迁出地

的生态环境；又如黎平县城薛家坪移民安置点，有 132 户移民家庭来自于实施整体搬迁的茶山村，搬迁后迁出地茶山村有许多移民户的耕地已退耕还林，退耕还林面积明显增多，生态恢复效果很好，尽管移民搬迁不到三年时间，但已明显改善了迁出地的生态环境。

关于移民户原有宅基地复垦情况。调查结果显示，受访移民中原有宅基地已经复垦的占 34.1%，仍然有 65.9% 的移民户原有宅基地没有进行复垦整治。生态移民政策虽然要求移民户建新房拆老房，即拆除原有住房对宅基地进行复垦，但拆除移民户原有住房存在较大困难，究其原因主要有：一是绝大多数移民户均是几代同堂，年轻移民搬入城镇安置点的新房以后，由于老年人有故土难离情结，因此，部分移民家庭中的老年人还会时常返回迁出地的原有房屋居住；二是由于搬迁前生态移民均居住在边远地区，移民户原承包土地的区位条件和质量较差，土地流转难度大，有些移民户的土地仍然还是自己耕种，为了方便耕地土地，移民户不愿意对原宅基地复垦；三是有些移民户的原有住房为平房或砖瓦房，宅基地经过水泥硬化，复垦难度较大，且一旦拆除，农具、牲畜无处可放；四是原有房屋均是移民户辛苦半生所修建的，移民舍不得将原有宅基地夷为平地，而且拆除旧房政府未提供资金补偿，从而使移民对拆除旧房有抵触情绪，造成原宅基地难以复垦。

虽然生态移民工程生态效益的体现需要一段较长的时间，但生态移民工程的实施使迁出地的生态环境逐渐得以恢复，减少了山区人口对自然环境的压力，有利于森林、草地资源的保护和水土涵养功能的恢复，遏制了生态系统的恶性循环。同时，天然林保护、退耕还林还草工程的实施，有利于生态系统在人工措施下重新回到原初的稳定状态。

从调研安置点的总体情况看，由于大部分迁出地的退耕还林项目未加速推进，对移民户的原宅基地复垦困难，或是移民户仍回原居住地耕种土地等原因，使生态环境并没有得到显著改善，说明生态建设是一项长期的艰巨任务，生态移民生态功能性活动能力的提升不可一蹴而就。

（二）迁入地生态环境保护

生态移民搬迁后，不仅为迁入地的产业发展提供了充足的劳动力资源保障，有利于推动迁入地城镇社会经济的协调发展，而且移民在良好的保护环境的氛围中，也会受到潜移默化的影响，增强了保护环境的意识并采取环保行动，有助于迁入地生态环境质量的提升。

实施生态移民工程时，对生态移民迁入地的选择需要开展科学的环境容量评估，不仅迁入地要具有较高的环境承载力，能容纳一定数量的移民，而且政府要以可持续发展理念为指导，对迁入地的绿化、环卫设施等进行合理规划。例如，余庆县生态移民安置点在移民迁入后增加了迁入地的环境卫生负担，于是当地政府采取了种树绿化、建设垃圾收集设施、排污沟等环卫工程，促使安置点的生态环境达到新的良性平衡状态；部分生态移民安置点所在地的相关部门还注重安置点的生态环境建设，努力提高迁入地的生态环境质量，例如，余庆县和景湾安置点在综合考虑多方因素的情况下，修改了安置点住房户与户紧紧相邻的原规划，要求户与户住房之间至少留出 5 米的距离，移民户可在住房周围种植花草、蔬菜等，促进了迁入地生态环境的保护和建设。

在 2015 年 5 月的调研中，涉及迁入地生态环境质量的指标主要有安置点的环境卫生状况和绿化水平。关于安置点的环境卫生状况，据调查数据显示，大多数移民户对安置点的环境卫生状况比较满意，受访移民户中，有 40.6% 的访谈对象认为安置点的环境卫生"干净"，有 29.9% 的访谈对象认为安置点环境卫生"较干净"，仅有 5.4% 的访谈对象认为安置点环境卫生"较脏"，其余访谈对象认为安置点的环境卫生状况"一般"。有少数访谈对象认为安置点环境卫生较脏的原因是：一方面有些安置点的基础设施正处于建设期或完善期，或者垃圾处理设施不够健全，没有标准的垃圾收集和处理场所。另一方面，移民户主要来自山区，搬迁前居住在山区时由于环卫基础设施建设滞后，没有统一的垃圾堆放场地，他们没有养成到指定地点倒垃圾的习惯，因此，搬迁后存在少部分移民户将垃圾乱丢乱倒的现象，对安置点的环境造成了一定压力。

安置点的绿化水平也是迁入地生态环境建设成果的重要组成部分。在走访安置点的过程中，课题组了解到大部分安置点都有新移植的树木、草地等，美化了迁入地的环境。对移民户的调查结果显示，分别有 26.5%、23.9% 的访谈对象认为安置点"绿化水平高""绿化水平较高"，认为"绿化水平一般"的访谈对象占 36.7%，还有 7.8% 的访谈对象认为安置点"绿化程度低"，4.9% 的访谈对象反映安置点"没有绿化"。还有一部分安置点包括绿化在内的生态建设项目正在推进和不断完善中，因此，在短期内没有明显成效，随着工程的不断推进，安置点的绿化水平也将不断提高。

对迁出地和迁入地生态环境改善状况的分析，可进一步深化对生态移民获取生态功能性活动能力的理解。生态移民生态功能性活动能力的获得，是在努力使移民的经济、社会功能性活动能力最大化的同时，以生态环境系统的良性循环为约束条件，彻底消除生态移民在搬迁前陷入生态贫困的内在根源。因此，实施生态移民工程在追求经济效益的同时，必须以保持生态系统的良性平衡为前提条件，以实现经济、社会与生态环境之间的协调发展为终极目标。需要强调的是，近距离搬迁的生态移民尤其应注重其生态功能性活动能力的提高。若迁出地和迁入地的距离太近，那么移民户返回原住地继续耕种土地的可能性也就越大，迁出地的生态环境压力依然存在，难以从根本上借助生态移民工程改善和恢复支离破碎的生态环境，生态移民的生态功能性活动能力在短时间内也难以提升。因此，生态移民工程在今后的实施中，应进一步提高对迁出地和迁入地生态建设的重视程度。

（三）生态功能性活动评价结论

综合考察生态移民工程是否有利于迁出地与迁入地生态环境的改善，是评估该工程对生态移民的生态功能性活动能力提升是否具有积极作用的重要依据。鉴于实施生态移民工程对生态移民生态功能性活动能力的影响程度定量评价具有一定难度，本部分采用有利于促进迁出地与迁入地生态环境质量改善的相关指标，评价生态环境质量改善对生态移民的生态功能性活动能力变化的间接作用，进而衡量搬迁后生态移民的生态功能性活动能力是否得以提升。主要结论如下：

　　第一，实施生态移民工程促进了迁出地生态环境的恢复，为生态移民生态功能性活动能力的提升创造了潜在的可能性。实施生态移民工程将人口从生态脆弱区迁移出去，从根本上阻断了人们对自然资源过度开发和利用的行为，毁林开荒、乱砍滥伐、随地排污的现象得到有效控制，缓解了人类生存发展需求与有限的土地、水、森林、草地等自然资源之间的矛盾，促使自然植被得到最大限度的保护，有助于遏制水土流失、石漠化等生态问题不断恶化的趋势，为生态系统的自我恢复赢得了时间。实地调研中发现，总体上看，移民户在搬迁后的退耕还林面积未明显增加，移民搬迁后原承包地退耕还林面积没有大幅上升的主要原因有：一是有部分移民家庭符合退耕还林条件的耕地在搬迁前已实施退耕还林；二是大多数移民户搬迁时间较短，未及时对其土地资源进行妥善处置，土地利用方式没有太大的变化。也有一些迁出地退耕还林实施情况较好，退耕还林面积明显增多，生态恢复效果明显。关于移民户原有宅基地复垦的调查结果显示，受访对象中只有约 1/3 的移民家庭原有宅基地已经复垦，移民故土难离、部分移民仍返回原住地耕种土地和政府未提供拆除旧房的补偿资金等原因，造成移民户的原宅基地复垦难度大。若退耕还林和原宅基地复垦项目难以推进，将使迁出区的生态环境在短期内难以恢复，这也证明了提升生态移民的生态功能性活动能力不能一蹴而就，需要几代人的共同努力。

　　第二，生态移民工程推进了迁入地的生态环境建设，为生态移民生态功能性活动能力的提升奠定了现实基础。实施生态移民工程时，前期对生态移民迁入地的选择进行了科学的环境容量评估，对迁入地的绿化、环卫设施等也进行了合理的规划。从迁入地生态环境指标的分析结果来看，大多数移民户对安置点的环境卫生状况比较满意，有 2/3 以上的访谈对象认为安置点的环境卫生"干净"或"较干净"。安置点的绿化水平也是安置点生态环境建设成果的重要组成部分，对移民户的调查结果显示，有一半以上的访谈对象认为安置点"绿化水平高"或"绿化水平较高"。生态移民工程的实施，提高了迁入地的生态环境质量，安置点的垃圾收集设施、排污沟等环卫工程的建设，使移民享受到了较好的生态环境，有利于提升其生态功能性活动能力。

第三，城镇安置模式下生态移民的生态功能性活动能力的改善，依赖于迁出地和迁入地生态环境的恢复与保护。对迁出地和迁入地生态环境改善状况进行分析，可进一步深化对生态移民获取生态功能性活动能力的理解。生态移民的生态功能性活动能力的获得，是在努力使移民经济、社会功能性活动能力最大化的同时，要以迁出地和迁入地生态系统的良性循环为约束条件，彻底消除移民在搬迁前陷入生态贫困的内在根源。实施生态移民工程有助于生态系统实现良性循环，这不仅关系到移民和迁出地、迁入地当代人的利益，更关乎其子孙后代始终拥有生存和发展的良好生态环境资源，进而影响他们的生态功能性活动能力。但是，生态移民工程在对迁出地生态环境的恢复产生了正面影响的同时，可能会加大迁入地的生态环境压力。因此，实施生态移民工程应提高对迁出地和迁入地生态建设的重视程度，采取有效措施，趋利避害，在赢得迁出地生态效益的同时，降低迁入地潜在生态成本，以保持生态系统的平衡为前提条件，促进生态移民的经济、社会与生态功能性活动能力的整体提升。

本章小结

本章以阿玛蒂亚·森的可行能力理论作为城镇安置模式下生态移民可持续发展能力分析的理论框架，选取移民家庭经济功能性活动、社会功能性活动和生态功能性活动三个维度以及 25 个具体指标，基于贵州省城镇安置模式下生态移民户和安置点的调查数据，运用描述统计和因子分析法评价生态移民搬迁后可行能力，即可持续发展能力的变化状况。评价结果显示，搬迁后生态移民的经济功能性活动、社会功能性活动和生态功能性活动能力都有不同程度提升，这三类功能性活动构成了生态移民的可行能力，可行能力向好的趋势发展，使生态移民的整体可持续发展能力也相应增强。从三类功能性活动看，生态移民工程对生态移民各个维度的功能性活动能力获取产生了不同影响，搬迁后生态移民的社会功能性活动能力的提升最为明显，经济功能性活动能力和生态功能性活动能力有所提升但还有较大的改善空间。主要研究结论如下：

第一，生态移民经济功能性活动能力变动。从对生态移民户搬迁后经济收入状况的总体评价看，生态移民工程在一定程度上提高了移民户的经济功能性活动能力。由于移民户搬迁的时间较短，生态移民工程对移民家庭收入增长的贡献作用还比较有限，生态移民的经济功能性活动能力还有较大的提升空间。移民户家庭收入构成呈现农业收入减少、其他收入增加的此消彼长态势，以非农收入为主的其他收入增长，对移民家庭总收入提高的积极作用有相当部分被农业收入减少的负面作用所抵消。对安置点转换下生态移民的经济功能性活动相对水平进行比较分析，结果显示，生态移民工程对各个安置点移民户的经济功能性活动相对水平的影响程度呈现出明显的差异性。比较各安置点生态移民的经济功能性活动在 10 个安置点中的相对水平，搬迁后万山黄道丹阳、三都九阡集镇、雷山丹江观音阁和榕江古州丰乐 4个安置点的生态移民经济功能性活动相对水平较搬迁前有所改善，盘县石桥妥乐、普定龙场玉兔山和黔西谷里清明 3 个安置点的生态移民经济功能性活动相对水平在搬迁后下降，其余安置点则保持不变。生态移民经济功能性活动水平提高较为明显的安置点，主要是由于在搬迁后该安置点在代表收入的因子 F1 上得分增幅较大，这归因于生态移民户较多的家庭成员外出务工能获得较高的非农业收入。生态移民户农业收入的下降在短期内是潜在的不稳定因素，高额的前期搬迁费用和搬迁后大幅上升的日常消费支出使大部分移民家庭承受着巨大的经济压力，不利于生态移民在安置点的稳定生活和可持续发展。持续提高移民户的非农业收入是促进生态移民经济功能性活动能力不断提升的重要途径，生态移民工程采取城镇安置模式，为移民逐步实现由第一产业向第二、第三产业的转业创造了条件，从长远来看，生态移民经济功能性活动能力的改善不再单纯依赖于农业收入的提高。

第二，生态移民社会功能性活动能力变动。实施生态移民工程为生态移民社会功能性活动能力的提升带来了多重社会效益，对增强移民及其后代的可持续发展能力将产生难以估量的深远影响。搬迁后，大部分生态移民的生活水平提升，近2/3的访谈对象认为，搬迁后家庭生活水平上升很多或略有上升，但也有少数移民家庭生活水平略有下降或下降很多，生态移民工程的实施在短期内对不同移民家庭生活水平的作用方向不一致。超过90%的生态移民户的消费水平都比搬迁前有所上升，移民户在迁入地面临较大的生存压力。安置点相对完善的道路交通、休闲娱乐设施、通信设施等公共基础设施和良好的社会治安环境，为生态移民社会功能性活动能力的增强提供了基本的物质保障。安置点相对完善的基础设施和集中居住方式使移民户在搬迁后与邻居之间的交往也变得较为频繁。生态移民获得的医疗卫生服务较搬迁前明显改善，搬迁至交通条件良好、距离城镇较近的安置点后邻近公立医院，大多数安置点还开设有药店与诊所，"大病上医院，小病进诊所和药店"已成为安置点移民的普遍就医方式。绝大多数安置点已解决移民户的饮水安全问题。移民搬迁到城镇后获得了相对充足的教育培训资源，不仅能使移民子女与城镇居民子女同等接受文化教育，同时也使移民家庭劳动力获得更多的职业技能培训机会，增强了移民的自我发展能力。但总体上看，安置点对移民开展技能培训的工作滞后，是制约生态移民社会功能性活动能力提升的一大短板。

第三，生态移民生态功能性活动能力变动。生态移民的生态功能性活动能力，依赖于迁出地和迁入地生态环境的恢复与保护。一方面，实施生态移民工程促进了迁出地生态环境的恢复，为生态移民的生态功能性活动能力提升创造了潜在的可能性。尽管移民搬迁后原承包地退耕还林面积没有大幅上升，原宅基地复垦困难重重，但不可否认，实施生态移民工程从根本上阻断了人们对迁出地自然资源过度开发和利用的行为，有效地缓解了人类生存发展需求与有限的土地、水、森林、草地等自然资源之间的矛盾，有助于遏制水土流失、石漠化等生态问题不断恶化的趋势，为生态系统的自我恢复赢得了时间。这也表明了提升生态移民的生态功能性活动能力不能一蹴而就，需要几代人的共同努力。另一方面，生态移民工程推进了迁入地的生态环境保护，为生态移民的生态功能性活动能力提升奠定了现实基础。实施生态移民工程前期，对迁入地开展科学的环境容量评估，以及对安置点的绿化、环卫设施等进行了合理的规划，大多数移民户对安置点的环境卫生状况比较满意，认为安置点的绿化水平较高。生态移民搬迁后享受到了较好的生态环境，有利于提升其生态功能性活动能力。生态移民生态功能性活动能力的获得，是在努力使其经济功能性活动和社会功能性活动能力最大化的同时，要以迁出地和迁入地生态系统的良性循环为约束条件，彻底消除移民户在搬迁前生态贫困的内在根源。

第六章 城镇安置模式下生态移民
可持续发展风险评价

实施生态移民工程是人类重新调整人与自然生态系统关系的政策性行为，在带来生态、经济、社会等诸多效益的同时，与其他公共政策一样，蕴含较多风险因素。中国实施生态移民的对象大多数是贫困弱势群体，自身抵御和化解风险能力弱，由于中国实施生态移民的数量大且范围广，对城镇安置模式下生态移民可持续发展面临的风险进行系统的评价，能为政府制定防范和规避生态移民风险的政策，提升生态移民可行能力，促进其在城镇可持续发展提供依据。

第一节 生态移民风险理论

一 移民风险类型与因素

迈克尔·M. 塞尼（Michael M. Cernea，1998）提出了最有影响力的移民社会风险理论。他认为，非自愿性移民过程会不可避免地带来贫困风险，成为移民区社会稳定的最大障碍，他将移民贫困风险归纳为失去土地、失业、失去家园、边缘化、不断增长的发病率和死亡率、食物没有保障、失去享有公共的权益、社会组织结构解体八种类型。[①] 道宁（Downing，2002）以塞尼的风险理论为基础，在移民风险

---

① ［美］迈克尔·M. 塞尼：《移民、重建、发展：世界银行移民政策与经验研究（二）》，水库移民经济研究中心编译，河海大学出版社 1998 年版，第6—13 页。

中还增加了公民权利及人权的丧失和正规教育活动的破坏风险等。①
印度移民学者 L. K. Mahapatra 认为，在塞尼的八种贫困风险因素中，
应加入移民子女失学风险，移民行为可能会导致某些移民家庭经济收
入减少，使一些孩子被迫缀学去谋生以缓解家庭经济压力。② 史俊宏
和赵立娟（2013）在借鉴世界银行风险来源理论分析框架的基础上，
将牧区生态移民风险来源分为自然灾害风险、牲畜损失风险、劳动力
损失风险、经济风险以及财产损失风险五种类型，将这些风险类型划
分为 18 种具体风险，并对牧区生态移民风险进行识别，分析了不同
生计模式下生态移民生计风险类型及特征。③

二　移民风险防范与规避

国外学者还关注了库区移民的风险防范与规避。早在 20 世纪 60
年代末，纳尔逊（Nelson）就提出了移民风险规避模型，归纳总结了
自愿移民的经验，并强调了土地安置项目管理机构或组织在具体实施
移民中的作用。以纳尔逊的研究为基础，斯库德和科尔森（Scudder
and Colson）将自愿移民安置模式分为招募、过渡、发展和合作或移
交四个阶段，主要关注移民面对的压力和在各阶段的行为策略。塞尼
构造了非自愿移民的贫困、风险与重建模型（IRR 模型），IRR 模型
对移民风险具有预测、诊断和解决的功能：一是分析大规模非自愿性
移民过程中的风险；二是提供风险理论分析方法和可操作性工具，为
政府制定化解移民风险的政策提供依据。该模型从土地开发、就业、
住房重建、食物供应、健康恢复、移民社会组织结构的重构、移民社
会整合等方面探讨了移民重建的战略。④ 克里斯托弗·麦克道韦尔

---

① Theodore E. Downing, "Avoiding New Poverty: Mining – Induced Displacement and Reset-tlement", Mining, *Minerals and Sustainable Development* (*MMSD*) *Working Paper*, No. 58 (April 2002), http: //www. indiaenvironmentportal. org. in/files/7_ 17. pdf, p. 3.

② Michael M. Cernea：《风险、保障和重建：一种移民安置模型》，《河海大学学报》（哲学社会科学版）2002 年第 2 期。

③ 史俊宏、赵立娟：《生计转型背景下少数民族牧区生态移民生计风险研究》，《经济论坛》2013 年第 10 期。

④ Michael M. Cernea：《风险、保障和重建：一种移民安置模型》，《河海大学学报》（哲学社会科学版）2002 年第 2 期。

（Christopher McDowell）将 IRR 模型对风险预测称为"自毁预测"，指出风险预测模型的根本意义不是在于预测风险是否会如期而至，更为重要的是，为人们提供了规避风险的思路，从而有效地将风险破坏程度降到最低甚至完全化解风险。①

三 移民风险的阻止策略

国外学者的研究成果受到国内学者的关注，并且被广泛应用于生态移民问题的研究中。陈昀等（2014）基于嵌入理论，指出生态移民是从迁出区"脱嵌"到迁入区"嵌入"的过程，以实现可持续发展为目的。"脱嵌"使移民逐渐与之前所建立的人际关系和熟悉的经济文化环境脱离开来，可能引发失去土地、失业和边缘化等诸多风险。"嵌入"是指移民需要掌握迁入地所需的就业技能，重新构造人际关系，取得后续生产生活资源。倘若"嵌入"失败，则会制约移民的可持续发展。② 于清源、谢晓非（2006）认为，如果移民能明确风险产生的根源，则会主动采取阻止风险发生或减少不利行为的策略，或者向政府寻求帮助，以降低风险所带来的损失。③

第二节 生态移民风险特征

一 风险的系统性

生态移民是一项复杂的系统工程，是人口迁移与移民社会、经济重建的过程，因此决定了生态移民面临的风险也具有系统性特征。城镇安置模式下生态移民面临的风险，不仅仅局限于物质层面上的经济风险，还包括自然、社会、政治等方面的风险。各类风险相伴而生，往往会产生"涟漪效应"，某种风险甚至会诱发其他一系列风险，在

---

① 转引自王俊光《库区农村移民风险防范研究——以向家坝库区为例》，硕士学位论文，西北农林科技大学，2009 年，第 4 页。

② 陈昀、向明、陈金波：《嵌入视角下的生态移民可持续发展》，《管理学报》2014 年第 6 期。

③ 于清源、谢晓非：《环境中的风险认知特征》，《心理科学》2006 年第 2 期。

新的社会经济结构环境以及个体特定的心理环境进一步放大。自然风险、经济风险、社会风险和政治风险等各类风险之间会形成一种正向传导机制，进而使风险变得错综复杂，各种风险因素叠加可能会使移民家庭深陷贫困的泥淖之中难以自拔。生态移民风险的系统性以及移民群体内部的异质性，很大程度上增加了政府在进行风险识别、风险评估、风险预警和风险应急时的难度。

二　风险的不确定性

生态移民是一项由政府主导实施的政策，不仅在实施过程中存在诸多不确定性因素，而且对移民所产生的影响也有着种种"不确定性"与"不可知性"，这也是风险事件的本质特征。生态移民所面临的各类风险是否会发生、何时发生，或是风险触发时会带来多大程度的损失等均具有不确定性。在某种意义上说，生态移民风险是严重社会问题的潜在形式和发生前兆，可能会加剧社会矛盾。生态移民风险的不确定性，增加了政府在风险防范与风险化解时的成本。因此，在实施生态移民工程时，需要政府加快制度改革，针对生态移民风险进行合理的制度安排，并设计生态移民可持续发展的机制以防范和化解风险。如果政府目前的制度安排与机制设计无益于化解风险，将会使生态移民工程的实施变得更加艰难，不利于生态移民的可持续发展。

三　风险的相对性

虽然生态移民风险包括多种类型，但是，因为生态移民个体的社会背景、价值观念、文化素质、经济条件、生活需求等各不相同，并非每个移民或移民家庭会同时面临所有类型的风险。例如，搬迁后还在继续从事农业生产的移民家庭，因农业受自然灾害影响大、风险高，这些家庭将仍然面临自然风险可能给农业生产带来的潜在损失，如果自然风险触发，进而会引发经济风险和社会风险。但是，对那些搬迁后彻底转产转业的移民家庭而言，则几乎不存在自然风险。移民个体和家庭的差异性，使他们面临的风险类型以及对风险的承受能力也不尽相同。一般情况下，经济状况越差、自身素质能力越低下的移民面临的风险越大；反之，风险则越小。如果是文化素质较高且具有一定谋生技能的移民，甚至不必面对自然风险、经济风险等。由此可见，生态移民风险具有相对性特征，即相同的风险不确定性对不同的生态移民个体或生态移民家庭的影响程度是不一样的。

四　风险的动态性

随着时间的演进，任何事物都会发生变化，生态移民风险也不例外。当移民户自身条件发生变化时，面临的风险也会动态变化，即目前所面临的风险可能会逐渐消失，而其他潜在的风险因素可能进一步显性化，甚至可能在特定的环境条件下在某一时点激发。移民在城镇居住的时间越长，对社会经济环境的适应性也会不断增强，当移民顺利实现生产方式的转型后，将会彻底摒弃传统的农业生产方式，意味着之前所面临的自然风险也将不复存在。另外，对一些少数民族移民而言，越是能顺利地融入安置点的"主流社会"，传承其传统民族文化的难度也就越大，移民原有的文化越有可能被安置点的文化同化，传统民族文化逐渐消亡的风险又会应运而生。所以，在实施生态移民工程的各个阶段都将面临不同的风险，风险的动态性特征，要求在辨识生态移民风险时，要根据实际情况的变化，不断地调整、充实和完善。

第三节　生态移民风险类型

系统识别生态移民搬迁后的潜在风险并科学分类，是评价生态移民风险程度大小的重要前提。城镇安置模式下的生态移民在搬迁后面临诸多风险，各种风险对移民的影响程度不同，风险发生可能性的大小也不同。通过借鉴前人构建生态移民风险指标体系的相关研究成果，在对城镇安置模式下生态移民面临的众多风险因素进行分析的基础上，筛选出最敏感、最具有代表性、最能说明问题的风险指标。本节依据生态移民风险所涉及的领域，将城镇安置模式下生态移民可持续发展风险分为自然风险、经济风险、社会风险和政治风险四种类型，每种风险类型由多个分支风险构成。

一　自然风险

生态移民城镇安置模式属于无土安置，其初衷是希望将贫困农户彻底地从土地上解放出来，依托城镇第二、第三产业的发展空间帮助他们逐渐转产转业，从根本上减轻迁出地的生态环境压力。

结合在贵州省生态移民城镇安置点的实地调研情况发现：受安置点就业机会有限以及移民自身素质低下等多种因素的制约，移民在生产方式的转型上并不彻底，有部分移民返回原住地或在安置点继续从事传统的农业生产，甚至一些移民成为农忙时节住在"老屋"、农闲时节住在"新宅"的"钟摆式移民"。考虑到务农仍然是部分移民家庭所从事的主要职业，因此，将农业生产所面临的自然灾害风险也纳入城镇安置模式下生态移民可持续发展风险的分析框架中。自然风险具有突发性、频发性和不可预测性特征，对农业正常生产构成了极大的威胁。贵州每年在不同的地区都会发生不同程度的自然灾害，移民抵御自然风险能力低下，自然灾害给移民造成的损失难以估量，甚至会使部分移民户因灾致贫、返贫，成为生态移民面临的一大风险。本书对自然风险中分支风险的界定范畴主要包括干旱、洪涝灾害、病虫害、冰雹和凝冻。

二　经济风险

经济风险与生态移民过程中的经济利益密切相关，经济风险是生态移民风险中的核心内容，经济收入下降是诱发风险的首要因素。依托城镇安置生态移民，是在城镇对移民的生产生活方式进行重新"嫁接"和"重植"，必然给移民带来新的经济风险。主要包括以下五种风险：

（一）丧失土地或无地可耕风险

城镇安置模式不为移民配置生产性耕地资源和养殖场所，调研中发现，移民在搬迁后原有坡耕地退耕还林或者安置点距离迁出地太远不方便耕种，有相当部分移民户实际利用的土地面积减少，农业收入下降。当移民家庭丧失土地或无地可耕时，则缺乏从事农业活动的生产资料，如果没有寻求到新的就业机会，经济风险将随之产生。

（二）缺乏食物风险

城镇安置模式下的生态移民基本上无耕地和圈舍发展种植业及养殖业，移民户的粮食、蔬菜及肉类等食物需求不能通过自给自足的方式解决，如果搬迁后移民户的家庭经济收入窘迫，缺乏资金从市场上购买维持生存所需的食物时，将引发缺乏食物的风险。

（三）生活成本上升风险

搬迁后不再从事农业生产的移民户，家庭所需食物必须要从市场上购买获得，城镇物价水平通常高于农村，增加了移民户的生活成本；移民户搬迁到城镇后，也将逐渐改变传统的消费观念和消费方式，家庭其他日常消费支出也会相应增加，极有可能面临生活成本上升的风险。

（四）债务增加风险

移民家庭的债务负担是衡量移民家庭经济风险的一个重要指标。在经济收入不变的情况下，如果移民家庭负债较高，则存在潜在的经济风险，可能会使移民再次陷入贫困。因生态移民工程的国家住房资金补助标准不高，移民户需要自筹部分资金，移民家庭因搬迁而负债的现象比较普遍且债务负担有加重倾向，短期内甚至会恶化移民家庭的经济状况。

（五）财产丢失或损坏等风险

移民户附着在迁出地原有土地上的财产，如住宅、果园、林木等不能与移民在搬迁过程中一同空间位移，而且政府在设计安置房时，基本上没有为移民配套建设饲养牲畜的圈舍，移民拥有的牲畜也无法迁移。原住地房屋因疏于管理也会存在损坏的风险。失去的财产得不到相应补偿，或者即便是政府对移民户原承包土地或宅基地复垦有相应补偿，但也有可能不足以弥补其真实的价值。

三　社会风险

生态移民进入城镇后，可能面临的社会风险主要包括以下六种风险：

（一）失业或找不到工作风险

移民进入城镇，在某种程度上意味着原有赖以生存的生产体系将逐步解体，需要在城镇寻找新的就业机会。城镇的产业形态以第二、第三产业为主，长期以务农为生的移民由于自身文化素质和劳动技能偏低，在短期内不能熟练掌握非农产业的技能，难以适应新的生产体系下非农化、城镇化的就业要求。加上小城镇经济发展潜力有限，并非能吸纳所有具有转产转业倾向的移民成功就业，从而增加了他们失业或找不到工作的风险。

（二）子女继续教育风险

因移民不确定是否能在城镇稳定地生活下来，如果将户籍迁入城镇，则意味着要注销原住地户口，同时原承包土地也将被收回。为了不丧失最后的生存保障资源——土地，大部分移民未将户籍迁入城镇。移民子女进入城镇后，由于受到严格的户籍管理制度的限制，可能会面临被城镇教育体系排斥在外的风险。

（三）自己或家人患重病风险，即健康风险

搬迁后如果移民户的某一家庭成员患重病，且其他家庭成员不能在城镇较快地实现生产方式的转型，重新寻求增加家庭收入的途径，极有可能会因病致贫返贫。

（四）缺乏养老保障风险

如果相关部门未将移民纳入养老保险体系或者移民虽参加养老保险但保障水平低，移民年老后将难以维持其基本的生活需要，可能会增加养老风险的发生机会或严重程度。

（五）被边缘化风险

边缘化的本质是指生态移民个体或这一特殊群体逐渐远离某一中心、被排斥与淘汰的过程。移民搬迁到城镇如果不能顺利地实现生产生活方式的转型，当失去家庭经济来源后，不仅容易在经济上陷入贫困，而且极有可能沦为社会地位较低的阶层，不得不游离在社会主流群体之外。移民原有的传统文化和风俗习惯不被迁入地居民认同，从而难以跳出"收入低下—社会地位下降—社会排斥—收入更加低下"的恶性循环。移民面临重重困境，缺乏安全感，对未来失去信心，进而会引发移民在安置点逐渐被边缘化的风险。

（六）社会组织结构解体风险

城镇安置模式下的生态移民，其所处的自然社会经济环境变化较为显著，移民与迁出地之间的地缘关系可能会被彻底打破，社会经济文化联系脱嵌，将面临原有社会网络被瓦解的风险。移民在搬迁前与原住地的居民和社会文化环境形成了稳定的社会关系体系，进入城镇新环境后，劳动力市场的竞争较为激烈，可能会使他们所掌握的传统生产技能无用武之地。移民长期以来所建立的社会组织结构可能会被削弱甚至瓦解，家庭群体被分散，文化特征、传统势力和潜在的互助社会网络作用也可能被削弱，将面临原有的血缘、姻缘、地缘、业缘等社会组织结构解体的风险，减少移民个体在社会网络中受益的机会。移民固有的社会组织结构一旦被打破，在新环境将会感到无所适从，社会适应性较差，必须要经过较长一段时间才能重建社会关系网络。

四 政治风险

城镇安置模式下生态移民可能面临的政治风险主要包括三种分支风险：

（一）失去公共资源享有权风险

受资金投入不足的影响，生态移民安置点的基础设施需要经过一段时间后才能逐步完善，如果安置点的交通、供水、电力、通信等基础设施不完善，将制约移民的正常生产生活，从而使其丧失发展机会。

（二）国家政策不稳定风险

政策随着形势的变化进行相应调整是正常且必需的，但这一调整过程中可能会产生新的矛盾，从而给移民的后期扶持带来风险，即国家政策的不稳定会产生政策性风险，例如政策的制定、实施与变化均会对生态移民产生影响。中国生态移民政策已经实施多年，随着实施规模的不断扩大，必然意味着对生态移民工程资金需求的不断扩大，国家能否为生态移民政策的实施提供连续的财力保障，将影响到生态移民的可持续发展。多年的实践表明，生态移民政策在实践中不断地进行相应调整，从而引起政策前后不衔接，或者出现政策与规划不相一致的情况。此外，一些地方政府在对生态移民政策的理解和执行时也会出现偏差，这些不确定性因素也给生态移民带来了政策不稳定风险。

（三）社会不稳定或社会动荡风险

国际经验表明，当城镇化进程处于加速发展时期时，尤其是城镇化率达到 50%—60% 时将进入矛盾多发期，如果未采取有效的应对措施，就会跌入贫富两极分化、环境污染、社会不稳定等城镇化陷阱。[①]目前，中国新型城镇化正处于加速发展的阶段，在生态移民依托城镇安置的同时，城镇还需容纳大量农村剩余劳动力的涌入，如果他们在城镇没有稳定的就业渠道和收入来源，缺乏生活和健康保障，将会引发城镇人口膨胀、就业困难、贫富分化、群体性事件等社会矛盾，从而成为社会不稳定的风险因素。

第四节　生态移民风险评价指标体系

如前所述，生态移民可持续发展风险分为四种类型，每种风险类型下由多个分支风险构成。构造城镇安置模式下生态移民可持续发展风险评价指标体系，该指标体系可用于反映生态移民的各种类型风险与分支风险的基本关系，以及各分支风险对综合风险的贡献程度。在生态移民可持续发展风险评价指标体系中，各层级中的各个因素包含下一层级中的对应因素，而在同一层级中的各因素之间是相互独立的关系。根据风险层次，由高到低将生态移民可持续发展风险分解为三个递阶层次，其中：生态移民可持续发展风险为第一层次，即综合风险；自然风险、社会风险、经济风险和政治风险四种类型风险为第二层次；上述四种类型风险之下的各个分支风险（指标层）构成第三层次。生态移民风险评价指标体系是一个由总目标层和若干个子准则层组成的金字塔形递阶层次结构，其中低层次风险是高层次风险的组成部分。城镇安置模式下生态移民可持续发展风险评价指标体系如图 6-1 所示。

[①] 张润泽、禹辉映：《新型城镇化的内在要求及路径选择》，《理论导刊》2014 年第 3 期。

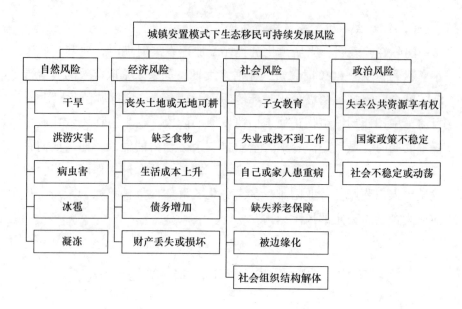

图6-1　城镇安置模式下生态移民可持续发展风险评价指标体系

第五节　生态移民风险评价

　　从生态移民风险类型的分析中已知，生态移民主要面临自然风险、经济风险、社会风险和政治风险四种类型的风险，每种类型风险下又包括若干种分支风险。本节对生态移民风险的评价，以访谈对象对搬迁前后面临风险的主观感受所报告的数据为基础，衡量风险程度的大小用选中风险的受访移民户数量占受访移民户总数的比例表示。①课题组采用2015年2月实地调研获得的生态移民家庭微观数据，以图6-1城镇安置模式下生态移民可持续发展风险评价指标体系为依据，从自然风险、经济风险、社会风险和政治风险四个方面，评价城

---

　　①　在统计生态移民家庭风险程度的大小时，在调查问卷中设置了19种分支风险，调查对象可针对家庭的实际情况从备选项中选择多项风险。书中所统计的数据为选中单项风险指标的受访移民户在总样本量中所占比重，因此，选择各风险的受访移民户比重加总不等于100%。

镇安置模式下生态移民可持续发展风险，深入分析综合风险程度的大小以及下属各分支风险对综合风险的影响程度。

一　自然风险评价

长期以来，贵州以从事种养殖业为主的农户基本上还是"靠天吃饭"，全省许多农村地区的农业生产会不时遭受较为严重的自然灾害，农业生产的区域性和季节性特征加大了农业风险控制的难度，较高的自然风险会在很大程度上削弱农业可持续发展的根基，使农业的弱质性更为突出。

2012 年以来，贵州生态移民主要采取城镇安置模式，旨在使移民同原住地所占有或使用的土地等生产资料相分离，在安置点所在城镇或省内外其他地区寻求生计，逐渐向第二、第三产业转产转业，脱离比较利益低下的农业生产或离开生态脆弱或生态恶劣的农村地区，最终转化为城市人口。

从调研的情况看，在实施生态移民工程后仍有部分移民户继续从事农业生产经营活动，搬迁后分别有 14.19%、13.33%、10.60%、10.26%、9.74% 的受访移民户面临干旱、洪涝灾害、病虫害、冰雹和凝冻五类自然风险（见表 6-1）。可见，移民户在从事农业生产时面临的自然风险，在一定时期内是影响城镇安置模式下生态移民可持续发展的风险之一。

表 6-1　　　　　**生态移民搬迁前后自然风险程度**　　　　　单位：%

时间	干旱	洪涝灾害	病虫害	冰雹	凝冻
搬迁后	14.19	13.33	10.60	10.26	9.74
搬迁前	33.33	32.14	22.91	19.66	18.63

部分移民户仍然选择从事农业生产的原因主要有两个方面：一是尽管移民进入非农业领域就业可以谋取更多的收入，从而克服单纯从事农业生产活动面临的自然风险，但是，现实情况是，不少移民搬迁到城镇后，由于受年龄较大、文化程度低、缺乏生产技能等因素的制约，加上安置点所在城镇自身经济发展水平不高，不能为迁入的移民

提供合适的就业岗位，造成移民在搬迁后的一段时期内转产转业比较困难。部分移民在城镇就业无望，为了维持家庭基本生存需要，只有返回原住地继续从事农业生产。二是有些移民故土难离，不舍将原居住地的土地撂荒，虽然实现了在非农领域就业，但兼业率仍然较高，这部分移民农闲季节在迁入地城镇打工或外出务工，农忙时节则回原住地继续从事农业生产。

无论在搬迁前还是搬迁后，干旱和洪涝灾害都是移民户面临的最大的自然风险。搬迁以前，反映面临干旱和洪涝灾害风险的受访移民户所占比重高达 1/3，而搬迁后面临上述两种风险的受访移民户所占比重也高于面临其他自然风险受访移民户。干旱和洪涝灾害风险较为突出的原因主要是贵州处于东亚季风区，每年季风变化程度大，从而导致降水的变化也相当大。若强降雨天气多次出现且持续时间长、覆盖范围广，极易引发洪涝灾害。加上贵州属于喀斯特地形地貌，其主要缺陷是地表蓄水功能低下，地表水容易渗漏，比非喀斯特地区更容易造成干旱灾害。据统计，近年来，贵州省总的趋势是旱灾和洪涝灾害较为频繁，对农业生产造成很大的威胁。

从总体上看，生态移民搬迁后，由于绝大部分移民户放弃了农业生产，在原居住地从事农业生产的移民户已为数不多，从而降低了生态移民整体面临的自然风险程度。如表 6-1 可知，在受访移民户中面临干旱、洪涝灾害、病虫害、冰雹和凝冻五种分支风险的移民户比重，分别比搬迁前下降了 19.14 个、18.81 个、12.31 个、9.40 个和 8.89 个百分点，生态移民搬迁后面临的自然风险程度显著降低。

通过上述分析，需要特别说明一点，生态移民群体面临的自然风险并不具有普遍性。自然风险通常是针对为保证家庭生存所需仍然在从事传统种植业生产活动的移民家庭，一旦遭遇大范围的高温干旱、持续性的暴雨洪水、难以防治的病虫害、突发性的大风冰雹、连续性低温凝冻等重大自然灾害，移民户可能会面临巨灾损失的风险。对于彻底放弃农业生产的移民户而言，自然风险对他们的影响几乎是忽略不计的。

综上所述，得出以下结论：生态移民搬迁后面临的各类自然风险程度已经大幅降低，自然风险对移民户已不具有普遍性，不是城镇安置模式下生态移民面临的主要风险。但是，生态移民搬迁后要实现生产方式的彻底转型需要较长的过渡期，对于仍然沿袭农业生产的移民户而言，自然风险对他们的影响继续存在。从远期来看，随着与生态移民可持续发展的相关配套政策措施不断完善，以及移民在城镇生产生活适应性的增强，移民家庭劳动力非农业化转移的速度将进一步加快，如果今后能彻底从农业生产中脱离出来，自然风险对生态移民也将不复存在。

二　经济风险评价

经济风险与生态移民的经济利益密切相关，是生态移民风险体系中的主要风险。根据表 6 - 2 可知，生态移民搬迁前的经济风险程度从大到小依次排序分别是：丧失土地或无地可耕、生活成本上升、债务增加、缺乏食物、财产丢失或损坏；生态移民搬迁后的经济风险程度从大到小依次排序分别是：生活成本上升、债务增加、丧失土地或无地可耕、缺乏食物、财产丢失或损坏。显然，搬迁后生活成本上升和债务增加已成为生态移民面临的最大经济风险。

表 6 - 2　　　　　　　生态移民搬迁前后经济风险程度　　　　　　单位:%

时间	丧失土地或无地可耕	缺乏食物	生活成本上升	债务增加	财产丢失或损坏
搬迁后	29.23	16.41	55.90	40.51	6.15
搬迁前	16.41	12.48	15.04	14.19	8.72

搬迁后，认为面临生活成本上升风险的受访对象占 55.90%，比搬迁前提高了 40.86 个百分点。搬迁后，移民户生活成本上升风险变得异常突出的原因是：在搬迁前，移民所在的农村地区消费水平普遍低于城镇，一部分移民家庭还可以依靠收获的农产品以保证其基本食物的自给自足，生活成本较低；搬迁后，移民家庭所需的物品尤其是食物均来自商品化的市场，生活成本远远高于迁出地，这对于经济窘迫的家庭无疑是一大风险。

债务增加是生态移民搬迁后的第二大经济风险。40.51%的受访移民认为搬迁后面临债务增加风险,选择这一风险的移民所占比重比搬迁前提高了26.32个百分点。搬迁后大多数移民家庭负债较高的主要原因是:实施生态移民工程所需资金量大但国家补助资金有限,安置房建设需移民自筹部分资金。据调查统计,受访移民户的户均住房建设自筹资金高达94978.46元,移民户自筹资金的主要来源渠道为家庭积蓄、向亲戚朋友借款、向银行贷款、子女资助、民间高利贷借款等。一些移民户降低了现金持有,甚至背上了沉重的债务负担。在问及"目前您认为您家面临的最大困难是什么"时,有44.1%的访谈对象认为债务负担重是最大困难,欠有外债的移民家庭必须连续工作相当长一段时间才能清偿债务,对其在安置点的稳定生活造成一定负面影响。

丧失土地或无地可耕是生态移民搬迁后面临的第三大经济风险。选择这一风险的受访移民占29.23%,比搬迁前上升了12.82个百分点。在城镇安置模式下,移民户搬迁后政府可能会对其原居住地的耕地实施退耕还林并对其原宅基地进行复垦,移民则可能失去原承包地的部分经营使用权。而安置点未给移民户配置作为生产性资源的耕地,如果移民不能尽快适应城镇新环境并重新获得谋生的门路,移民将难以负担基本的生活开支。

缺乏食物也是生态移民搬迁后的主要经济风险之一。认为搬迁后面临缺乏食物风险的受访移民占16.41%,比搬迁前上升了3.93个百分点。移民户如果丧失土地或无地耕种,进而会缺乏生产粮食和蔬菜的生产资料,很可能会引发缺乏食物的风险。

财产丢失或损坏是移民搬迁后风险程度唯一没有上升的经济风险。在生态移民搬迁过程中,因政府未触击其财产处置和再分配问题,财产由移民自行处置,移民户原来拥有的财产基本上维持原状。安置点的社会治安环境相对较好,也是该风险程度没有加大的原因之一。

需要注意的是,生态移民经济风险中的各分支风险相互联系和影响,互为因果,呈现循环累积态势。换言之,如果某一风险真正来临，将会驱使另一风险的发生，产生二级变化，并强化最初风险的严重程度，导致移民户面临的经济风险越来越大，进而影响生态移民在城镇的可持续发展。经济风险下属分支风险的循环累积过程如下所述。

生态移民搬迁后由于丧失土地或无地可耕，迫切需要完成生产方式转型，如果迁出地和迁入地之间的生产方式差异较大，移民不能迅速适应生产方式的变化，将会引发一系列连锁反应：丧失土地或无地可耕会使移民丧失原有的食物和农业收入来源，基本生活所需的粮食和蔬菜完全依赖于从市场上购买，消费支出增加，生活成本上升，在无其他收入来源的情况下，有些移民户无法继续维持生计，生活水平呈现持续下降的趋势甚至有可能达不到搬迁前的水平，移民户不得不靠举债维持基本生计。当经济风险程度达到一定上限后，还会诱发移民的次生贫困风险。因经济风险是移民贫困的直接原因，有时也将其称为贫困风险。当经济风险不能有效化解时，还会成为产生严重社会问题的重大隐患。所以，政府和社会应该高度关注生态移民的经济风险。

总体上看，生态移民搬迁后，除财产丢失或损坏风险程度较搬迁前下降外，其余四类分支风险与搬迁前相比较均有不同程度的提高，说明生态移民搬迁后面临的经济风险程度加大。

三　社会风险评价

大多数移民家庭在为生态建设做出牺牲的同时，也面临着一系列不同程度的社会风险，这些风险主要由移民自行承担。移民家庭的社会风险不仅来自失业、子女继续教育、自己或家人患重病、缺失养老保障等，而且移民迁入城镇后还可能面临逐渐被边缘化、原有社会组织结构解体等负外部性风险。

根据表6-3的资料，生态移民搬迁前的社会风险程度从大到小依次排序分别是：子女继续教育、失业或找不到工作、自己或家人患重病、缺失养老保障、被边缘化、社会组织结构解体；生态移民搬迁后的社会风险程度从大到小依次排序分别是：失业或找不到工作、子女继续教育、自己或家人患重病、缺失养老保障、被边缘化、社会组织结构解体。搬迁后，除失业或找不到工作风险取代子女继续教育风险成为移民面临的第一大社会风险外，其余风险在移民社会风险中的排序与搬迁前一致。

表6-3　　　　　　　　生态移民搬迁前后社会风险程度　　　　　　单位:%

时间	失业或找不到工作	子女继续教育	自己或家人患重病	缺失养老保障	被边缘化	社会组织结构解体
搬迁后	40.17	31.28	28.55	28.21	8.38	1.88
搬迁前	24.79	27.01	23.08	22.91	3.76	2.56

生态移民搬迁到城镇后，40.17%的访谈对象认为面临失业风险，选择这一风险的受访者所占比重比搬迁前提高了15.38个百分点。城镇集中安置生态移民属于非农途径安置模式，要解决移民在城镇就业的后续发展问题，要求移民具有一定的文化素质、生产技能或是从业经验。但现实情况是，搬迁出来的移民普遍文化程度不高且没有一技之长，能在城镇获得的就业机会不多，尤其是对于一些年长的移民，在城镇就业竞争中更是处于劣势。因此，如果政府不能对移民进行就业培训，为移民提供就业信息或是组织移民劳务输出，移民进入城镇后不能适应或实现生产生活方式的转型，他们面临的失业风险将会增大。

子女继续教育风险是生态移民搬迁后的第二大社会风险。有31.28%的调查对象认为搬迁后面临子女继续教育风险，这一比例比搬迁前提高了4.27个百分点。移居到城镇后，许多移民户对子女的教育观念发生变化，基本上会让子女继续接受教育。尽管义务教育的普及在很大程度上减轻了移民户的家庭负担，但移民仍然担心搬迁到城镇后过渡期内家庭收入可能减少，从而负担不起子女继续教育的相应开支，或是外出务工不能兼顾对子女的教育。此外，大部分移民户未将户籍迁入城镇，与户籍制度挂钩的教育制度，可能会使移民子女不能顺利入学，从而增加子女继续教育风险。

28.55%的访谈对象认为自己或家人患重病也是搬迁后面临的社会风险之一，选择该风险的访谈对象所占比例比搬迁前提高5.47个百分点。这也从另一个侧面反映了移民搬迁到城镇后"看病难、看病贵"的问题依然没有得到根本解决。虽然移民能报销的医疗费用在逐年增加，但基本医保实际上很难解决移民因大病所承受的沉重负担，如果移民户的家庭成员患重病，极有可能"因病致贫、因病返贫"。

选择担心年老无保障，即缺失养老保障风险的调查对象，与选择自己或家人患重病风险的调查对象在总样本中占比大体相当。28.21%的访谈对象认为搬迁后面临缺失养老保障的风险，这一比重较搬迁前提高了5.30个百分点。移民进入城镇后，将逐渐放弃农业生产，原居住地土地所承担的社会保障功能会越来越少，加上受人口老龄化、养老保障水平低和传统的家庭养老功能弱化等因素的制约，移民比较担心"老无所养""老无所依"，使缺失养老保障风险也是当前众多移民所面临的主要风险之一。

与以上四类分支风险相比较，生态移民在搬迁前与搬迁后面临的被边缘化风险、社会组织结构解体风险程度都比较小。搬迁后分别只有8.38%、1.88%的访谈对象认为存在被边缘化风险、社会组织结构解体风险。但是，需要注意的是，被边缘化风险程度虽然较小，但面临这一风险的受访移民户比搬迁前提高了4.62个百分点，这是一个值得警惕的问题。如果移民移居到城镇后难以获得就业机会、经济窘迫、思想狭隘，不能适应城镇的社会经济文化环境，可能会遭受城镇居民的歧视和排斥，在社会中处于较低阶层，生活状态和思想言行等游离在城镇的社会主流群体之外，将会加剧其被边缘化、孤立化的风险。由于城镇安置模式主要是将移民就近安置在县内或乡（镇）内，而且安置点的道路交通、通信等基础设施较完善，移民原有社会组织结构基本上未遭受削弱，因此，搬迁后生态移民的社会组织结构解体风险反而比搬迁前下降0.68个百分点。

从城镇安置模式下生态移民面临的社会风险看，移民搬迁后除社会组织结构解体风险程度没有增加以外，失业、子女继续教育、自己或家人患重病、缺失养老保障、被边缘化等风险程度都较搬迁前上升。虽然社会风险相对于经济风险表现得更具潜隐性，但同样会引起移民的心理变化，产生不满情绪。如果生态移民的社会风险与日俱增且得不到妥善处理，不仅会损害生态移民自身的各种权益，而且这些风险可能会在一定环境条件下酝酿转化、凸显爆发，对社会造成危害，进而影响到安置点乃至城镇的社会安定。

综上所述，基于社会公平的角度建立和完善生态移民社会保障制度，对于防范和化解社会风险是非常必要的。

四 政治风险评价

生态移民的政治风险是由于宏观政策环境的变化，对生态移民后续扶持所带来的风险。城镇安置模式下生态移民的政治风险主要包括失去公共资源享有权、国家政策不稳定和社会不稳定或动荡三种分支风险（见表6－4）。

表6－4　　　　　　　生态移民搬迁前后政治风险程度　　　　　单位：%

时间	失去公共资源享有权	国家政策不稳定	社会不稳定或动荡
搬迁后	4.44	15.56	7.35
搬迁前	1.88	5.47	2.22

国家政策不稳定是生态移民搬迁后面临的最突出的政治风险。有15.56%的访谈对象选择该风险，比搬迁前提高了10.09个百分点。由于生态移民工程的复杂性和系统性，使生态移民政策的涉及面极其广泛，在各项配套政策实施过程中，可能会受主观因素的影响和客观条件的制约产生政策风险，主要表现在以下三个方面：一是国家政策不稳定对移民后续扶持的风险，例如，国家在制定生态移民政策时发生变化，对原有生态移民政策的修订可能会在利益补偿标准上前后不一，从而产生补偿标准争议。补偿标准与移民经济利益密切相关，直接影响到他们搬迁后的生产生活水平。二是生态移民政策执行偏差风险，如果地方政府因执行成本过高对各项配套政策执行不力，或者在生态移民政策执行过程中出现的偏差，不符合政策设计的初衷，政策风险也将应运而生，进而损害生态移民的合法权益。三是土地问题对移民户来说是核心问题，需要专门针对生态移民设计如何处置其原承包土地和宅基地权属的政策和法律，如果政策设计失误，可能会引发

政府与移民之间的矛盾，不利于生态移民工程的推进。

其次是社会不稳定或动荡风险，移民搬迁到城镇后可能存在一些社会不稳定或动荡的风险因素，同样会影响移民的可持续发展。认为搬迁后存在社会不稳定风险的访谈对象在总样本中占 7.35%，比搬迁前提高了 5.13 个百分点。社会不稳定风险增加的原因主要有：一是移民移居安置点后，如果在社会经济资源使用上与城镇居民形成较大的竞争关系，影响到迁入地原有居民的生产生活，会引发移民户与原有居民之间的矛盾，从而成为社会不稳定的潜在因素之一；二是移民进入城镇后，如果政府不能解决其后续发展问题，疏于安置点的社区管理等，可能会引发移民户与政府之间的矛盾；三是如果移民在搬迁后丧失农业收入的情况下，非农收入未相应增加，家庭收入与生活水平急剧下降，移民在迁入地面临较大的生存压力，有些移民可能会采取违法犯罪等极端手段获取生活来源，影响社会治安秩序。

在生态移民的政治风险中，失去公共资源享有权的风险程度最小，只有 4.44% 的访谈对象认为搬迁后存在这一风险，如果移民对公共资源享有权的合理诉求未得到有效维护，则会丧失公共资源享有权。生态移民是一项系统性工程，项目实施需要巨额的资金投入，在一些资金缺口较大的项目县，存在着"重工程、轻移民，重搬迁、轻安置"的现象。尽管生态移民迁入城镇的基础设施相对较完善，但有些安置点内部的基础设施和公共服务资源供给不符合生态移民政策的要求，与移民的心理需求还存在一定差距。例如，有些安置点的给排水、道路交通、生活垃圾收集等基础设施不尽完善，给移民户的基本生产生活造成诸多不便；移民的医疗、养老社会保障和移民子女入学等手续办理的各环节不协调，社区综合服务能力低下等，使移民不能及时享有医疗卫生、教育和社会保障等公共资源。移民户移居城镇后，如果失去部分公共资源的享有权，将难以真正融入安置点社区，会制约其在迁入地的可持续发展。

从城镇安置模式下的生态移民群体看，虽然政治风险程度相对低于其他类型风险，但因该风险涉及较为敏感的政治问题，因此对政治风险也不容疏忽。政府需要更加积极关注各项生态移民政策的制定与执行，保障移民对公共资源的享有权，防范生态移民的政策风险，加强对移民政治风险的管理和控制，避免生态移民成为迁入地的社会不稳定或动荡的潜在因素。

五 综合风险评价

为了对生态移民可持续发展的综合风险有一个整体评价，需要进一步分析每种类型风险下的分支风险对综合风险的贡献。分别对城镇安置模式下生态移民搬迁前后的 19 种分支风险程度进行排序，并对比分析生态移民搬迁后各分支风险较搬迁前的变化状况（见表6-5）。

表6-5　　生态移民搬迁前后分支风险对综合风险的贡献

分支风险	搬迁后风险程度（%）	搬迁后按风险程度排序	搬迁前风险程度（%）	搬迁前按风险程度排序	搬迁后较搬迁前的变化幅度（%）
1. 干旱	14.19	10	33.33	1	-19.15
2. 洪涝灾害	13.33	11	32.14	2	-18.80
3. 病虫害	10.60	12	22.91	6	-12.31
4. 冰雹	10.26	13	19.66	8	-9.40
5. 凝冻	9.74	14	18.63	9	-8.89
6. 丧失土地或无地可耕	29.23	5	16.41	10	12.82
7. 缺乏食物	16.41	8	12.48	13	3.93
8. 生活成本上升	55.90	1	15.04	11	40.85
9. 债务增加	40.51	2	14.19	12	26.32
10. 财产丢失或损坏	6.15	17	8.72	14	-2.56
11. 失业或找不到工作	40.17	3	24.79	4	15.38
12. 子女继续教育	31.28	4	27.01	3	4.27
13. 自己或家人患重病	28.55	6	23.08	5	5.47
14. 缺失养老保障	28.21	7	22.91	7	5.30
15. 被边缘化	8.38	15	3.76	16	4.62
16. 社会组织结构解体	1.88	19	2.56	17	-0.68
17. 失去公共资源享有权	4.44	18	1.88	19	2.56
18. 国家政策不稳定	15.56	9	5.47	15	10.09
19. 社会不稳定或动荡	7.35	16	2.22	18	5.13

　　根据生态移民搬迁后各分支风险程度的大小依次排序，排在前五位的风险分别是：生活成本上升、债务增加、失业或找不到工作、子女继续教育、丧失土地或无地可耕。

　　生活成本上升是移民搬迁到城镇后面临的最为突出的风险。移民搬入新居后，生活方式发生了巨大改变，多样化的城镇生活消费品增加了家庭日常生活开支项目，城镇的物价上涨呈现出较强的刚性特征，使移民户生活成本上升是不可逆的长期趋势，因此，寄希望于直接降低移民搬迁后的生活成本以化解此风险并不现实。如果要从根本上化解移民生活成本上升的风险，必须从增加移民家庭的经济收入入手，以此减少生活支出在总收入中的相对比重。

　　搬迁后家庭债务增加也是生态移民普遍面临的风险。除了整合城镇保障性住房资金统建的移民安置房因住房面积较小，基本上不需要移民自筹资金就可以入住外，其余住房面积超标的安置房均需移民户自筹资金弥补国家住房建设资金不足的缺口。此外，移民装修新房、购置家具家电等也是一大笔开销。由于搬迁成本高，移民只能通过举债才能完成搬迁，债务增加风险会使移民户缺少生产发展资金，制约生活水平的提高，甚至会使生态移民在安置点过渡期陷入贫困。

　　失业或找不到工作是生态移民搬迁后面临的第三大风险。城镇安置模式下的生态移民采取的是无土安置方式，在移民不能继续耕作原有土地且自身无就业渠道的情况下，如果不能为移民提供就业岗位，移民很有可能面临失业或找不到工作的风险。该风险还隐含了多重风险，从表面上看，失业或找不到工作只是社会风险，但其负面波及效应极其强大，失业不仅有可能会加剧经济风险，同时，还会使移民逐渐被边缘化，甚至可能会导致社会不稳定等政治风险。

　　子女继续教育风险也是生态移民搬迁后面临的主要分支风险之一。如果迁入地的教育部门不能及时做好生态移民子女入学教育的接洽工作，可能会造成移民子女"因搬辍学"。尤其是对那些搬迁后"失去基本经济基础"的移民，因无法承担子女继续教育的相关费用支出，可能使其子女不能公平地享受城镇教育资源。

　　丧失土地或无地可耕风险对贵州现阶段城镇安置模式下的生态移

民而言，并非指移民搬迁后将会丧失土地的承包权、使用权、收益权和流转权等，而是指移民在迁入地不能获得耕地资源的情况下，同时又减少或丧失了附着在原承包土地上的农产品带来的收益和土地承担的相应社会保障功能。移民在搬迁前，土地一直是他们的安身立命之本，虽然搬迁后移民仍享有原土地的承包经营权，但因土地退耕还林或是耕种不便、耕地质量差难流转等原因，移民实际上已损失相当部分的土地收益。因此，在搬迁后生活成本陡然增加的情况下，移民最直观的感受是面临丧失赖以生存的土地的风险。对生态移民采取城镇安置模式时，应高度重视非农安置移民家庭丧失土地或无地可耕对其可持续发展产生的不利影响。

根据生态移民搬迁前风险程度的大小依次排序，排在前五位的分支风险分别是干旱、洪涝灾害、子女继续教育、失业或找不到工作、自己或家人患重病（或病虫害）。

在搬迁以前，大部分移民家庭都在从事传统的农业生产活动，面临的自然风险程度较大。农业是一种弱质且高风险产业，农业产出受自然灾害影响程度大，由于农业保险发展滞后，农民成了农业风险的主要承担者，若干旱、洪涝灾害、病虫害等各种高发率的风险一旦发生，将对家庭收入单纯来源于农业产业的农户造成毁灭性的打击。

生态移民搬迁前的子女继续教育风险，主要来自两个方面：一是农村教育资源严重匮乏，其子女不能接受到良好的教育；二是大部分青壮年移民在搬迁前就常年在外务工，其子女成为农村留守儿童，家庭教育严重缺失，家庭道德教育的基础性作用未能充分体现，使子女继续教育面临风险。

生态移民搬迁前面临的失业或找不到工作风险，主要是因为其外出务工是以农民工的身份就业，受自身素质限制，其就业存在不稳定性和不确定性，他们频繁地转换工作甚至不时会处于失业状态，徘徊在城市与农村之间。随着城市劳动力市场的竞争日趋激烈，他们面临的失业风险也会越来越大。

与搬迁后一样，由于农村社会保障制度不健全，移民在搬迁前也面临自己或家人患重病的健康风险，这一风险与自然风险中的病虫害风险程度一样。

此外，对综合风险贡献较小的分支风险类型，在生态移民搬迁前与搬迁后呈现出较高的一致性。根据生态移民搬迁后的风险程度大小排序，排在后五位的分支风险分别是：被边缘化、社会不稳定或动荡、财产丢失或损坏、失去公共资源享有权、社会组织结构解体；搬迁前排在后五位的分支风险分别是：国家政策不稳定、被边缘化、社会组织结构解体、社会不稳定或动荡、失去公共资源享有权。可见，被边缘化、社会不稳定、失去公共资源享有权、社会组织结构解体四类风险，均是生态移民搬迁前与搬迁后对综合风险影响程度较小的分支风险。

基于以上分析，根据生态移民搬迁后风险程度大小的排名，发现生活成本上升、债务增加、丧失土地或无地可耕等风险较为突出，以上风险都属于经济风险，由此可以判断经济风险是生态移民搬迁到城镇后面临的最大风险。搬迁后，生态移民生产生活方式的转型使经济风险取代搬迁前的自然风险，成为自然、经济、社会和政治四大类型风险中移民群体所认同的最为突出的风险。失业或找不到工作、子女继续教育风险属于社会风险，因此，社会风险是移民搬迁后面临的第二大风险。在政治风险仅有的三种分支风险中，失去公共资源享有权、社会组织结构解体两大风险对综合风险的贡献程度不明显，因此可以判断城镇安置下生态移民的政治风险程度较小。

第六节　生态移民应对风险主观策略

生态移民搬迁到城镇后，因移民家庭经济状况和家庭成员的个体特性存在差异，从风险角度来看，单个移民家庭所面临的风险类型与风险程度也不尽相同。移民户在对未来的风险事件进行主观预测的前提下，面对城镇新环境是否愿意采取积极的行动以规避风险？移民家庭会选择哪些策略应对风险？这些都是生态移民提高风险应对能力和抵御各种风险的基础。对生态移民家庭的调研数据显示①，移民户应对风险的主观策略呈现出多元化的特征。

一 外出务工策略

外出务工是移民抵御风险的首选策略。65.98%的受访移民表示，当风险来临时会选择外出务工的方式来化解风险。

生态移民搬迁后，以务农为主的传统生产方式难以为继，如何保证家庭基本生活开支的经济来源，成为需要迫切解决的问题。一些移民家庭的青壮年劳动力通过外出务工获得收入来源，不仅缩短了其搬迁到城镇后的待业时间，而且直接化解了失业风险。

事实上，随着劳动力市场的不断发育完善，一部分移民早在搬迁前就已经常年在外务工，而生态移民工程的实施进一步激发了移民劳动力外出务工的积极性。先行外出务工移民的成功示范作用，对搬迁至城镇的其他移民应对风险的主观策略产生了决定性影响。搬迁前未曾有外出务工经历的移民，在搬迁后也借助于城镇安置点交通便捷、信息灵通的区位优势，陆续通过已在省外务工的亲戚朋友介绍加入了农民工队伍。对于普通移民家庭而言，工资性收入已经成为家庭的主要经济收入来源，外出务工也逐渐演变为移民户抵御风险的有效途径。

二 借款贷款策略

向亲朋好友借款或向银行、非正规金融机构贷款是移民户应对风险的第二大策略。47.52%的受访移民表示，当风险来临时会选择向银行贷款或向亲朋好友借款。

该策略能帮助移民户在短期内渡过经济危机，对规避经济风险能起到立竿见影的作用。但深入分析，如果移民户贷款或借款金额超过了家庭偿债能力，其在降低风险中的积极作用很有可能会转变为消极作用，家庭债务危机甚至会加剧风险程度。所以，移民户的借款行为

---

① 在统计生态移民家庭应对风险的主观策略时，在调查问卷中，设计"外出打工、返回原居住地生活、出售资产、向亲朋好友借款或向银行贷款、降低消费水平、购买保险、其他"7个选项，调查对象可从备选项中选择多项策略。书中所统计的数据为选中单项指标的受访移民在总样本量中所占比重，因此选择各策略的样本所占比重加总不等于100%。

还需要根据家庭预期最大限度的经济收入能力来确定。

三　降低消费策略

降低消费水平是移民户应对风险的第三大策略。有18.63%的受访移民表示，当风险来临时会采取这一策略来降低或化解风险。

与外出务工策略相比较，该策略具有明显的被动性特征。移民搬迁到城镇后，在过渡期内各种风险因素可能使部分移民户家庭收入减少。在家庭收入下降且生活成本上升的情况下，迫使移民户不得不减少消费数量，如降低营养水平、放弃购买耐用消费品、减少对家庭成员的人力资本投资甚至导致子女辍学、推迟疾病治疗等。消费水平的降低，又会直接导致移民家庭福利水平下降，从而制约移民可持续发展能力的提升。

四　返回原地策略

返回原居住地生活即"返迁"，是移民户应对风险的第四大策略，13.5%的受访移民表示当风险来临时会选择该策略。

相对于其他策略而言，如果移民做出了"返迁"的决策，则在很大程度上意味着生态移民政策的失败。若是移民搬迁后面临多重风险相互交织，与安置点的干部和居民没有建立起融洽的社会关系，难以适应城镇的生产环境、生活方式、文化习俗等，移民往往容易产生"返迁"的念头。特别是如果生态移民组织者在实施生态移民工程之前所开展的政策宣传活动，与搬迁后移民所面对的不容乐观的现实状况反差较大时，会促使移民做出返迁的决定。因此，相关部门应加强对移民后续发展的重视，避免"重移民，轻后续"的现象，降低生态移民"返迁"的可能性。

五　出售资产策略

出售资产是移民户所采纳的一种消费平滑的短期应对风险策略。据调查，有12.82%的受访移民倾向于选择出售资产来降低风险。

搬迁后如果移民户农业收入减少，且非农收入的增加部分不足以弥补原有收入减少所带来的损失的情况下，部分移民户家庭收入则会下降，从而迫使移民户廉价出售资产以弥补收入的不足。当然，家庭资产的丰裕程度对该策略具有明显正向作用，即可用于出售的资产越丰裕，当风险来临时移民户越有可能以出售资产的方式来应对风险冲击。显然，出售资产也是一种被动式应对风险策略。

六　购买保险策略

将购买保险作为应对风险策略的移民户相对较少，只有 7.52% 的受访移民选择了这一策略。

移民户是否做出购买保险的决策，不仅取决于移民对风险规避的偏好程度和对风险事件的预期，而且与保险市场的发育程度、险种的覆盖面与赔付水平密切相关。总体来看，移民户对保险的需求并不强烈，购买的保险主要是医疗保险和养老保险。对于移民户来说，参与保险是希望保险水平较高，在风险事件触发时能得到充分的赔付。但是，目前保险市场尚不完善，保险赔付水平低，大多数移民所急需的失业保险缺失，使保险在化解移民家庭经济风险和社会风险时的作用并不明显。

除采取以上六种策略外，还有 5.3% 的受访移民拟采取其他策略来应对风险。虽然生态移民进入城镇后对风险有一定的预见性，而且还会采取应对风险的主观策略，但从上述策略看，除外出务工策略外，大多数属于被动式应对策略，且相当部分只是暂时性地降低风险，不能从根本上防范或是化解风险。因此，仅靠移民户自身极其单薄的力量，难以从根本上规避风险，还需要政府和社会力量的整合，将生态移民可持续发展风险降到最低程度。

本章小结

本章对国内外生态移民风险理论进行了概括，分析了生态移民风险具有系统性、不确定性、相对性和动态性特征，在借鉴国内外有关生态移民风险类型划分研究成果的基础上，将城镇安置模式下生态移民可持续发展面临的风险分为自然风险、经济风险、社会风险和政治风险，这四种类型风险由 19 类分支风险构成。

从自然风险、经济风险、社会风险和政治风险四个方面评价生态移民可持续发展的风险，并分析各分支风险对综合风险的贡献程度。结果显示：

（1）自然风险。生态移民搬迁后，面临的干旱、洪涝灾害、病虫害、冰雹、凝冻等自然风险程度均大幅度降低，自然风险主要针对继续从事农业生产的移民户，对移民群体不具有普遍性。从长期来看，如果移民户劳动力的非农转移速度加快，有朝一日，彻底脱离农业劳作，自然风险也将不复存在。

（2）经济风险。生态移民搬迁后，除财产丢失或损坏风险较搬迁前下降外，生活成本上升、债务增加、丧失土地或无地可耕、缺乏食物四类分支风险均大幅度提高，说明生态移民搬迁后面临的经济风险程度增高。经济风险中的分支风险相互联系和影响，呈现循环累积态势。

（3）社会风险。生态移民搬迁后，除社会组织结构解体风险程度没有增加以外，失业或找不到工作、子女继续教育、自己或家人患重病、缺失养老保障、被边缘化等风险程度都较搬迁前上升，失业或找不到工作风险取代搬迁前的子女继续教育风险，成为移民面临的第一大社会风险。

（4）政治风险。国家政策不稳定是生态移民搬迁后面临的最突出的政治风险，其次是社会不稳定或动荡风险，失去公共资源享有权风险程度最小，以上三类分支风险程度均比搬迁前增大。总体上看，生态移民政治风险程度低于其他类型风险。

（5）综合风险。根据生态移民搬迁后分支风险程度的大小依次排序，排在前五位的风险分别是生活成本上升、债务增加、失业或找不到工作、子女继续教育、丧失土地或无地可耕。生活成本上升、债务增加、丧失土地或无地可耕都属于经济风险，可见经济风险已取代搬迁前的自然风险成为移民搬迁后的最大风险。失业或找不到工作、子女继续教育风险属于社会风险，可知社会风险是移民搬迁后的第二大风险。失去公共资源享有权、社会组织结构解体风险对综合风险的贡献较小，可见生态移民的政治风险程度较小。

移民户应对风险的主观策略呈现出多元化的特征。外出务工是移民抵御风险的首选策略，有 65.98% 的受访移民表示，当风险来临时会选择外出务工策略来化解风险；向亲朋好友借款或向银行、非正规金融机构贷款是移民户应对风险的第二大策略，有 47.52% 的受访移民表示，当风险来临时会选择该策略来抵御风险；降低消费水平是移民户应对风险的第三大策略，有 18.63% 的受访移民选择了这一策略；返回原居住地生活，即 "返迁" 是移民户应对风险的第四大策略，13.5% 的受访移民选择了该策略；出售资产是移民户所采用的一种消费平滑的短期应对风险策略，有 12.82% 的受访移民选择出售资产来降低风险；将购买保险作为应对风险策略的受访移民相对较少，只占 7.52%。除采取以上六种策略外，还有 5.3% 的受访移民拟采取其他策略来应对风险。从上述策略看，除外出务工策略外，大多数属于被动式应对策略，而且相当部分只能是暂时性地降低风险，并不能从根本上防范或是化解风险。因此，仅靠移民户自身极其单薄的力量，难以从根本上规避风险，还需要政府和社会力量的整合，将生态移民可持续发展风险降到最低程度。

需要说明的是，本书以城镇安置模式下的生态移民为研究对象，采用的是生态移民户微观层面数据，因此，这里所研究的生态移民风险，仅指移民群体迁入城镇后影响其可持续发展的潜在风险，以及风险可能产生的损失和破坏性后果，对生态移民工程可能导致的迁入地和迁出地风险不作讨论。

第七章 城镇安置模式下生态移民可持续发展政策评估

城镇安置模式下生态移民工程的配套政策是否有效执行，直接关系到移民能否真正实现"搬得出、留得住、能就业、有保障"的目标。贵州省自 2012 年启动实施扶贫生态移民工程以来，生态移民主要采取城镇安置模式，本章根据《贵州省 2012 年扶贫生态移民工程实施方案》（以下简称《2012 年实施方案》）、《贵州省 2013 年扶贫生态移民工程实施方案》（以下简称《2013 年实施方案》）、《贵州省 2014 年扶贫生态移民工程实施方案》（以下简称《2014 年实施方案》）以及《贵州省扶贫生态移民工程政策汇编》，结合对 2012 年以来的安置点区域层面的调查资料，对城镇安置模式下生态移民可持续发展的住房政策、土地政策、就业政策、产业政策、创业政策、社会保障政策等执行情况进行评估。

第一节 住房政策评估

一 住房建设资金落实情况

从贵州省城镇安置模式下生态移民工程总体实施情况看，安置房建设的住房人均补助资金基本上落实到户，住房建设资金普遍做到专款专用、专账管理，挤占、挪用现象较少发生。国家补助资金到位后，各生态移民项目县按照实施方案要求，将 1.2 万元的住房人均补助资金按户进行补助，户均补助约 5 万元。但是，由于一些地方政府财政困难，难以自行解决配套基础设施费和征地费，个别安置点不得不将住房人均补助资金用于征地、场地平整和基础设施建设，实际落实到移民的住房人均补助资金只有 600 元，加大了移民自筹建房资金的压力。

在《2013 年实施方案》中，要求生态移民住房建设与农村危房改造、城镇保障性住房建设相结合实施，省级住房人均补助 6000 元需整合农村危房改造、保障性住房资金解决。根据《2013 年实施方案》要求，各地积极探索"三房合一"模式，如兴义市清水河镇将生态移民住房建设与廉租房建设相结合，织金县生态移民工程整合农村危房改造资金 273 万元。同时，也有一些安置点反映，"三房"因实施地点、安置对象以及项目来源渠道不同，实际上整合难度较大，如印江县和余庆县由于"两房"建设地点不一致，不能整合保障性住房资金，造成移民住房建设人均补助资金缺口 6000 元，从而导致移民住房补助资金无法全额兑现。已实现"三房合一"的移民安置点，则担心因安置对象以及项目来源部门不同，项目审计时难以通过。

此外，政府还协助移民户筹集建房资金，协调农村信用社对其建房贷款给予贴息补助，帮助它们以信用评级的方式贷款，但因移民户中贫困农户居多，贷款额度只有 3 万—5 万元，难以满足移民自筹资金需要。

专栏 7–1　榕江县统筹保障性住房实现移民整村搬进城

榕江县在实施生态移民整村搬迁工作中，统筹保障性住房，按照"政策对接、整合资金、统筹安排"的政策支撑体系，实行生态移民安置房和廉租房政策叠加的方式，用城镇廉租房安置生态移民。按照生态移民工程人均补助 1.2 万元标准，四口之家的移民搬迁户用 4.8 万元的补助资金购买一套 50 平方米的廉租房，基本不花钱就可直接入住。① 保障性住房设计合理、质量好，保证了迁入农民的居住条件，入住率很高。

---

① 金黔在线——贵州商报（贵阳）：《扶贫生态移民工程榕江模式整村搬进城农民变市民》，http：//news. 163. com/14/0119/09/9IUN8PNM00014Q4P. html，2016 年 5 月 16 日。

二　住房建设标准执行情况

《2012 年实施方案》规定，生态移民住房执行人均 15—20 平方米、户均 80—120 平方米标准。《2013 年实施方案》将住房标准细化，进入县城、工业园区安置的生态移民住房，仍执行以上标准，进入小城镇（集镇）安置的生态移民住房，执行户均建房占地面积不超过 60 平方米。《2014 年实施方案》要求，进入县城产业园区安置的生态移民住房执行标准不变，实行统规统建，原则上不得超过六层。进入小城镇（集镇）安置的生态移民自建住房，执行户均建房占地面积不超过 80 平方米。三个年度的实施方案均要求为每户移民配套建设一个门面或摊位、柜台。

从住房建设标准执行情况看，实行统规统建的移民住房，面积基本上在 50—120 平方米，且楼层不超过六层，一般一楼为门面，但门面数量有限，实际上并不能完全满足一户一个门面的要求。统建住房根据户均人口规模安排户型。整合保障性住房资金进行统建的移民安置房，有些未设计门面。移民自建住房，大部分在建筑外观设计上融入了民族元素、统一建筑风格，住房建设的标准普遍偏高，有些安置点甚至严重超标。因实施方案只对建房占地面积有要求，但对层数不作要求，受传统观念的影响，移民在自建住房时普遍追求高大、气派、宽敞，自建房为多层，一楼一般都有 1—2 个门面，且农户具有攀比心理，房屋逐渐向楼层更高、面积更大的方向发展，不少安置点住房面积高达 300 平方米，移民自筹费用增加，甚至债台高筑。有少数安置点建房占地面积在 80 平方米以上，一些依托旅游景区的安置生态移民的安置点，建房占地面积高达 120—140 平方米，远远超过实施方案中规定的住房建设标准。

专栏 7 - 2　移民户利用门面经营脱贫致富

韩××过去是余庆县构皮滩镇红飞村村民，搬进新林新村之前，他长期在外务工。2013 年，在该县生态移民政策的扶持下，他在新林新村建起了四楼一底的房子，并利用一楼的门面开起了摩托车专卖店。韩××说，跟以前租房度日的生活比起来，现在自己更像个城里人了。根据生态移民安置政策，韩××一家的身份也发生了转变，两个孩子就近上了学，这是韩××最为欣慰的事。"在乡下交通不方便，娃儿读书又远，走路都要走一个小时，现在隔近了，娃儿读书也方便，生活条件和从前大不一样。"韩××说。①

三　住房建设方式执行情况

《2012 年实施方案》和《2013 年实施方案》中未规定建房方式，但《2014 年实施方案》明确要求，进入县城产业园区安置的生态移民，住房实行统规统建；进入小城镇（集镇）安置的生态移民，住房自建。全省各地用活建房政策，由政府统一规划设计安置点住房，住房建设主要采取政府统建或者通过开发商建设回购，以及移民自建两种方式。

政府统建或者通过开发商建设回购的住房，用于移民安置的，由县政府组织发改、住建、监察、审计、财政、移民等部门合理核定土地费和建筑成本，以住房成本价出售。移民自主建设住房的，由政府统一规划设计、统一建筑风格、统一质量标准、统一技术服务。若是移民分户自建，根据政府提供的多种户型设计图，移民自主选择户型，自主确定建设规模，自主选择施工队伍并参与投工投劳。若是移民联合自建，由政府统一规划建设用地，移民推荐代表成立项目理事会，通过竞价谈判的方式，选择有资质的施工队伍统一建设，政府相关部门提供全程技术服务和技术把关。移民自建住房时，通常由农户先垫资修建，房屋主体完成到一定程度后，再拨付一定补助款。农户分户自建、联合自建的方式进度较快、成本降低、农户较为满意，但在移民自建过程中，由于自主性较强，有少数农户可能不按照统一规定的标准、外观和质量进行建设，给房屋验收带来难度，因此必须加强对移民自主建房过程的监督。

---

① 《余庆县扶贫生态移民工程群众搬出幸福来》，中国文明网：http://gz.wen-ming.cn/huimingongcheng/201409/t20140929_ 2209201.shtml，2016 年 4 月 5 日。

在政府统一规划设计的基础上，采取统建与自建相结合的建设方式，既符合有关政策规定，又满足了不同层次农户的住房需求。但是，调查中发现，凡是移民自建住房的，其建筑面积都大幅度超标，移民自筹资金额度过大，真正的贫困农户是无力承担的。因此，统建与自建相结合虽然符合政策规定，但考虑到生态移民的主体应是贫困农户，有必要进行调整。

四　住房产权办理情况

《2012 年实施方案》规定，移民住房 10 年后产权归农户所有。《2014 年实施方案》进一步明确了房屋产权问题，移民搬迁到国有土地安置的，按照相关规定办理房屋产权；移民搬迁到集体土地安置的，按照农村宅基地进行管理，农民可以自愿申请农村房屋产权登记。由于项目实施时间不长，目前还不存在办理住房产权的问题。但是，在实际操作过程中，各地国土资源局在安排生态移民建设用地指标时计划单列，并优先保障其项目用地，项目县（市、区、特区）根据批复的实施方案，对土地实行先用后报，造成许多安置点在房屋交付后，土地使用相关手续仍不完备，土地性质是国有土地还是集体土地不明确，给未来移民办理房屋产权证埋下了隐患。同时，因土地手续不齐，采取统建方式建房的安置点，也不能通过招标、拍卖或挂牌等方式，出租或出售门面来筹集住房建设资金。另外，在移民房屋产权未办理之前，如何盘活移民住房资产，使其能向金融信贷部门质押贷款，是一个需要加以研究解决的问题。

五　住房出租、转让及变卖情况

《2012 年实施方案》规定，移民住房 10 年内不得转让，只能作为贷款质押物。如前所述，搬迁安置移民尚未到办理房屋产权证的时间，移民不能将房屋进行交易，因此，目前安置点不存在将房屋转让及变卖的情况。同时，城镇安置点就业空间有限，并非能使所有具有转产转业倾向的移民在安置点成功就业，一些不能顺利转产转业的移民，由于难以维持生计，全家返回原迁出地继续从事传统种养业，私底下将门面和住房进行出租，以增加经济收入。此外，还有一些常年外出务工的移民户，为了不让房屋闲置，在安置房建好后，也将房屋用于出租。

第二节　土地政策评估

一　土地征用情况

各年度实施方案要求，国土部门在安排建设用地指标时计划单列，优先保障生态移民工程搬迁项目用地，用地实行先用后报。安置点建设所涉及的征地问题，在一些地区已得以圆满解决。如织金县桂果镇移民安置点所在地是国有农场，由政府统一征收，土地征用过程较为顺利；安顺市西秀区蔡官镇将生态移民工程与城乡土地增减挂钩项目整合，移民安置房建设用地面积仅需 95 亩，通过土地复垦净增耕地 462 亩，足以用于置换移民的城镇建设用地指标。虽然该模式有效解决了安置点建设用地问题，但推广难度较大，原因在于其他地方未必有城乡土地增减挂钩指标，即使有指标，也相当有限。

事实上，土地征用难是大多数项目县所反映的突出问题。一是迁入地建设用地储备有限。安置点选址基本上在集镇和县城规划区，土地增值较快，政府征地补偿过低，部分群众不同意土地被征用。二是安置点选址要避免基本农田。如平坝区夏云安置点建设用地，属于全省的"万亩大坝"基本农田保护区，使工程项目建设用地不能报批。三是征地成本大。从全省平均征地成本看，县城征地每亩需要 5 万—7 万元，乡镇征地每亩需要 3 万—5 万元。国家安排的专项资金使用范围中明文规定不能用于土地征用及补偿，项目征地费由县级财政承担，县级财政资金紧张，给安置点住房和基础设施项目建设用地的落地带来很大困难。如荔波县一些项目乡镇由于无力承担高昂的征地费用，主要通过"一事一议"置换集体土地来建房。四是安置点建设用地先用后报，与国土部门土地使用办法相悖，难以顺利得到国土部门审批。

二　土地流转情况

根据《2012 年实施方案》的要求，各项目县积极鼓励对生态移民原居住地的承包土地进行流转。安顺市西秀区蔡官镇以市里出台的土地政策为依据，鼓励公司、合作社、大户对复垦的移民宅基地，以及移民原承包地进行流转，根据土地质量差异，每亩土地流转价格在250—800元，流转的土地主要用来种植晚熟红李、金刺梨、楠竹等经果林；黎平县出台了鼓励土地流转的政策，在整体搬迁的村寨中，有茶山村等6个村寨，已将部分土地流转给了公司和种养大户；普定县龙场乡玉兔山安置点通过政府推动和政策扶持，引进种植大户流转移民户的土地发展山地特色农业，流转土地达5000余亩，统一种植茶叶、经果林，目前已完成白茶种植3000余亩；石阡县为有效地利用移民搬迁后的闲置土地、林地资源，在乡镇成立了土地流转中心，对移民户流转土地发展产业优先进行扶持；石阡县青阳乡集镇安置点通过政府协调，流转移民户土地用于发展种养业，种植核桃2000亩、绿茶500亩、烤烟300亩、种草养畜3000头。调查发现，在一些安置点，也有少数移民户流转了迁出地其他移民户的土地用于发展特色种养业。

虽然生态移民迁出地的土地流转现象已经不是个案，但在调研中，一些地区认为迁出地尚未具备土地流转的条件。虽然出台了生态移民土地流转政策，如引进企业需流转土地的，优先流转生态移民户的土地，并给予企业政策上的优惠，但因迁出地多为深山区、高山区及生态环境脆弱区，耕地质量差，种植条件恶劣，经济效益低下，基本上未能对移民户的原承包土地进行有效流转。

专栏7-3　石阡县移民流转土地取得"致富钥匙"

来自石阡县青阳乡茶园村的村民潘××没有想到，自己轻轻松松地搬出了大山，把家安在了青阳乡集镇上，别墅般的砖房代替了以前摇摇欲坠的木房。今年初，在即将搬入新居之前，青阳乡政府负责人出面，为潘××流转了30多亩土地种烤烟，潘××说："仅今年种烤烟的收入，就是原来在老家差不多10年的收入。现在，我是心满意足了"。潘××是石阡生态移民土地流转受益户的一个缩影。[①]

---

① 民主与法制网：《移出一片艳阳天——石阡县扶贫生态移民工作纪实》，http：//df-cn. mzyfz. com/detail. asp？ id＝158487&dfid＝23&cid＝55，2016年1月25日。

三 原宅基地复垦情况

一些实施生态移民工程的地区拆除了移民户原有住房，并且进行了复垦。如安顺市西秀区蔡官镇将移民搬迁后有复垦条件的旧村庄、旧宅基地纳入城乡用地增减挂钩试点项目区，分期对生态移民户的原宅基地、老宅院和生态移民迁出区的废弃煤矿、荒芜林场的办公区等统一进行拆除和土地复垦；六枝特区新场乡旧院村安置点，由于获得了后续发展项目，对原有宅基地进行了复垦，并种上了经果林；黎平县永从乡六冲村雅蝉寨安置点，移民将原房屋拆除用于新建移民住房的材料，原宅基地复垦后用于植树。

但是，从全省总体情况看，绝大多数地区未对移民原宅基地进行复垦。在实地调研中，安置点普遍反映拆除移民原有住房并对宅基地进行复垦主要存在以下困难：一是移民文化素质总体偏低，缺乏就业创业技能，不少移民仍以继续耕种迁出地的土地为主，成为农忙时节住在"老屋"、农闲时节住在"新宅"的"两栖"农民。二是不少移民家庭是几代同堂，年轻人搬入安置房，而老年人因"故土难离"情结不愿离开。三是移民情感抵触，不愿拆除原有住房。一方面，原居住地的住房毕竟凝集了移民的心血，且仍可作生产管护用房。另一方面，由于移民在安置点生活缺乏稳定预期，尚不能确定能否生存下来，不少移民将原居住地视作退路而不愿拆除。四是移民中的不少农户长期来一直外出打工，他们获得的收入除维持生活外，大多将所赚得的钱陆续投到了老家的住房建设上，而生态移民工程实施后，并不能对其建房投入进行必要补偿。五是由于移民搬迁入住后，原有住房予以拆除的相关政策尚未完善，没有配套复垦整治资金，宅基地复垦后无补偿，导致了在具体实施过程中宅基地复垦难。

专栏 7-4 安顺市西秀区蔡官镇土地复垦情况

安顺市西秀区利用土地增减挂钩项目开展土地复垦，对生态移民搬迁行政村的废弃矿地、住宅区土地、荒芜林地等统筹开展土地复垦工作。第一期已复垦土地 257 亩，投入复垦资金 220 万元；第二期复垦土地100亩；第三期复垦土地200亩，投入复垦资金1000万元。三期共复垦耕地557亩，移民安置建设用地面积95亩，净增耕地462亩，纯收益预计44122万元，远高于项目投入资金。① 通过土地增减挂钩政策取得的实惠，当地政府以补贴的形式整合到生态移民工程中。对原有宅基地复垦后的土地使用权以及获得的收益，仍归移民所有。

四 支农惠农政策落实情况

考虑到移民搬迁到城镇后，在较短时期内难以适应城镇生产生活方式的变迁，为了继续发挥土地作为移民的重要社会保障资源的作用，在《2012年实施方案》中已明确规定，生态移民在流转土地承包经营权后，仍然继续享受政府原有的各项支农惠农补贴和退耕还林政策。

各项目县按照实施方案要求，认真执行已搬迁移民户原享有的土地等各项支农惠农补贴政策不变，原退耕还林户也继续享受退耕还林政策。各项支农惠农资金基本上都能按时足额发放到农户手中。凡是符合政策条件的移民，都在迁出地办理相关手续。

第三节 就业政策评估

一 开展职业技能培训情况

部分安置点所在地的相关部门针对生态移民中的青壮年劳动力开展职业技能培训，提高职业技能，增强就业能力。截至2015年5月，安顺市西秀区蔡官镇定期对移民家庭中的劳动力进行技能培训，培训内容包括农村实用技术、家政服务、果类食品加工业等，并给参加培训的移民颁发产业化职业技能证书，培训人数达130余人；六枝特区针对移民户开展各种生产、生活技能培训，提升移民就业技能水平；

---

① 数据系安顺市西秀区蔡官镇政府办提供。

普定县龙场乡玉兔山安置点以惠铭综合农协为平台，结合企业需求开展就业培训，提高生态移民的劳动技能，培训内容包括家政服务、服装制作工艺等，已解决移民户中 377 人的就业问题，其中，家政服务 277 人，服装厂 100 人；兴义市新场乡旧院村安置点引进了以农业为主的后续发展项目，针对移民开展了农村适用技术培训；石阡县举办石材产业和大关酒业专项培训班 3 期 300 余人次，其中，汤山镇鸭背工业园区安置点举办多期石材产业专项培训班，在石材产业园区安置移民就业 176 人；石阡县还举办了"油茶、烤烟、茶叶"等产业培训班 8 期 800 余人次，有效提高了移民的就业技能，例如，在聚凤乡走马坪安置点以油茶、绿茶、烤烟为主导产业，开展多期培训班，同时利用"公司＋基地＋农户"的模式使龙头企业与农户直接建立利益联结机制，帮助移民就业，促进农民增收。

专栏 7 - 5　榕江县举办民族地区扶贫生态移民技能培训班

2014 年 7 月 20 日，由贵州省民宗委、贵州省水库和生态移民局联合在榕江县举办的民族地区生态移民技能培训班结业。从月亮山腹地搬迁到古州镇丰乐小区的移民潘××高兴地领到了合格证："得到培训合格证后，我打算到县工业园区的木材加工厂上班，月收入可能有 3000 多元，老家的地准备流转给大户种杉树！"当天，丰乐移民小区的 100 多名扶贫生态移民拿到缝纫、电子等培训合格证书。①

因大部分青壮年移民已外出务工，故没有专门针对生态移民这一特殊群体开展职业技能培训，而是实行普惠政策，规定只要符合条件的农民都可以参加培训。也有一些安置点反映，移民技能培训的实际效果并不理想，主要原因有：一是安置点的移民就业培训需求不足。

① 贵州省扶贫开发办公室：《迈向小康大道推进生态建设——我省扶贫生态移民工程实施两年综述》，http://www.gzfp.gov.cn/xwzx/zwyw/201602/t20160216_181898.html，2016 年 7 月 6 日。

多数移民常年外出务工，或在城镇从事个体经营，他们多有一技之长，对技能培训没有太大的需求，认为参加培训是浪费时间，劳动力培训部门开展的农业、畜牧、职业培训等均通知移民户劳动力优先参加，但移民参加培训的积极性不高；二是有些安置点的移民虽有培训需求，但需求多样化，现有的培训项目内容单一以及培训时间较短，难以真正满足移民的技能培训需求。

二　组织劳务输出情况

目前只有少数安置点有序地组织移民进行了劳务输出，实现了转移就业。如普定县龙场乡玉兔山安置点，通过政府引导，采取省外输出和就近输出相结合的方式输送移民。政府将文化素质和技能层次较高的青壮年移民输送到省外发达地区，截至2015年5月，已转移100余人，对于文化素质和技能层次较低的移民，主要向周边建筑工地或劳动力市场输送，已解决就业103人。

大多数安置点未单独针对移民群体组织劳务输出，主要原因是：随着劳动力市场的不断发育完善，农村劳动力流动较为自由，一部分移民早在搬迁前就已经常年在外务工。在安置点调研中，发现虽然有部分青壮年移民在搬迁前主要从事传统种植业，但因搬迁后安置点未分配耕地、林地等农业生产性资源，加上安置点交通便捷、信息灵通，也陆续通过已在外省打工的亲戚朋友介绍，加入了农民工队伍，自发实现了劳务输出。

三　鼓励园区吸纳移民就业情况

一些靠近工业园区或农业园区的移民安置点，如黎平县肇兴井寨安置点，石阡县石固乡、青阳乡、聚凤乡安置点，余庆县白泥镇和景湾安置点，普定县龙场乡玉兔山安置点、西秀区集镇安置点等，鼓励园区企业用工优先聘用生态移民，积极引导移民在园区尽快实现就业。目前，虽然各地区的园区已解决了一部分移民就业，但对于吸纳一定比例生态移民稳定就业的企业，地方税和税收地方留成部分予以适当减免的政策基本未落实到位，从而影响了企业吸纳移民就业的积极性。

专栏 7-6　各地积极鼓励园区吸纳移民就业

黎平县肇兴井寨生态移民安置点以水口镇"天香谷"芳香特色农业旅游园区为依托,按照"产、供、销"一条龙的模式,积极培育生态移民户发展现代农业产业和入园就业;石阡县石固乡现代生态农业循环产业园区、青阳乡现代烟草农业产业园区、聚凤乡油茶产业园区、县城石材产业园区和大关酒业有限公司,解决了移民搬迁户 605 人就业,其中,石材产业园区安置移民就业 176 人;余庆县白泥镇和景湾安置点,已将一部分移民安置在白泥现代农业观光园区就业;普定县龙场乡玉兔山安置点积极与县工业园区企业签订用工合作协议,已解决就业 143 人;西秀区加强与产业园区和境内企业的沟通联系,根据企业生产需求,有针对性地培养机加、数控和采煤等方面的技术人才,与产业园区签订劳务合同,帮助具有劳动能力的移民进厂上班,月薪不少于 2000 元。①

也有不少安置点的移民未能顺利进入园区就业。一是不少迁入地城镇的园区建设还处于建设初期,尚未投产,园区企业要建设到一定阶段后,才能提供就业岗位,招收工人,目前寄希望于园区来解决移民就业问题不现实;二是依托园区安置移民,需要移民自身具有一定的知识技能,但大多数尚未就业的移民没有一技之长,只能干体力活,难以适应企业用工需求。所以,移民在搬迁入住后的前三年,可能是一个就业困难时期。

四　提供公益性岗位情况

根据贵州省各年度实施方案要求,公益性岗位应重点向生态移民倾斜,通过政府购买公益性岗位,优先安排"4050"移民人员和就业困难的家庭成员解决就业。因此,各县(市、区、特区)各年度实施方案均明确要求,乡(镇)在新增公益性就业岗位时,要优先聘用生态移民。但实际上,只有少数安置点将新增公益性岗位用于解决移民

---

① 数据系书中提及的扶贫生态移民项目县提供的。

就业，截至 2015 年 5 月，开阳县以临聘方式为移民提供公益性岗位，已解决 63 人就业；石阡县聚凤乡走马坪安置点在移民入驻后，安排了 4 个公益性岗位。大多数安置点未采取措施吸纳移民到相关公益性岗位就业。据安置点有关负责人反映，由于公益性岗位数量有限，新增公益性岗位基本不太可能，在移民搬迁前，城镇就已经积压了大量需要解决的就业人员，近年来，消化都比较困难，要将公益性岗位优先安排给移民不太现实。

第四节　产业政策评估

一　扶持特色产业发展情况

按照贵州省各年度实施方案的要求，生态移民项目县需不断制定和完善相关产业扶持政策，引导生态移民从事种养业、农副产品加工、商品经营、餐饮、运输、乡村旅游等第二、第三产业，形成独具特色的产业体系。石阡县对移民户流转土地发展特色产业优先给予扶持，尤其是对那些头脑灵活、技术熟练而又缺乏土地、林地资源的移民户，政府实行统一协调土地，配置资源，扶持其发展烤烟、核桃等特色产业。

例如，在聚凤乡走马坪集镇安置点，在生态移民迁出地种植油茶 1 万亩、绿茶 1000 亩、烤烟 600 亩，通过"公司 + 基地 + 农户"模式，引导龙头企业与移民户建立利益联结机制，促进移民增收；开阳县高寨苗族布依族乡移民安置点形成了两条移民街道，建了一个斗牛场，与贵州大地飞歌旅游开发有限公司等 5 家企业签订投资总额约 4.2 亿元的项目，签约项目主要涉及生态旅游业，为吸纳生态移民就业创造了机会；荔波县支持依托旅游景区安置点发展民族文化旅游产业，鼓励移民从事餐饮、运输、旅游商品经销等。但也有不少移民安置点反映：本地经济发展水平低下，产业基础较为薄弱，缺乏产业支撑，后续产业扶持难以跟进。

专栏7-7 "白沙水乡"安置点为移民户
量身定制产业发展计划

"白沙水乡"安置点是余庆县松烟镇高端生态移民安置点，无论是配套设施、外围环境，还是移民的后续就业和创业保障，都有大幅度提升，为许多移民解决了在安置点生存发展的后顾之忧，该安置点不仅让移民"安居"，还能让他们"乐业"。白沙水乡安置点利用烤烟育苗工厂、二龙茶场、茶叶生产工厂相邻的优势，为移民搬迁户量身定制了一套产业发展计划，不仅组织移民参加烤烟生产、茶叶生产等方面的专业培训，将其输送至相应的就业岗位，而且还重点扶持移民自主创业种植烤烟、茶叶和蔬菜。此外，当地政府还利用安置点住房户型设计为"别墅型""旅馆型"的特点，鼓励移民发展乡村旅游等产业，"多管齐下"帮助移民增收致富。

二 产业扶持政策落实情况

一些地区在扶持发展特色产业的基础上注重资金配套。石阡县采取诸多政策措施扶持移民户发展后续产业，近年来，该县安排各类产业扶持资金超过5000万元，县级部门和龙头企业投入各类扶持资金500余万元，充分调动了移民户立足当地资源、发展产业的积极性和主动性；在兴仁县李关乡骆丫鼓安置点，政府对种植业及养殖业给予支持，为从事种植业的移民户提供种子化肥，为养母猪的移民户提供补助金，为养牛的移民户提供无息贷款；普定县龙场乡玉兔山安置点为了引进工业企业解决移民就业问题，针对凡是进驻安置点的企业，免两年租金并提供厂房，协助办理相关手续，引导返乡农民工到小区开办企业，使移民户实现了在安置点能够就近就业，已引进服装厂2家、雕刻厂1家、钢结构厂1家、涂料厂1家。

但是，目前大部分实施生态移民的地区都没有制定相关生态移民后续产业扶持政策，即便有些地区出台了产业扶持政策，也没有制定相应的可操作性较强的措施，更没有扶持后续产业的专项资金，导致产业扶持与生态移民工程的建设很难同步推进。

第五节　创业政策评估

一　鼓励移民自主创业情况

一些生态移民项目县积极引导符合条件的生态移民通过自主创业实现就业。截至 2015 年 5 月，余庆县松烟镇白沙水乡安置点的移民户依托集镇居民生活需求，已有 30 多户移民家庭开设了小旅馆、餐馆和小微企业，同时有部分移民还依托返乡农民工创业园实现了就业、创业；开阳县生态移民安置点移民自主创业的情况相对较多，移民通过从事铝合金中工、开办餐饮业和创办小微企业等多种形式就业；荔波县小七孔镇采取"园区 + 村支两委 + 企业 + 农户"四位一体的方式，引导移民安置点的 213 户移民进入返乡农民工创业园就业创业；余庆县敖溪镇安置点，引导移民自主经营的有餐饮、住宿、建材销售、服装厂等微型企业，一些移民还编草绳用于出售。

尽管一些移民在政府的引导下顺利地实现了自主创业，但从贵州省大多数生态移民安置点的总体情况看，但凡实现成功创业的移民都有一技之长或有一定经济基础，并且还依赖于安置点的社会经济环境。移民在搬迁后能顺利实现自主创业并不是普遍现象，甚至在一些安置点没有移民实现自主创业。

专栏 7 - 8　石阡县多方促推移民自主创业

石阡县采取一户一策的办法，帮助搬迁户订规划、选项目、拟措施，多方促推自主创业。汤山镇香树园安置点鼓励移民充分利用安置点地处高速公路出口，交通便利的优势发展第三产业，已实现移民自主创业 100 余人；聚凤乡走马坪集镇安置点利用迁出地资源，种植油茶、绿茶、烤烟，通过"公司 + 基地 + 农户"模式，引导龙头企业与农户建立利益联结机制，促进移民增收，并鼓励移民户利用门面从事餐饮、小卖部经营、摩托车修理、家具制造等；青阳乡集镇安置点结合小城镇建设，鼓励移民自主创业20人。①

二 创业优惠政策落实情况

在一些生态移民安置点，创业优惠政策落实情况较好，采取的主要政策措施有：一是做好生态移民创业小额担保贷款贴息工作。如在余庆县松烟镇"白沙水乡"安置点，政府积极协助自主创业的移民户申请小额担保贷款，只要是符合条件的移民，通过自主创业实现就业的，均可申请小额担保贷款，由财政全额贴息，在很大程度上解决了移民创业资金不足的问题。二是认真落实"3个15万元"扶持政策。② 如上一节所提及的石阡县汤山镇香树园安置点、余庆县敖溪镇安置点等，积极引导移民创办小微企业，或鼓励新办微型企业以吸收生态移民就业为主，只要符合"3个15万元"扶持政策条件，按规定享受相关扶持政策；织金县在实施小微企业创业补助和妇女小额扶贫贷款等创业扶持政策时，均优先通知安排生态移民户申请该政策扶持。

从在生态移民安置点的实地调研情况看，创业优惠政策能否落实，最大的问题并不在于政策是否已经兑现，而是创业政策限定条件较多，创业政策宣传和创业培训不够。许多移民不清楚目前国家和地方有哪些自主创业的优惠政策，或者即使知道有哪些创业优惠政策，也不知如何去争取得到这些政策的扶持。在兴义市泥凼镇移民安置点，课题组深度访谈的一位移民妇女反映："安置点的大部分青壮年劳动力长年在外务工，其子女有相当一部分是学龄前儿童无人看管，自己想在安置点办幼儿园，可是却不清楚需要哪些手续和

---

① 数据系书中提及的扶贫生态移民项目县提供的。

② 贵州省人民政府为了大力扶持微型企业发展，于2012年出台了《关于大力扶持微型企业发展的意见》，对微型企业采取"3个15万元"的扶持政策：一是财政补助政策。投资者实缴货币投资达到10万元后，政府给予5万元的财政补助。二是税收奖励政策。微型企业除享受国家和贵州省的相关税收优惠政策以外，其实缴税收中地方留存部分实行全额奖励，给予15万元的税收奖励。三是融资与担保政策。允许有贷款需求的微型企业采取财产抵押、税收奖励为质押或信用贷款等方式，申请15万元额度的银行贷款或担保机构支持。

条件，缺乏对创业知识的了解。"虽然有些生态移民安置点举办了创业培训班，由于创业培训要求高，培训名额较少且培训费用较高，一般为1500—3000元/人，实际能参加培训的移民很少，从而导致了有相当部分移民缺少创业思路，能够实现真正创业的移民很少。

第六节　社会保障政策评估

一　新型农村合作医疗制度执行情况

根据各年度贵州省实施方案要求，生态移民搬迁后可以自愿选择是否保留农村户籍或转为城镇居民。

新型农村合作医疗（以下简称"新农合"）采取属地管理，搬迁后保留农村户籍的移民，仍在原住地参加新农合；搬迁后转为城镇居民的移民，则参加城镇居民医疗保险。因课题组实地调研主要选择的是2012年以后搬迁的生态移民安置点，移民户搬迁时间较短，移民尚不确定是否能在城镇稳定地生活下来。移民户如果将户口迁入城镇，则意味着要注销原住地户口，同时收回承包的土地，为了不丧失最后的生存保障资源——土地，大部分移民户未将户口迁入城镇。有些移民考虑到新农合的缴费标准低，可以减少家庭支出，也不愿将户口迁入城镇。

生态移民安置点的相关部门积极发动移民参加新农合，保留农村户籍的移民，仍在其户籍所在地缴费，并在当地卫生机构看病、报销。移民安置点新农合基本实现全覆盖，移民参保率不断攀升，据调查统计，截至2015年5月，贵州省生态移民新农合参保率达到92%。同时，生态移民安置点所在地政府还积极争取各级用于移民新村卫生室购置设备及建设的补助，将移民新村卫生室建设纳入当地区域卫生发展规划，方便移民就近就医，有效地缓解了移民搬迁后住院看病的后顾之忧。

二　最低生活保障制度执行情况

各年度实施方案要求，要按照"应保尽保，按标施保"的原则，将符合条件的生态移民（新建安置房不作为衡量条件）纳入最低生活保障范围。最低生活保障制度（以下简称"低保制度"）作为生态移民社会保障体系之中的最后一道"安全网"，该制度能否有效实施直接关系到安置点的社会稳定。

实施生态移民工程的迁入地与迁出地共同做好生态移民低保摸底调查工作，确保搬迁入住的贫困移民群众生活有保障。按照属地管理原则，将符合低保条件的农村户籍移民和城镇户籍移民分别纳入农村低保和城镇低保。据调查统计，截至 2015 年 5 月，贵州省已实施搬迁的生态移民中，共有 23.7% 的移民已分别纳入农村低保和城镇低保。在西秀区蔡官镇小城镇安置点，已转为城镇非农业户口的贫困移民，可以领取城镇低保，并享受公租房的分配政策。

在实际调研中发现，有些生态移民安置点的移民户在搬迁初期享有低保政策扶持，因低保制度实行动态管理，搬迁后一段时间后由于其家庭收入水平提高、生活条件改善不符合低保标准，不再享受低保待遇。也有个别生态移民安置点在统计农村低保对象时将一些移民户排除在外，原因是这些移民户没有将户籍迁入安置点，而在其原住地他们又作为迁出人口被排除在外，换言之，这部分移民户在原住地和现居住地都享受不到农村低保的待遇，导致极少数人未能及时应保尽保。

三　农村养老保险制度执行情况

养老保险事关生态移民的终身养老问题。生态移民迁入地认真做好养老保险政策宣传和引导工作，面对面就地解决移民的咨询、查询、参保等业务，为移民群众提供方便快捷的服务。据调查统计，截至 2015 年 5 月，贵州省生态移民养老保险参保率达到 42%。因大部分移民不愿意将户口迁入城镇，其养老保险关系仍在原住地办理。对于极少数已将户籍迁入城镇的移民，安置点积极帮助移民做好养老保险关系转移接续工作。但是，有一些移民反映，虽然参加了养老保险，因迁入城镇后生活成本大幅度上升，家庭消费支出增加，目前发放的养老保险补助难以维持基本的生活开支。

除以上三项生态移民迫切需要的社会保障政策外，所有安置点移民户的学龄儿童基本上实现了就近入学。一些安置点还对移民户中特殊困难家庭给予相应帮助，如在普定县龙场乡玉兔山安置点，政府通过民政和扶贫等部门资金整合，帮助孤寡老人、无劳动力等低收入群众实现搬迁；在兴义市泥凼镇，由政府为两户特殊困难移民户垫付了建房资金；开阳县也通过联系企业资助特殊困难移民户建房的方式，帮助移民搬迁。总体来看，贵州省大部分移民安置点都能做到将符合社会保障政策的移民户应保尽保。但因孤寡、智障等丧失劳动能力的贫困群体受传统观念的影响，不愿集中安置，这部分人实际上无法搬迁。

本章小结

对城镇安置模式下生态移民可持续发展的住房政策、土地政策、就业政策、产业政策、创业政策、社会保障政策等执行情况进行评估，结果显示，各生态移民项目县执行生态移民住房、土地、就业、产业、创业、社保等政策的总体情况良好，但因生态移民工程系统性政策的出台和实施时间较短，在政策执行过程中，缺少与之相配套的具体措施，加上一些地方政府重视不够，对生态移民各项政策贯彻落实情况的监督检查力度不大，从而在一些安置点存在着政策执行有偏差或政策落实不到位的情况。主要结论如下：

第一，从生态移民住房政策执行情况来看，住房人均补助资金基本落实到户，挤占、挪用现象较少发生；"三房合一"建房模式能解决资金不足问题，但因实施地点、安置对象以及项目来源部门不同，实际操作中整合难度较大；政府协助移民户贷款筹集资金的额度偏低，而移民自建住房面积标准偏高，移民家庭经济压力大；住房建设灵活采取政府统建或者通过开发商建设回购，以及移民自建两种方式，住房建设符合政策规定，但过分强调自建将不利于对真正的贫困农户实施移民搬迁；因安置房建设用地手续程序不符合国土部门的规定，可能对未来住房到期移民户办理房屋产权证带来隐患；因未办理安置房的房屋产权证，生态移民安置点不存在转让及变卖房屋的情况，但有少数安置点的移民户存在住房出租行为。

第二，从生态移民土地政策执行情况来看，少数安置点能顺利解决生态移民项目征地问题，而大多数项目县反映土地征用难是实施生态移民工程的最大难题之一；一些地区出台了鼓励流转生态移民户原有承包土地的政策，并实现了土地流转，但大多数迁出地因移民户原承包土地质量差，实际上难以流转；绝大多数生态移民迁出地因移民户原住房难以拆除、生态建设资金不足等原因，未对移民原宅基地进行复垦；移民户搬迁后，仍继续享受政府原有的支农惠农补贴和退耕还林政策。

第三，从生态移民就业政策执行情况来看，少数安置点针对青壮年移民开展了职业技能培训，而大部分安置点或未对移民开展培训，或虽然针对移民开展了职业技能培训，但培训效果并不理想。只有少数安置点组织了移民劳务输出，多数移民外出务工仍然是通过亲戚朋友介绍，自发实现劳务输出；产业园区解决了部分移民的就业问题，但总体上吸纳移民就业能力不强；因公益性岗位数量有限，且城镇过去积压的待业人员较多，迁入地公益性岗位难以向生态移民倾斜。

第四，从生态移民产业政策执行情况来看，一些安置点扶持移民发展种养业，以及农副产品加工、商品经营、餐饮、运输、乡村旅游等第二、第三产业，形成了一些特色产业。但总体上看，针对生态移民发展产业的扶持力度小、配套资金不足，加上某些安置点产业基础较为薄弱，后续产业扶持难以跟进。

第五，从生态移民创业政策执行情况来看，在当地政府的引导和支持下，生态移民安置点的一些移民顺利实现了自主创业，但自主创业人数不多。贵州省已对移民实施小额担保贷款贴息、"3 个 15 万元"等创业优惠政策，符合条件的移民均可申请，但因限定条件较多，加上创业政策宣传和创业培训不到位，能真正享受创业政策的移民很少。

第六，从生态移民社保政策执行情况来看，生态移民安置点基本上覆盖了新型农村合作医疗制度，贵州省生态移民新农合参保率达到92%；迁入地与迁出地加强生态移民低保制度的摸底调查工作，分别有23.7%的移民纳入了城镇和农村低保，但有个别安置点的极少数移民因居住地与户籍所在地不一致，未能及时做到应保尽保；迁入地与迁出地积极为移民提供养老保险咨询、查询、参保等服务，生态移民养老保险参保率达到42%；安置点移民家庭的学龄儿童基本上实现就近入学，一些安置点对移民户中的特殊困难家庭给予帮助，受传统观念的影响，目前，移民对象中涉及的孤寡、智障等丧失劳动能力的贫困群体，未能进行集中搬迁安置。

第八章 城镇安置模式下生态移民可持续发展战略框架

本章结合城镇安置模式下生态移民可持续发展能力各功能性活动维度的薄弱环节、生态移民可持续发展所面临的风险，以及生态移民可持续发展的住房政策、土地政策、就业政策、产业政策、创业政策、社会保障政策等执行中存在的问题，以提升生态移民可持续发展能力，并且规避和化解风险为目的，基于新型城镇化视野，从总体思路、基本原则、战略目标、战略重点和战略模式等方面，构建城镇安置模式下生态移民可持续发展的战略框架。

第一节　总体思路

以邓小平理论、"三个代表"重要思想和科学发展观为指导，以人为本，切实维护生态移民的根本利益。坚持生态移民与新型城镇化相结合，以提升生态移民可持续发展能力为核心，以精准扶贫为导向，以特色产业扶贫为载体，以制度安排和机制设计为保障，以"消除绝对贫困、改善生态环境、推进新型城镇化、实现同步小康"四位一体为战略目标，加大政府投入力度，创新投融资模式和组织方式，制定和实施合理的后续扶持政策，强化搬迁成效监督考核。依托城镇采取多样化的安置模式，不断改善移民生产生活条件，拓宽就业渠道，着力发展劳务经济，充分利用城镇产业结构调整的契机，以保护生态环境为基本立足点，大力发展特色产业，正确处理好移民脱贫致富与保护资源环境的关系，加快新型城镇社会经济协调发展。加强培训，提高移民基本素质，增强移民自我积累和自我发展的能力，从根本上解决可持续生计问题。在政府扶持与移民自力更生的共同作用下，确保生态移民"搬得出、稳得住、能就业、有保障、奔小康"，到2020年彻底摆脱贫困与全国同步进入全面小康社会。

第二节　基本原则

以总体思路为指导，实施城镇安置模式下生态移民可持续发展战略，重点应遵循以下五条原则。

一　统筹规划，合理布局

为促进城镇安置模式下生态移民的可持续发展，必须强化规划引领和管控作用，统筹编制生态移民专项规划与配套子规划。各地要结合实际，在摸清本地需要实施生态移民的数量规模，可供安置的水土资源、环境容量等基础上，编制生态移民专项规划。同时，编制安置点住房建设、基础设施配套建设、移民就业创业培训、后续产业培育、迁出地与迁入地生态环境保护等配套子规划，形成完整的规划方案。尤其要注重将生态移民与新型城镇化相结合，将生态移民工程纳入城镇发展规划。推进生态移民专项规划与扶贫开发规划、新型城镇化规划、土地利用总体规划、生态环境保护规划等相关行业（专项）规划相互衔接，实现"多规合一"，一并纳入当地国民经济和社会发展规划，保证规划的科学性、指导性和可操作性，用于指导生态移民工程的实施。

科学论证不同城镇的安置能力，按照"宜居、宜业、宜游"的要求合理布局移民安置点是移民可持续发展的关键环节。综合考虑城镇区位条件、产业发展基础与潜力、环境容量、基础设施承载力、建筑风格、公共服务等因素，优先在区位条件较好的城镇人口集聚区、城市辐射区、商业活动较为活跃的小城镇、产业支撑有力的城镇集中布局生态移民安置点。

二 政府主导，移民主体

生态移民对生态、经济、社会的协调发展具有很强的正外部性，政府是实现这些正外部效应的社会责任主体。生态移民任务艰巨繁重及生态移民自身特点的复杂性，决定了现阶段实施大规模、有计划、有组织生态移民工程的主导者必须是政府，而不能为企业或其他社会组织。政府以强大的财力资源、组织资源、人力资源等行政资源为重要保障，在政策制定、规划编制、组织实施、资源配置方面具有主导作用，通过集体动员居住在生态环境恶劣地区的居民自愿进行迁移，有利于解决生态移民中出现的各种困难、问题和矛盾。政府主导应贯穿于生态移民政策宣传、迁出地的选定、迁入地的确定与建设、移民后续扶持等全过程，对推动生态移民可持续发展具有至关重要的作用。

在组织实施生态移民过程中，政府主导不等同"大包揽"，要充分尊重移民的主体地位。如果移民主体地位缺失，会使移民处于被动引导的位置，导致社会适应性较差，甚至会出现边缘化。因此，要建立移民参与机制，广泛听取移民群众的意见，倡导其自力更生求发展。综合考虑移民的经济和心理承受能力，让移民自主决策，发挥行动主体作用。深入挖掘生态移民自身所具有的资源和优势，在政府的帮扶下使移民自力更生，从自然、社会、经济、文化等方面获得满足实现可持续发展的条件，逐步脱贫致富。

三 因地制宜，精准扶持

因地制宜地选择适宜的城镇化安置方式，以集中安置为主、分散安置和插花安置为补充，单个安置点的规模可大可小。考虑到实施整村搬迁的移民中有部分为非贫困人口，住房建设资金应根据移民户贫困程度实行差别化补助。对生态移民采取因贫困原因施策、因贫困类型施策、因族施策、因点施策的差异化精准扶持政策，提高对移民扶持的精准度，帮助移民户限期脱贫、精准脱贫。

结合安置点的实际情况、移民意愿和自身特点，逐户制定帮扶措施，落实帮扶责任人，集中力量予以扶持。对有资源和劳动力，缺技术和资金，无就业门路的移民户，对其进行就业创业技能培训，引导他们在农业、工业园区就业，在城镇发展加工业、旅游业、流通业等第二、第三产业，或通过劳务输出等多种形式进行扶持；对因学、因病致贫的移民户，健全社会保障体系，解决其教育与医疗困难；对无劳动力无业可扶的移民户，加快推进低保标准和扶贫标准"两线合一"，对其实施政策兜底性扶持。通过普惠政策和特惠政策"双管齐下"，增强移民自我发展能力。

四　部门配合，多方参与

生态移民是一项系统工程，涉及部门多。目前，生态移民工程资金多类别、多渠道投入和多部门管理，造成资金分散，难以形成合力。积极稳妥推进生态移民工程，需要整合各类资源，统筹各方力量。各级各部门应认真履行职责，加强沟通、相互配合、营造合力共同做好移民搬迁工作。移民、发改、财政、扶贫、国土、住建、交通、教育、卫生、人社、民政、公安等部门要严格按照规划，统筹安排生态移民项目资金或政策配套，各负其责、齐抓共管，充分发挥各部门优势，共同支持生态移民工程实施和迁入地经济社会发展，形成新时期生态移民工作的强大合力。

同时，搭建好各类市场主体参与生态移民的平台，充分发挥市场在资源配置中的基础性作用，采取市场化运作方式，引导企业参与移民安置房建设、后续产业培育、生态建设等，优化资源配置，提高生态移民效率。此外，还要动员和凝聚全社会力量参与生态移民工程。

五　以人为本，持续发展

实施生态移民，是为了统筹人与自然和谐发展，更好地优化人类的生态、生产和生活环境。因此，生态移民需要秉承科学发展观"以人为本"的基本思想，不能以牺牲移民的生产和生活水平为代价。

生态移民的可持续发展，本身就是"以人为本"思想的落实，持续发展原则是指要兼顾生态、生产、生活的可持续发展。生态可持续，即迁出地与迁入地的建设应以生态可持续改善为首要目标，尤其是移民在迁入城镇后不能造成二次生态破坏，否则生态移民工程将以失败告终。生态移民不仅要考虑迁出区域和迁入区域的可持续发展，更要关注移民在城镇生产和生活的可持续性，围绕"以人为本"原则，在生态可持续发展前提下，探索最适合移民户可持续生计的最佳模式，制定和实施合理的后续发展政策。促进移民与社区的文化融合，完善安置点教育、文化、医疗卫生等基础设施，提高移民生活质量，使移民在安置点实现生活可持续发展。

总之，要不断探索保护生态环境与促进生态移民脱贫致富、实现可持续发展的战略性措施，最大限度地保护移民利益，最终实现区域生态、社会、经济和移民的可持续发展。

第三节　战略目标

基于新型城镇化视野，城镇安置模式下生态移民可持续发展的战略目标，不仅要达到生态移民政策所期望的最终目的和效果，而且要与国家发展的总体目标相一致。本书将城镇安置模式下生态移民可持续发展的战略目标定位为消除绝对贫困、改善生态环境、推进新型城镇化、实现同步小康四大目标。

一　消除绝对贫困

消除绝对贫困是实施生态移民的战略目标之一，稳定实现生态移民"两不愁、三保障"，确保到2020年生态移民全部脱贫。

在通常情况下，贫困类型与人们所处的生存与发展环境密切相关，衡量绝对贫困状态的标准之一就是生存环境达不到人类居住的要求。消除绝对贫困，需要重新调整人与自然的关系。在生态恶化区域，采取就地扶贫方式容易出现生态环境与贫困问题的反弹，而实施生态移民将他们迁移至生态环境相对较好的地区，能从根本上阻断贫困与生态恶化的恶性循环。"十三五"时期，实施易地扶贫搬迁工程，明确将搬迁对象锁定为居住在"一方水土养不起一方人"、生存环境极差、生态环境脆弱、限制或禁止开发地区的农村建档立卡贫困户和其他确需同步搬迁的农户。

综上所述，生态移民是一项旨在帮助生态条件恶劣地区农村贫困人口从根本上摆脱贫困、解决生计问题的政策。

二 改善生态环境

生态移民政策无论是初始动因，还是终极目标，都是为了保护和恢复生态环境，保护生态环境一直是该政策的首要目标。

从实施生态移民工程的农村地区发展情况来看，农户普遍缺乏环境保护意识，长期沿袭下来的传统粗放型农业生产方式不仅生产效率低下，而且还会造成生态环境质量下降或生态系统失衡。居住在山区的贫困农户为了维持自身生存和发展的需要，不断地在不具备农业生产条件的地方毁林开荒，造成贫困与生态环境破坏的恶性循环。对生态移民项目迁出地而言，实施生态移民搬迁在很大程度上缓解了人类活动对当地生态环境的压力，为生态环境的恢复创造条件。对于迁入地而言，生态移民的迁入可能会推动迁入地的政府、企业和居民生态环境保护意识的觉醒，进一步推动生态建设，有利于移民与迁入地的城镇居民实现迁入地的可持续发展。

要立足于迁出区与迁入区的生态安全，使生态环境处于新的良性平衡。采取有效措施，保护、恢复和改善迁出区生态环境，从根本上扭转生态恶化的趋势，重塑迁出区的可持续发展能力。将生态脆弱区超载的人口迁移到生态相对较好的城镇，迁移规模不能超过迁入区生态环境承载力上限，对迁入区生态环境容量进行系统、科学、缜密的实证研究与测算，以避免生态移民对迁入区造成新的生态破坏，甚至带来新的二次移民，从而与生态移民政策的初衷相左。

因此，生态移民可持续发展，应是既不带给迁入区生态安全隐患，又能恢复和改善迁出区的生态环境，顺利实现预期生态目标。

三 推进新型城镇化

采取生态移民与新型城镇化相结合的方式，将居住在生态脆弱区的农村贫困人口集中安置在城镇，不仅要帮助生态移民尽快脱贫，而且还要实现推进新型城镇化的目标。

新型城镇化是以人为核心的人口城镇化，生态移民与新型城镇化相结合，是一种典型的由政府推进"自上而下"的城镇化模式，可以看作是具有中国特色的城镇化道路。生态移民与城镇化功能重叠，生态移民迁移前的身份是农业人口，在生态移民政策这一外界力量的推动下向城镇集中，由农业人口转变为非农业人口。要充分利用生态移民人口聚集效应，进一步获得产业集聚、要素集聚等多重集聚效应，增强城镇对周边农村地区的辐射带动和服务功能，加速城乡一体化，优化生产要素布局和产业结构调整，促进第二、第三产业发展，创造就业岗位。同时，要以促进生态移民城镇化为核心，加速建设城镇基础设施和公共服务设施，解决长期以来城镇公共产品和服务不足的问题，使生态移民成为加快新型城镇化的持续动力。

四 实现同步小康

到 2020 年，生态移民与全国人民同步进入小康社会是生态移民可持续发展的战略目标。中国共产党第十八次全国代表大会报告中提出了"确保到 2020 年实现全面建成小康社会"的宏伟目标，中国有相当部分农村贫困人口的空间分布与生态脆弱区和少数民族地区相互重叠，采取常规扶贫手段难以奏效，而生态移民工程在扶贫对象上瞄准精度高，解决此类贫困问题具有优势。将生态脆弱区的农村贫困人口，尤其是少数民族农村贫困人口迁移出来，改善他们的基本生产生活条件，拓宽其就业、增收和致富空间，能彻底解决持续性的空间贫困问题，加快农村贫困地区与贫困人口实现同步小康的步伐。

第四节 战略重点

战略重点的确定是否科学，直接关系到城镇安置模式下生态移民可持续发展的战略目标能否如期实现。由于生态移民是一项庞大的社会重建工程，战略重点涉及生态保护、配套设施建设、产业发展、就业创业、公共服务、社区治理等诸多任务。

一 实施生态建设

要按照城镇安置模式下生态移民可持续发展战略目标，坚持"移民"与"生态建设"并重，不仅要加强迁出区的生态环境恢复与重建，而且要保护好迁入地的生态环境。

（一）迁出地生态恢复与重建

首先，调查统计土地资源。对迁出地的耕地和非耕地资源进行调查统计，对迁出地村庄、房前屋后林地、林木登记造册，为迁出地生态环境建设规划设计提供科学依据。

其次，开展生态环境综合治理。编制迁出地生态环境建设专项规划，设立生态环境建设工程专项资金，拓宽生态恢复与重建的资金渠道和经营方式。以迁出地村庄为单元，整合项目资金。坚持宜林则林、宜草则草、封造结合的原则，采取生物和工程措施，依托退耕还林还草、水土保持等生态建设工程，实行山、水、田、林、路综合治理，对荒山和退耕地进行封育。摸清宅基地复垦情况，促进宅基地复垦进度，逐步实现宅基地复垦还耕，增加耕地数量、改善耕地质量、提高土地利用效率，进一步促进迁出地生态植被的恢复和环境质量的改善。在生态建设项目的实施过程中，优先考虑由移民劳动力组成专业队承包工程建设。

最后，建立环境友好型农业体系。以迁出地的土地整治为前提，积极探索迁出地土地承包经营权流转方式，鼓励移民户集中统一将土地流转给企业、大户或协会。坚持生态恢复优先的原则，在减少粮食播种面积的同时，鼓励发展有利于生态保护的经济林、育苗、生态养殖、退耕后续开发产业等，在迁出地建立环境友好型农业体系，促进生态系统良性循环。

（二）迁入地生态环境保护

作为生态环境承载力相对较高的迁入地，其生态环境承载力的上限，既取决于历史发展基础，又与移民迁入后是否采取了有效手段保护迁入地的环境、促使迁入地生态环境处于新的良性平衡密切相关。

首先，以科学发展观为指导做好选址工作。科学测算拟迁入地的生态环境承载力，将生态环境容量冗余、水土资源禀赋较好、基础设施较完善、经济发展潜力大的城镇或中心城镇，处于区域节点的小城镇、县城和重点镇作为优先选择对象，将移民规模控制在生态环境承载力的合理阈限内。

其次，尽量减少安置点施工建设对周边生态环境的破坏。在场地平整时，定时洒水以减少施工场地产生的扬尘，及时完善安置点周围排水沟渠的建设，对施工建设中形成的边坡，采取工程措施和生物绿化相结合的边坡防护措施，稳固边坡，减少因建筑施工直接引起的水土流失。

再次，加强安置点环境卫生配套设施建设和管理。在安置点建设污水管道和相对固定的生活垃圾收集点，为安置点配备垃圾箱（台），将安置点纳入城镇环境卫生处理体系，充分利用既有处理设施集中进行无害化处理。加强对安置点社区的环境卫生整治，聘请专（兼）职环卫保洁人员，负责安置点居民生活垃圾的清扫清运，确保生态移民安置点生活垃圾定点存放、统一收集、定时清理、集中处置。

最后，实施安置点绿化工程。修建公园和各类公共绿地，做好住宅小区绿化。绿化工程坚持适地适树，同步开展安置点公共绿地、庭院绿化美化和周边沟、渠、路的林网建设与新居建设。结合小城镇建设示范点契机，将安置点打造成精品示范点，构筑生态绿色长廊。

二 完善配套设施

为移民提供符合质量标准的住房以及相对完善的其他基础设施，是生态移民"搬得出，稳得住"的前提条件。

（一）保障移民住房

生态移民工程的实质性工作就是生态移民住房建设。移民搬迁至城镇后，也应享有城镇居民所享有的住房保障等权益。从贵州省生态移民安置点的调研情况来看，各安置点移民的住房面积、质量与居住环境等差异较大，甚至有部分移民在搬迁后居住条件有所下降。因此，应根据移民家庭人口规模，设计和建设不同面积标准的住房。

按照统一规划、集中安置的原则，将生态移民住房建设与新型城镇化相结合。移民住房建设应整体符合城镇布局规划，突出城镇地方特色或少数民族文化特色，避免"千镇一面"，增强生态移民新村和城镇集聚功能。

采取政府统建或者开发商建设回购的方式建设移民住房。在住房建设过程中，各职能部门要严格按照建设标准加强质量监管，保证生态移民住房建设符合规划设计、材料合格、结构安全且质量可靠。

针对搬迁农户的贫困程度，建立差别化的住房资金补助标准与住房建设标准，同时鼓励生态移民采取投亲靠友、异地购房的方式实现自主搬迁。探索生态移民住房与城镇保障性住房建设深度融合的方式，通过政策叠加效应集约建设，推进生态移民住房建设，解决住房建设资金投入不足的问题，减轻贫困移民建房自筹资金的压力，杜绝因迁致贫返贫现象。

（二）完善基础设施

城镇集中安置生态移民，需坚持安置点基础设施建设与移民住房建设同步或先行，完善城镇功能，预留发展空间。

将安置点基础设施建设纳入城镇建设规划，依托城镇已有的基础设施，在安置点按照"统一规划设计、统一建设标准"的原则，新建或改建供水、供电、道路、通信、广播、污水处理、垃圾收运站等基础设施，并根据需要建设学校、医院、农贸市场、便民商业网点、文化娱乐等配套设施。建设规模参照安置点规模大小而定，以满足移民用水、用电、出行、就医、就学、购物等与日常生产生活密切相关的基本需要为目的。

移民安置点一些投资规模较大、涉及范围广的基础设施建设，要严格按照基本建设工程进行管理。一些对技术要求相对较低，如供水、供电、道路等基础设施建设，可优先考虑组织移民参加，以增加其劳动报酬。有关职能部门要严格监督移民安置点基础设施建设进度和质量。

安置点的基础设施建设投入大，势必增加地方财政负担。针对资金不足的问题，在条件较好的城镇，可根据城镇各类基础设施的不同性质，在政府调控下探索 PPP 等市场化运作模式，引导社会资本投向新型城镇化基础设施建设。

三　发展生态产业

依托城镇安置生态移民，要求城镇要有产业支撑，才能解决移民后续发展问题。新型城镇化建设的全过程要求融入生态文明理念，意味着建设的城镇是一个可持续发展、环境友好、"宜居、宜业、宜游"的生态城镇。生态城镇的核心是打造生态产业，形成完备的生态产业体系，加快发展生态农业、生态工业和生态现代服务业，创造大量就业机会，化解生态移民进入城镇的失业风险。

（一）发展生态农业

发展生态农业，加快农业现代化不仅是推进新型城镇化的重要保障，也是安置生态移民就业的重要途径。生态农业是在传统农业基础上，对常规模式的辩证否定，兼顾经济和环境的协调发展，是注重社会—经济—自然复合生态整体效益的一种全新发展路径①。

新型城镇化建设中，应积极探索生态农业发展路径，在有条件的城郊打造现代高效农业园区，发挥农业园区作为吸纳生态移民就业的重要载体。园区要按照"高产、优质、高效、生态、安全"的要求，发展有机、无公害、绿色农产品等生态农业，实现传统农业向都市型现代农业转型。同时，建设以重点企业为龙头、农户家庭经营为基础、专业合作社为纽带、社会化服务为支撑的立体式复合型现代新型农业经营体系，打造农产品电子商务平台，建设电商综合服务网点，拓展生态农产品销售渠道。

（二）发展生态工业

欧美发达国家城镇化成功的经验表明：城镇化只有在工业得以充分发展的基础上才具有意义，人民的生活质量才能得到改善。② 由此可见，新型工业化是推动新型城镇化的主要动力。

生态工业是新型工业化的重要方向，城镇需发展生态工业解决生态移民的就业问题。需要注意的是，生态工业的选择要考虑对劳动力就业的吸纳能力，不能一味地追求技术高端化，应根据资源环境承载能力、要素禀赋和比较优势选择优先发展的生态工业。

小城镇作为联系大城市和农村的纽带，要为农村农牧业资源提供再加工和再利用的渠道，发展特色农畜产品加工业和农业废弃物资源绿色加工业等"以农为本"的生态工业。在能矿资源丰富的地区，可

---

① 李森：《社会主义新农村建设的模式初探》，《农村金融研究》2010 年第 4 期。
② 潘铮铮：《农村城镇化产业发展与选择研究》，硕士学位论文，天津师范大学，2014 年，第 57 页。

以通过开发和引进无污染或少污染的新技术、新项目，推进清洁生产，减少"三废"排放，加强工业资源节约和环境保护，发展循环型工业、绿色工业。在生态工业园区建立生态工业链，引导工业企业入驻园区，实现集群式发展。通过生态工业园区的示范效应，引导、辐射、改造传统产业，加速工业生态系统进化和演替，拓展就业空间。

（三）发展生态服务业

生态服务业即是以生态文明理念为指导思想，以保护资源环境为前提，在对当地资源进行合理开发的前提下发展起来的服务业。①

随着新型城镇化的不断推进，城镇居民及生产性部门对以生态服务业为主的第三产业的需求也会与日俱增。许多发达国家，服务业一直是吸纳就业能力最强的产业。在生态服务业的选择上，不仅要有利于节约资源和改善生态环境质量，而且要在吸纳生态移民就业上做出较大贡献。

目前，中国大多数城镇的生态服务业发展水平与新型城镇化建设不相适应，产业规模偏小、发展水平偏低、吸纳就业比重较小，无法满足劳动力就业的需要。生态移民依托城镇安置对城镇生态服务业的发展提出了更高要求，新型城镇化应将持续型的生态服务业作为增强吸纳劳动力转移能力的主要途径，引导生态型生产性服务业在中心城镇、产业园区集聚，积极发展生态型的生活性现代服务业并提升其水平。生态服务业涵盖范围较广泛，具体业态主要包括现代物流业、信息服务业、金融保险业、现代会展业、中介服务业、文教卫生、商贸流通、旅游休闲、娱乐健身、餐饮住宿、交通运输、市政服务等，其中不乏有一些对劳动力素质技能要求不高的行业，可以作为安置移民就业的主要渠道。

四　引导就业创业

移民搬迁到城镇后，能否顺利实现就业是衡量其可持续发展能力的重要依据。城镇安置点没有可供分配给移民的土地，一些移民年龄

---

① 李仙娥、李倩：《秦巴集中连片特困地区的贫困特征和生态保护与减贫互动模式探析》，《农业现代化研究》2013 年第 4 期。

偏大、自身素质低下、发展能力弱，缺乏脱贫致富的技能，集中安置使城镇就业竞争激烈，移民难以获得就业机会。加上离原承包土地距离较远不方便耕种打理，部分移民不得不放弃农业生产，面临失业的困境，可能会导致可持续发展能力下降。政府部门应出台支持生态移民就业创业的政策，采取"产业园区吸纳一部分、劳务输出转移一部分、自主创业带动一部分、公益性岗位兜底一部分"多管齐下的措施，广泛地拓宽移民的就业渠道。

（一）鼓励产业园区吸纳移民

产业园区往往基于一定的产业基础，通过引导产业集聚集群，为新型城镇化建设提供产业基础支撑，提升城镇产业功能。产业园区的就业岗位相对较多且可以作为创业平台，因此，可以将城镇产业园区作为吸纳生态移民就业创业的主渠道。

政府要主动对接产业园区，加强与产业园区内企业的沟通联系，以园区企业用工需求为导向，组织移民参加职业技能培训，鼓励园区企业在招工时优先聘用生态移民，与园区企业签订用工合作协议，积极引导移民就近在城镇农业园区或工业园区尽快实现就业。对于吸纳一定比例生态移民稳定就业的园区企业，实行税收优惠政策，适当减免企业税收。引导园区以就业为导向，重点发展劳动密集型产业，把产业园区建成生态移民就业创业的基地。

（二）组织移民劳务输出

实施生态移民工程使得大量的农村贫困人口涌入城镇，在城镇就业岗位有限的前提下，将增大城镇就业压力。有计划、有秩序地组织生态移民劳务输出，是帮助移民在短期内脱贫致富的重要措施之一。积极发挥政府引导作用，形成劳务输出中介机构、劳务输出机构和各类民间劳务服务组织积极参与的劳务输出产业链，提高移民劳务输出的有序化、组织化程度。

首先，建立生态移民家庭成员信息档案。统计移民家庭中待劳务输出人员的文化程度和技能状况，以及移民群体待劳务输出人员的整体结构和规模等。

其次，建设高效劳务市场信息网络。通过电视、广播、网络、报纸等各种媒介及时发布全国各地劳动力市场供求信息，实现信息共享，让移民获取最新、最完备的市场就业信息，改变移民单纯依靠血缘、地缘等关系自发实现劳务输出的传统方式。

再次，建立劳务输出信息反馈系统。掌握移民外出务工状况，做好移民后期跟踪服务工作，健全法律援助和维权体系，为移民做好劳动保护、劳务纠纷等方面的服务。

最后，加强移民职业技术技能培训。建立劳务输出资源信息库，组织定向培训，借助各级政府和培训机构的作用，结合市场劳务需求，提高培训的针对性和实用性。根据移民个体素质差异，按初、中、高多层次分批组织移民参加职业技术技能培训，将移民由简单体力劳动者转化为技术技能型劳动者。

（三）公益性岗位安置移民

公益性岗位是指由政府出资开发，以满足城镇或社区公共管理及居民公共利益为目的的非营利性管理和服务岗位。

城镇公益性岗位主要包括三类：一是社区管理岗位，如交通执勤和市场、环境、物业管理等；二是社区服务岗位，主要包括保安、保洁、绿化、停车场管理、市政养护、保健、托老、托幼服务等；三是社区内单位的后勤岗位，如机关事业单位的门卫、收发、后勤服务等临时用工岗位。

新型城镇化在带来城镇经济繁荣的同时，也对城镇功能完善和公共服务水平提出了更高的要求，意味着将创造出大量新的公益性岗位。考虑部分生态移民家庭实际情况，将就业难度大的"4050"移民人员、"零就业"移民家庭劳动力或的确有就业困难的移民纳入公益性岗位就业人群。通过对移民中的弱势群体提供有针对性的公益性岗位援助，采取政府"兜底"安置的形式，以弥补移民因单纯依赖市场就业所导致的就业不充分问题。

（四）引导移民自主创业

在生态移民群体中，不乏存在一些有自谋职业、自主创业愿望，并且具有创业场所、有一定经济实力、有意向性创业项目或具备其他创业条件的能人，要鼓励和支持他们自主创业。

　　加大对自主创业移民的扶持，设立创业投资专项引导资金，出台创业优惠政策，加大财政全额贴息小额担保贷款扶持力度，解决移民创业资金不足的问题。引导移民依托返乡农民工创业园实现自主创业，移民在各类创业孵化基地孵化经营期间，免收一定年限的相关税费和实行零收费经营，使移民从"想创业"变成"能创业"到实现"创成业"。结合各地产业发展状况，采取一户一策的方法，帮助移民户制订发展规划、选择创业项目，引导和扶持移民发展特色优势产业。

　　建立移民创业培训和创业指导长效机制，建设创业项目库和创业人才库。首先，加强创业咨询专家队伍建设，发挥专家对移民创业的指导作用，积极开发和引进有市场前景、适合不同类型移民创业的项目。其次，建立创业项目资源库，为移民推介创业项目。最后，建立创业人才库，对创业成功的移民，跟踪了解其创业进展及运营情况，提供持续的咨询和服务，并将其经验向其他移民推广，对于实现自主创业并在带动其他移民就业上成效突出的移民给予一定政策优惠或资金奖励。

五　提供公共服务

　　新型城镇化的"新"体现在以人为核心，"新"在人的城镇化。生态移民不同于普通农村劳动力在城乡间暂时性流动，他们搬迁到城镇后，如果没有返迁的愿望则意味着是永久性的迁移。生态移民能否顺利实现生产生活方式的转型，很大程度上取决于是否与城镇户籍人口同等享有均等化的基本公共服务。因此，实现生态移民可持续发展，要为其提供基本公共服务。

（一）保障移民子女教育公平

　　义务教育既是政府行为，也是政府的责任，每个公民都有权利接受公民素质教育和基础文化教育。[①]

　　生态移民自愿搬迁到城镇，很大程度上是为了让子女能接受到更

---

　　① 刘晓玫：《进城农民工随迁子女义务教育问题研究——以广东省深圳市为例》，硕士学位论文，江西农业大学，2013年，第27页。

好的教育。移民子女能否享受教育平等的"市民待遇"直接关系到生态移民的可持续发展。因此，应重视生态移民子女的义务教育，从起点上缩小与城镇其他群体子女之间在接受教育机会上的差距，促进移民子女一代较快融入城镇定居生活。

解决移民子女教育问题是一项系统工程。迁入地政府要对生态移民实施城镇社区属地管理，并与相关部门密切配合，将移民子女教育问题纳入城镇教育发展专项规划，完善较大规模城镇移民安置点的教育硬件和软件设施，并且在教育经费上给予适当倾斜。

以公办学校为主保障移民子女接受义务教育。城镇移民安置点附近的公办学校要建立移民子女就近入学的"绿色通道"制度，简化入学程序，使教育公共服务与户籍制度脱钩。在公办学校教育资源紧缺的情况下，政府应采取向民办学校购买教育服务的方式，使民办学校成为弥补公办教育资源不足的重要力量，让移民子女在普惠性民办学校同样能够接受优质的义务教育。尤其是在推进新型城镇化的过程中，各地要建立生态移民子女教育专项基金，并积极探索教育经费稳定增长机制，使教育资源增长与新型城镇化进程基本同步，保障移民子女入学需求。

针对移民子女中的"两后生"[①]，迁入地政府要重视对其开展职业教育，充分发挥当地职业院校的作用，为其免费提供1—2年职业技术技能培训的机会。

（二）加强移民就业创业培训

教育学研究表明，接受教育再学习是人发展最有效最快捷的路径。[②] 因此，让移民接受再教育培训，有助于提高他们的就业创业能力和职业素质，尽快实现生产生活方式的转变，并顺利转变为城市居民。

由于生态移民文化素质普遍偏低且技能单一，进入非农产业就业

---

① "两后生"是指初中毕业未考入高中、高中毕业未考入大学且尚未实现就业的青年群体。

② 杜萍、杨尚鸿：《农民工城市社会适应性的影响因素探析》，《重庆师范大学学报》（哲学社会科学版）2011年第1期。

存在许多客观制约因素，实现移民就业创业的关键是要对其进行职业技能培训。优先在生态移民相对集中居住的城镇和园区，整合移民安置点各类职业院校、培训机构和吸纳移民就业企业的培训资源，举办职业技能培训班。面向生态移民中有就业创业要求和培训愿望的劳动力，提供多种免费教育和培训项目，开展不同层次的技能培训，使他们掌握初级以上职业技能，并获得职业资格证书和专项职业能力证书，最终提高自我发展能力，适应城镇生存发展的要求。组织移民参加政府公共财政支持的培训项目，使他们掌握一定的基本能力和从业技能。采取政府购买服务的形式，推动职业培训向市场化、社会化、专业化方向发展。通过就业创业技能培训，提高移民素质和就业技能，促进移民就业，为新型城镇化经济社会发展提供强有力的技能人才支持。

（三）提供基本医疗卫生服务

免费为移民提供均等化的基本医疗卫生服务，是移民人人享有基本健康保障权利，在城镇安居和实现可持续发展的前提。

针对生态移民搬迁后面临的健康风险，根据城镇生态移民安置点的布局，合理分配基本医疗卫生服务资源，保证移民能在最短的距离，以最快的速度获得便捷的基本医疗卫生服务，解决移民住院看病的后顾之忧。移民与城镇居民同等享有城镇基本医疗资源，并免费为移民提供健康教育、疾病预防、妇幼保健、计划生育等公共卫生服务，改善移民健康状况，提高移民抵御疾病风险的能力，从根本上解决移民"看病难、看病贵"的困难，杜绝"因病致贫、因病返贫"的现象。

基本医疗卫生项目资金适当向移民社区倾斜，将移民社区卫生站（室）建设纳入城镇卫生事业发展规划。在安置点建立福利性质的卫生站（室），将移民社区卫生站（室）建设纳入专项资金补助计划，便于移民就近就医。加大对移民社区医疗卫生基础设施建设和设备的投入力度，增加基本医疗设备的购置，不断提高移民安置点的基本医疗和公共卫生服务水平，确保移民社区卫生站（室）达标，将特殊困难移民家庭纳入当地医疗救助范围。

（四）促进社会保障均等化

对生态移民实行属地管理，迁入地与迁出地要共同做好生态移民低保摸底调查工作，确保搬迁入住的贫困移民家庭生活有保障，将符合低保条件的移民全部纳入最低生活保障政策享受范围，实现应保尽保、按标施保。

鼓励移民积极参保、连续参保，将未成年移民和未能在城镇实现就业的移民纳入城镇居民基本医疗保险；已经在企业就业的移民则纳入城镇职工基本医疗保险，强化企业为移民交纳城镇职工工伤保险、失业保险、生育保险等的责任，切实维护移民权益。养老保险事关生态移民的终身养老问题，迁入地应加强养老保险政策宣传和引导工作，解决移民的咨询、查询、参保等业务，为移民群众提供方便快捷的服务。迁入地要积极帮助移民做好社会保险关系转移接续工作，将移民搬迁前在农村参加的养老保险和医疗保险等规范接入城镇社保体系，解决移民搬迁后"病有所医、老有所养"的实际问题。

重点实施特殊群体的社会福利服务，对安置点孤儿、孤老、孤残"三孤"人员，以及智障等丧失劳动能力特殊移民群体、优抚群体的基本生活，由当地政府统一集中供养。实施社会救助制度，重点保障移民中低收入群众基本生活，对因临时性、突发性等灾难导致家庭困难，难以维持基本生活的移民户，根据困难程度给予不同标准的临时生活救助。在促进生态移民社会保障均等化中，逐步形成多层次、多形式的社会保障格局，解除移民后顾之忧。

六　创新社区治理

移民社区是一种比较特殊类型的社会存在，因此，对移民社区的治理是实施生态移民工程中面临的一个新问题，无章可循，没有现成的经验可以借鉴，只能不断进行探索和创新。对于刚迁入城镇的移民来说，对环境不熟悉，不能完全依赖其自身能力对社区进行治理。政府要在移民社区治理中发挥引导作用，如果政府对移民社区治理不作为，必然会影响到移民在城镇的可持续发展。因此，迁入地政府必须准确定位其在移民社区治理中的职能，既不能缺位，也不能越位。政府要按照属地管理原则，加强对移民社区的各项社区治理职能，积极探索适应移民特点的服务型社区治理方式。

（一）加强社区组织建设

首先，成立新型移民社区委员会。抓住新型城镇化创新基层社会治理的契机，根据安置点移民规模的大小，依法成立新型移民社区委员会。完善移民社区选举制度，改变政府干预社区居委会选举的方式，赋予移民充分的选举权和被选举权。政府对选举过程进行监督，保证选举过程公平、公正、公开，新型移民社区委员会候选人可以由政府、非政府组织、社区单位的代表以及社区移民代表等组成。新型移民社区委员会严格按照"民主选举、民主决策、民主管理、民主监督"的原则开展社区治理工作，制定好相关自主管理方面的规章和约定，并且及时进行换届，注入新生力量。

其次，成立新型移民社区党组织。坚持以党建引领移民社区治理的思路，在社区设置党组织，根据安置点移民的规模设置党支部，结合党员工作的特殊性，以移民居住楼院为单元设置党小组。在移民中吸纳一些有组织力和影响力的党员参与社区治理，以党建带动工会、共青团、妇联等群团组织建设。移民社区党组织要充分发挥党员的先进模范作用，通过采取"1+1""1+N"的方式对移民群众中的困难户进行结对帮扶，让党组织和党员在社区治理中发挥积极作用。

需要注意的是，实施生态移民的对象有相当一部分是少数民族，在少数民族聚居的移民社区，要将少数民族移民中的能人和寨老吸纳进入社区组织，代表移民行使社区管理事务的参与权、决策权和监督权，保障移民群体的权益。同时，尊重少数民族移民的传统风俗习惯，充分发挥少数民族传统社会组织在社区治理中的作用。

（二）促进移民社区自治

移民参与社区治理及其参与的深度，在很大程度上是移民真正融入社区的重要标志。政府应以法律或制度为保障，建立有效的公众参与途径和平台让移民参与社区事务，政府的主要职责是为其提供指导性服务，采取措施培育移民在城镇社区的主人翁意识。移民只有真正参与社区建设，实现自我治理，才能获得社区归属感和自我认同感。

政府需要营造良好的氛围，引导移民逐渐摈弃依赖思想，形成自治意识，激发其在城镇建设新家园的热情。在赋予移民权利的同时，还要明确移民应该承担的社区义务，增强其社会责任。社区居民代表要针对社区存在的问题，提出有效的解决方案，建立社区居民代表联盟，当某些社区居民代表不能出席时，代替其行使参与社区事务决策和监督权利。严格界定政府权力边界，下放权力，让移民在社区实现自主参与，决策和管理。

（三）引导非政府组织参与

非政府组织在协助居委会对移民社区治理时能发挥有效的作用，从而减轻政府在基层的工作压力，节约行政资源，提高行政效率。非政府组织在凝聚移民主动参与社区治理上具有优势，能促进基层政治与文化的管理。因此，政府要加强对非政府组织的培育、建设和引导。首先，政府需要严格把握非政府组织的进入门槛，明确非政府组织的注册条件、市场进入准则，以及非政府组织在移民社区治理中的义务和责任；其次，针对生态移民群体的特殊性，政府要加大力度，高质量、高标准地培育移民社区非政府组织，并扶持其发展，为非政府组织做好协调、管理和服务等工作；再次，定期组织非政府组织的从业人员进行专业素质培训，提高其业务水平，增强服务意识，提升他们在移民社区治理中的能力；最后，政府加强对非政府组织的监督，建立非政府组织与政府有效联动机制，提高社区治理效率。

（四）重塑移民社会资本

提高移民社区的自治程度，需要重塑移民社会资本。社会资本是以移民为主体的公共资本资源，能够驱动社区所有居民的聚合度，从而为社区自治奠定坚实的基础，实现社区良善治理。[①]

充分发挥社区在推动移民尽快适应城镇社会环境的基础性作用，多渠道帮助移民融入新社区。中国乡土社会普遍存在安土重迁观念，移民群体进入城镇后，在心理上会不同程度地存在复杂感受。生态移民政策在对移民进行物质补偿及生活安置的同时，社区也要关注移民

---

① 朱振华：《城镇化进程中的动迁社区治理研究——以苏州高新区为例》，硕士学位论文，苏州大学，2015年，第35页。

群体的心理和情感诉求，尤其要注意对移民进行心理抚慰。针对移民的心理特征及其影响因素，建立有效的移民心理辅导与疏导机制，帮助他们树立适应城镇新环境的自信心，对自我重新定位。尤其要为移民建立一套有效的社会沟通渠道，加强民族团结教育，使移民与迁入地居民和睦相处，帮助他们建立新的社会关系，让他们融入社区的环境中。

社区要营造有利于民族文化传承和发展的环境，重视少数民族传统文化的保护与开发，促进少数民族生态移民融入新社区。完善安置点的文体设施，建设生态移民社区服务用房和活动场所，满足基本文化教育需要。社区定期或不定期组织移民开展丰富多彩的民族文化活动，并且邀请当地居民参与，既有利于传承民族文化，又能加强移民与安置点居民的融合。同时，通过共同参与民族文化活动，加强移民群体与社区当地居民的互动沟通，增强相互了解和认同。

第五节　战略模式

生态移民要实现可持续发展，必须综合考虑新型城镇化进程中涌现出的各种新型城镇类型及特征，以增强生态移民可持续发展能力和抗风险能力为核心，因地制宜地采取对移民后续发展有较大促进作用的安置模式。本书认为，生态移民与新型城镇化相结合，应重点采取以下七种城镇安置模式。

一　特色旅游型城镇安置模式

特色旅游型城镇安置模式，是指在特色旅游发展状况较好或具有较大发展潜力的城镇，由政府将移民安置在旅游业相关岗位就业，或者引导移民利用特色旅游发展所带来的就业机会，通过发展交通运输、住宿、餐饮、娱乐、旅游商品生产经营等相关产业，逐渐实现脱贫致富的一种安置模式。

中国当前正处在新型城镇化建设的"黄金时期"，随着新型城镇化的不断推进，城镇非农业人口不断增加，人民的生活方式、思维方

式和消费观念等也相应地发生变化，旅游需求持续旺盛，为旅游业的
发展提供了充足的劳动力和稳定的客源市场。旅游业具有强大的产业
关联效应，吸纳劳动力就业潜力巨大。据世界旅游组织统计，旅游部
门每增加1元直接收入，其他相关行业则会增加4.3元收入，旅游部
门每增加1个就业人员，则为社会创造5个就业机会。[①] 可见，旅游
业的关联效应有利于增加大量非农就业岗位，对于解决新型城镇化建
设中的移民就业问题能发挥积极作用。

在实施生态移民的中西部地区，拥有丰富的自然旅游资源与人文
旅游资源，具有发展特色旅游的先天优势。众多城镇可以充分挖掘得
天独厚的自然景观、历史文化遗产、风景名胜古迹等旅游资源，发展
自然景观旅游、民族风情旅游、文化旅游、乡村旅游等特色旅游业。
特别是随着新型城镇化进程的加快，城镇高速公路、城铁、轻轨、高
铁等对外交通体系和第三产业服务体系将不断完善，为特色旅游业的
发展创造了良好的发展环境。新型城镇化建设可以采取以特色旅游产
业为核心的产业联动发展方式，提升新型城镇化建设水平，实现整体
快速发展。

特色旅游型城镇安置模式，不仅可以作为安置生态移民的主渠
道，而且通过移民的共同努力，可以进一步突出特色旅游能耗比重
少、资源消耗低、综合效益好的优势，将特色旅游业打造成引领城镇
向"宜居、宜业、宜游"的环境友好型方向发展的支柱产业。

二　工业主导型城镇安置模式

工业主导型城镇安置模式，是指将生态移民安置在一些乡镇企业
较发达且具有一定规模、工业基础较好、能依托工业企业或工业园区
吸纳大量劳动力就业的城镇。工业化是推动新型城镇化的主导因素，
一些城镇将工业兴镇强镇作为社会经济发展战略，培育工业主导产
业，促进工业化与新型城镇化有机结合，使工业成为解决移民就业的
"吸纳器"。

工业主导型城镇的特点是集聚了一定数量的工业企业，并致力于

---

① 王娟：《开办一家农家旅舍》，《农家科技》2011 年第 6 期。

工业园区的开发和利用，城镇以工业园区为载体，主动承接中心城区或其他区域外迁和扩散的工业项目。通过招商引资吸引各类工业企业入驻园区，加快生产要素的集聚，通过主导工业与其他产业相互融合与促进，获得新型城镇发展的集聚效应与规模效应。工业主导型城镇应注重提升产品竞争力、打造品牌，形成产品群以防范市场风险。无论是在工业园区内还是散落在园区外的工业企业，都要形成良性互动的格局，共同打造具有示范效果的生产基地，并与区外开展区域合作和推广产品，充分发挥工业承上启下的作用，以第二产业带动第一产业和第三产业，打造新型工业主导型城镇，为生态移民创造更多就业岗位。

三 生态农业型城镇安置模式

生态农业型城镇安置模式，是指将生态移民安置在自然条件优越、生态环境良好、环境污染轻，具有发展无公害、绿色、有机农产品等生态农业条件的城镇。将移民从传统农业生产者培育成专业化、职业化的农业产业工人，提高劳动生产效率。引导移民劳动力进入生态农业领域或农业园区就业增加收入，提高其生活水平，解决他们就业难的问题。该安置模式能沿袭生态移民习得的农业生产方式，移民适应性较强。

生态农业型城镇应立足地域自然资源禀赋，重点发展具有区域特色、经济效益高的特色种养业。该类型城镇以提升农业产业化经营水平为核心，以农业园区为载体，从第一产业向第二、第三产业延伸，形成产业体系集聚，既有第一产业基地建设，又大力发展第二产业加工业，还拓展了第三产业服务业和种源农业。该安置模式主要依托于以农业资源为主的城镇或适合发展农业的城镇，以及城市远郊农业为主的小城镇。

采取生态农业型城镇安置模式，能获得多重效益：一是有利于巩固农业在国民经济的基础地位，促进农业生产的产业化、规模化、商品化、区域化和标准化；二是移民在发展生态农业中能获得远远高于传统农业的经济效益，有利于尽快脱贫致富；三是生态农业的发展能为工业和服务业提供原材料，围绕农业主导产业形成较为完整的产业链，并得益于城镇相对完善的基础设施和服务优势，实现要素和产业的不断集聚，进而获得规模经济和范围经济，推动新型城镇化的发展；四是生态农业是集约化的生产，能提高资源利用率，减少面源污染，并且建立了食品安全体系，能在很大程度上改善城镇的生态、生产和生活环境。

四　交通枢纽型城镇安置模式

交通枢纽型城镇安置模式，是指将生态移民安置在靠近高速公路、高速铁路、长途客运站、火车站、民用机场、客运港口等交通枢纽的城镇。移民可以依托城镇的区位优势和地缘优势，彻底改变生产生活条件，实现自我发展。

新型城镇化特别强调综合交通运输网络对城镇化格局的支撑和引导作用。随着普通铁路网、快速铁路网、普通国道、国家高速公路网、民用航空网络的不断完善，交通网络对城镇与人口的覆盖面越来越广。在交通沿线诱导大量资本和产业集聚，形成区域经济产业带和经济走廊，催生出一大批独具特色的交通枢纽型城镇。这些城镇得益于交通区位优势，与其他区域之间的区域合作日益频繁，加速了商贸物流等产业的发展，这些产业的关联效应又会带动城镇其他相关产业发展，进而提升整个城镇的经济水平。

交通枢纽型城镇的异军突起，拓展了生态移民的安置空间。这些城镇大多位于公路、铁路、水运、航空等交通要塞，拥有便利的货运和客运条件，集聚扩散效应强。生态移民原居住地自然地理条件恶劣，交通极其不便，将他们安置在交通枢纽型城镇，利用交通运输流、信息流、人口流、物流等多、快、大的优势，引导他们发展运输、物流、工贸、旅游等第二、第三产业，能够有效地解决移民的后续发展问题，同时还能推进新型城镇的建设和发展。

五　商贸流通型城镇安置模式

商贸流通型城镇安置模式，是指将生态移民安置在以商品流通为支柱产业的城镇。该类型城镇能为移民发展商贸流通业提供商贸配套和集聚场所，移民从商贸流通业或其他相关产业的发展中获得稳定的就业机会和经济收入，在新型城镇化建设中获得多样化的消费需求满足，能极大地改善移民的生产生活条件，共享新型城镇成果，彻底摆脱物质和精神上的贫困状态。

商贸流通型城镇依托商贸流通业而兴起，是由传统商品集散地和集市贸易区逐渐发展壮大，自发形成以商品销售为主的城镇，最后在特定的地理区域演变为特色鲜明的商贸流通型城镇。这一类型的城镇基本上具有较好的交通区位优势及经商环境，服务业发展水平较高，并且已经形成小规模市场凝聚力。当地居民通常具有较强的经商意识和丰富的经商经验，能为移民尽快实现生产方式的转变起到较强的示范带动效应。

随着新型城镇化及城乡一体化进程的加快，城乡居民对商品流通的需求也将不断增加，国家扩大消费需求政策的刺激也释放了巨大的消费潜力，直接带动商贸流通业的发展。商贸流通型城镇一般设有贸易市场或专业市场、转运站、客栈、仓库等，移民可以在这些领域就业，推进商贸流通业发展，进而带动城镇产业结构的优化升级，促进第一、第二、第三产业协调发展。

城镇作为城乡流通体系的网络销售重要节点，在为广大生态移民提供了广阔就业空间的同时，也强化了城镇的流通功能。一些具有发展商业贸易潜力的城镇，要放宽市场准入门槛，对从事商贸流通业的移民，采取财政补贴或适当减免税收的方式给予扶持，为繁荣城镇商贸营造良好的氛围。同时，要积极引导城镇物流业、餐饮住宿业、娱乐业等服务行业的持续健康发展，为生态移民创造更多就业机会。

六 资源开发型城镇安置模式

资源开发型城镇安置模式，是指将生态移民安置在以自然资源开发为主要产业的城镇，移民通过进入这些自然资源开发产业就业，获取劳动报酬，实现后续发展。

在中国实施生态移民的中西部地区，能矿资源及环境资源富集、开发潜力大，为中西部发展特色经济及优势产业奠定了资源禀赋基础。一些自然资源较为丰富的城镇，可以通过集聚生产要素，吸引资金、人才和技术，加大对资源的开发力度，发展成为资源开发型城镇，从而带动城镇经济的发展。

资源开发型城镇在吸纳生态移民就业上具有一定优势。根据产业要素使用密集度划分，自然资源开发产业对劳动力的技能总体要求不高，吸纳劳动力强，应归入劳动密集型产业。如在资源开发与加工过程中，资源的开采、装卸、运输、冶炼、加工等基本上属于体力劳动，这些环节可以吸纳大量移民劳动力就业。移民在资源开发型城镇的集聚，在扩大城镇规模的同时，也带动了房地产、娱乐、休闲旅游和餐饮业等第三产业的发展。需要注意的是，自然资源开发对交通运输条件要求较高，中西部自然资源富集的地区大多位于边远地区和内陆山区，距离消费市场较远，如果缺乏必要的交通运输条件，则难以进行大规模的资源开发。因此，加快交通建设是将潜在资源优势转化为现实经济优势的必要前提。资源开发型城镇建设，不能一味地追求经济效益，要以生态文明理念指导自然资源开发，以绿色、循环、低碳为导向发展循环经济，减少对环境的污染与破坏。

七　政治中心型城镇安置模式

政治中心型城镇安置模式，是指将生态移民安置在多产业、多门类、功能较为齐全的政治中心城镇，以谋求更多的就业机会和发展空间。

政治中心型城镇是某地的县（市）城关镇，又称作县城镇，一般都是县委、县政府所在地，即政治中心。该类城镇有较长的发展历史，主要职能定位为政治中心。在城镇发展的早期阶段，其政治中心职能明显强于经济中心职能。政治中心型城镇面积相对较大，骨干企业在此集中，产业门类较多，具备较好的经济发展基础，因此，在小城镇中实力最强。政治中心型城镇凭借完备的基础设施，会逐渐发展成以工商业为主体的城镇，经济职能不断增强，进而衍生了经济中心、商业中心、交通中心、文化中心等多中心职能，发挥着经济、行政和社会中心的作用。该类城镇人口相对集中，发展潜力较大，当聚集一定规模的人口和产业后，对周边地区产业和经济的辐射带动效应会不断增强，对区域发展的空间支撑作用也会越来越大，最终成为区域发展的"增长极"，承担区域中心的社会经济综合服务功能。政治中心型城镇今后的发展方向是逐步向中小城市过渡。[①]

因此，移民进入政治中心型城镇，也将获得较多的就业机会，享受更为公平的公共服务，从而实现可持续发展。

本章小结

本章基于新型城镇化视野，从总体思路、基本原则、战略目标、战略重点和战略模式等方面，构建城镇安置模式下生态移民可持续发展的战略框架。

总体思路以邓小平理论、"三个代表"重要思想和科学发展观为指导，坚持生态移民与新型城镇化相结合，以提升生态移民可持续发展能力为核心，以精准扶贫为导向，以特色产业扶贫为载体，以制度安排和机制设计为保障，以"消除绝对贫困、改善生态环境、推进新型城镇化、实现同步小康"四位一体为战略目标，确保生态移民"搬得出、稳得住、能就业、有保障、奔小康"，到 2020 年彻底摆脱贫困与全国同步进入全面小康社会。

城镇安置模式下生态移民可持续发展的基本原则主要有：一是坚持统筹规划、合理布局原则，编制生态移民专项规划与子规划，在城镇科学布局生态移民安置点；二是坚持政府主导、移民主体原则，政府以强大的财力、组织、人力等行政资源为保障，是生态移民主导者，同时要赋予移民主体地位；三是坚持因地制宜、精准扶持原则，选择适宜的城镇化安置方式，对移民实行因贫困原因施策、因贫困类型施策、因族施策、因点施策的差异化精准扶持政策；四是坚持部门配合、多方参与原则，整合各类资源，统筹各方力量；五是坚持以人为本、持续发展原则，不能以牺牲移民的生产和生活水平为代价，兼顾生态、生产、生活的可持续发展。

---

① 赵长勇：《湖北农村小城镇发展研究》，硕士学位论文，华中农业大学，2004 年，第 39 页。

　　基于新型城镇化视野，城镇安置模式下生态移民可持续发展的战略目标，不仅要达到生态移民政策所期望的最终目的和效果，而且要与国家发展的总体目标相一致。将战略目标定位为"消除绝对贫困、保护生态环境、推进新型城镇化、实现同步小康"四大目标。

　　城镇安置模式下生态移民可持续发展战略重点包括：一是实施生态建设，加强迁出区生态环境恢复与重建，保护好迁入地生态环境；二是完善配套设施，为移民提供符合质量标准的住房以及相对完善的基础设施；三是打造生态产业，加快发展生态农业、生态工业和生态现代服务业，化解移民失业风险；四是引导就业创业，采取"产业园区吸纳一部分、劳务输出转移一部分、自主创业带动一部分、公益性岗位兜底一部分"的措施，拓展移民就业渠道；五是提供公共服务，保障移民子女教育公平，加强移民就业创业培训，提供基本医疗卫生服务，促进社会保障均等化；六是创新社区治理，加强社区组织建设，促进移民社区自治，引导非政府组织参与社区治理，重塑移民社会资本。

　　城镇安置模式下生态移民可持续发展的战略模式，必须综合考虑新型城镇化进程中涌现出的各种新型城镇类型及特征，可主要采取七种城镇安置模式，即特色旅游型城镇安置模式、工业主导型城镇安置模式、生态农业型城镇安置模式、交通枢纽型城镇安置模式、商贸流通型城镇安置模式、资源开发型城镇安置模式和政治中心型城镇安置模式。

第九章 城镇安置模式下生态移民可持续发展制度安排

城镇安置模式下影响生态移民可持续发展能力提高的制约因素，以及移民搬迁后面临的诸多风险，其背后隐藏的深层次原因无不与生态移民政策实施中的制度缺陷有关，从而导致了生态移民后续发展的不可持续问题。生态移民在中国的大规模实施，如何使生态移民真正实现"可持续发展"，必须突破旧制度的约束，改革创新制度，彻底清除制约生态移民可持续发展的制度性障碍，克服制度安排对生态移民这一弱势群体的排斥，在最为有效的制度统一安排下，推进生态移民工程，赋予生态移民平等享有公共资源的权利与参与社会竞争的机会。

第一节 构建法律制度

中国实施生态移民工程，严格意义上说，是在实施西部大开发战略后才全面展开。因实施时间较短，目前还没有统一出台规范生态移民工程的法律法规，在生态移民实施过程中，有许多具体的情况无法可依，生态移民权益得不到有效保障甚至受到侵害。生态移民要在城镇稳定地生活下去，实现可持续发展，需要从法律制度上为妥善解决生态移民的一系列问题提供支撑。因此，系统地构建生态移民法律制度势在必行，有利于促进生态移民工程依法推进，正式步入法制化的轨道。①

一 颁布生态移民法

目前，生态移民上位法缺位，地方缺乏对生态移民立法的参照依据，致使地方性生态移民法律法规的建设也十分滞后。生态移民在中国的大规模实施，要求在国家层面出台用于规范和指导全国各地区实施生态移民工程的《生态移民法》。《生态移民法》的制定既要以生态移民的利益为出发点，又要符合法律本身的内在规定性，统筹兼顾生态移民工程的主客体及各方权益。

《生态移民法》的制定应以《宪法》作为根本依据和指导，即《生态移民法》中所涵盖的内容不能超出《宪法》中有关经济、社会、文化建设等各方面的基本规定，尤其是在界定生态移民权益时，应与《宪法》中规定的公民基本权益相一致。《生态移民法》主要涉及迁出地生态治理与迁入地生态保护、移民安置、生态补偿、移民再就业、移民传统文化传承与保护等。《生态移民法》立足于全局，是用于支持地方性立法的纲领性法律。

二 制定生态移民行政法规

以往在缺乏生态移民基本法律的情况下，均以行政法规来指导生态移民工程的实施。行政法规主要用来规范和调整生态移民社会秩序和关系，其制定应以《生态移民法》为依据，并结合生态移民的实际情况，由国务院制定可操作性较强的生态移民行政法规，主要内容应包括：第一，生态移民搬迁和安置相关行政法规等；第二，宏观调控经济与生态移民社会经济权益保护等行政法规；第三，以解决社会各阶层之间的矛盾为目的，促进社会群体关系、干群关系和地区利益关系和谐的行政法规；第四，解决生态移民群体问题所制定的行政法规。②

---

① 吴纪树：《生态移民若干法律问题初探——以贵州省"扶贫生态移民工程"引入》，《公民与法》（法学版）2013 年第 2 期。

② 辛积山、白廷举：《三江源区生态移民权益保护的法律框架体系》，《青海师范大学学报》（哲学社会科学版）2007 年第 5 期。

三 细化地方性法规和部门政府规章

《生态移民法》与国务院的行政法规中主要是一些概要性的规定，地方政府和人大、国务院相关部门可以在参照《宪法》和《生态移民法》的基础上，吸纳国务院制定的与生态移民相关的各类正式和非正式规范性文件精神，特别是国务院和地方政府制定的生态移民工程实施方案，根据生态移民工程的实际需要，进一步细化与制定地方性法规和部门、政府规章。这些地方性法规和部门、政府规章不仅在操作层面上具有更强的指导作用，而且通常作为实施生态移民过程中产生纠纷的重要裁判依据，在整个生态移民法律体系中起到承上启下的作用。

四 出台其他规范性文件

出台其他规范性文件主要有两个用途：一是使法律、法规和规章更加具体化，增强可操作性；二是填遗补漏。以上各级各类法律、法规、规章等对生态移民的规定难免会有遗漏之处，或者随着时日变迁与现实有一定出入，其他规范性文件则可以在立法上进行初步尝试。

此外，目前有一些村规民约、社区规范等在调整生态移民社会秩序和关系中发挥着积极作用。这些民间规范，特别是少数民族聚居区的规范，甚至有时比国家法律对实际的指导性更强。所以，应关注这些源于社会又服务于社会的规范，为生态移民法律法规的不断完善提供立法素材，保证法律法规的制定根植于实践基础。

第二节 改革户籍制度

改革户籍制度不仅能彻底切断附着在户籍制度背后的诸多利益链条，消除生态移民进入城镇后受到的各种社会排斥和不平等待遇，同时也是形成推进新型城镇化进程制度合力的重要途径，使新型城镇化建设获得更加广阔的空间，实现城乡一体化。

一 推进户籍制度一元化

中国共产党第十八届中央委员会第五次全体会议提出的全面建成

小康社会目标中，明确指出，户籍人口城镇化率是城镇化健康程度的重要标志，要加快提高户籍人口城镇化率。根据国家统计局发布的数据，2015 年，中国常住人口城镇率为 56.1%，但因农业转移人口市民化进程缓慢，户籍人口城镇化率远远滞后于常住人口城镇率，与 2020 年要达到 45% 的目标相去甚远。①

改革户籍制度的落脚点应该是恢复户籍制度的应有之义，即户籍制度的主要功能是突出民事关系证明和人口登记。对户籍制度进行改革并非是完全取消户籍制度，而是不再将户口划分为农村居民农业户口和城镇居民非农业户口两种不同性质的类型，将"二元"户籍制度转变为"一元"户籍制度，对户籍实行统一管理。将具有合法固定住所作为生态移民的基本落户条件，对移民落户实行"零门槛"。改革户籍制度，需要对与之相配套的其他制度进行改革，否则仅靠户籍制度改革独木难支，难以从根本上破除城乡制度二元结构。如在就业、教育、医疗等制度中，要取消实施对象的户口归属地限制等条款，废除移民不能享受公平待遇的"软门槛"，让搬迁至城镇的生态移民在就业、子女入学、参军入伍、社会保障等方面同等享有城镇其他居民的社会福利。户籍制度一元化，能够消除社会对生态移民原有户籍身份的歧视和所遭受的其他不公平待遇，从根本上杜绝生态移民人户分离的现象。

二　解除户籍捆绑利益链

在贵州生态移民安置点调研时发现，城镇安置模式下的生态移民有超过 75% 的移民户并没有将户籍迁入城镇，仍然保留在迁出地，其原因并不是安置点不接纳移民将户籍迁入，而是在户籍背后还牵扯着诸多如土地等生产资料的利益分配问题。搬迁后，有相当部分生态移民缺乏稳定的职业，未来发展具有不确定性，如果移民将户口迁入城镇则意味着要注销原住地户口，同时收回承包的土地。为了不丧失最后的生存保障资源——土地，继续享受国家支农惠农政策，大部分移

---

① 中共中央、国务院印发的《国家新型城镇化规划（2014—2020 年）》指出，2020 年我国户籍人口城镇化率将达到 45% 左右。

民在户籍迁移上顾虑重重，不愿意将户口迁入城镇。

户籍制度还牵涉了如教育制度、劳动就业制度、社会保障制度、医疗制度等各种社会福利。我国现行的二元户籍制度使移民不能享受到与城镇其他居民同等的待遇，成为生态移民融入新环境、实现"人口城镇化"的主要制度性障碍。因此，实施生态移民不仅要彻底打破户籍的二元结构，而且还要剥离其背后的附着利益。[①]

改革户籍制度的根本目的，不是只从形式上取消农业户口和非农业户口两种类型，而是要对户籍制度背后所衍生的整条利益链进行更新。例如，生态移民进入城镇后，不收回其原有土地承包经营权，而且能够继续享受依附在土地上的政府各项支农惠农补贴和退耕还林补助等优惠政策，对自愿退出土地承包权的移民户给予补偿。解除户籍捆绑利益链可以盘活农村土地资源，对耕种条件较好的土地进行重整和利用，较差的土地则退耕还林，促进农村经济与环境协调发展。

第三节　健全就业制度

生态移民能否在城镇谋求就业机会，实现职业身份的转换，是移民对生产方式适应程度以及对城镇融入程度的重要标志。获得就业机会已经不再局限于经济意义上的家庭生计保障，更为重要的是，移民融入城镇就业环境，还能拓展信息来源、重塑社会资本、逐渐形成现代化的生活方式。生态移民的大规模实施，需要健全与之相匹配的就业制度，为加快生态移民市民化营造良好的制度环境。

一　建立"一元化"就业制度

由前述分析可知，生态移民搬迁到城镇后，在所有面临的潜在风险中，失业风险对社会风险的贡献最大，即移民最大的社会风险威胁来自失业。

---

① 钱源：《我国户籍制度改革面临的问题与对策研究》，硕士学位论文，华中师范大学，2015 年，第 21—23 页。

外出务工的移民主要还是通过亲朋好友介绍等非正式就业渠道实现就业，这种非正式就业制度基于传统的亲缘地缘关系网络。移民能否成功就业取决于移民家庭所拥有的社会网络、人际关系等社会资本量的多少，而对于大多数贫困移民来说，一般都缺乏足够的社会资本。因此，这种非正式就业制度只能作为正式就业制度的补充，需要在政府主导下健全"一元化"正式就业制度，为促进生态移民顺利就业提供制度性保障。

新型城镇化的关键是农民市民化。大多数生态移民在城镇进入的是对劳动技能要求较低的行业，缺乏就业稳定性，失业风险大。移民不仅在工资待遇上与城镇职工差距较大，而且用工单位或雇主通常不和他们签订正式的劳动合同，使他们不能享有医疗保险、养老保险和住房公积金等社会福利。移民与城镇职工实际上是"二元"用工制度下的劳动者，造成他们在福利、工资待遇上的两极分化。

目前，中国官方、学术界和媒体所关注的失业、就业和再就业等问题主要针对的也是城镇居民，对生态移民这一特殊群体的失业问题关注度不够，缺乏有效的解决方案，容易造成移民在城镇逐渐被边缘化，产生心理落差，缺乏安全感、归宿感和对市民身份的认同感。因此，在户籍制度"一元化"改革的前提下，同样需要就业制度的"一元化"，废除政策性城乡二元结构的各项创业、就业种种不合理的限制性规定，使移民实现在城镇平等就业。

二　建立生态移民再就业制度

首先，建立就业创业培训制度。对生态移民开展就业创业培训属于公共物品范畴，针对生态移民整体素质技能较低、就业渠道狭窄的情况，应以政府为主导加强对移民的培训。培训内容以尊重移民个人意愿为前提，以市场需求为导向，对年龄、性别、文化层次不同的移民分别设置不同的培训项目，提高培训效果。

其次，建立就业信息沟通制度。目前，中国劳动力市场普遍存在信息不对称现象，如生态移民所掌握的就业信息与政府提供的就业政策信息不对称、生态移民信息与用工单位信息不对称。信息不对称，可能会出现道德风险问题，即用工单位或移民为了最大限度地增进自己的福利，做出损害别人的败德行为。在合同签订前后，还有可能出现逆向选择问题，不利于生态移民的顺利就业和用工单位的正常招工，"民工荒"与"农民就业难"两大现象并存就是最好的证明。因此，政府应疏通劳动力市场供需双方的信息沟通渠道，通过建立专门的劳动力市场管理部门和交易场所，及时整理、更新和发布劳动力市场的供需信息，加快完善信息沟通制度，既能使用工单位掌握生态移民的素质和能力等信息，又使移民掌握用工单位的真实情况及承诺的可信度。

最后，建立就业安置制度。生态移民普遍综合素质较为低下，进入城镇新环境寻求就业岗位时处于劣势，与城镇其他劳动力竞争就业岗位时机会较少。因此，需要政府承担对生态移民进行就业安置的责任，坚持以人为本原则，以促进生态移民可持续发展为根本目的，即移民在城镇能够获得实现稳定就业的能力，收入持续增加、素质技能不断提高、社会资本日益丰裕、抵御风险能力增强等。政府在安置移民就业时，要以加强对移民的技能培训和风险意识教育为前提，待他们具有一定适应市场的能力后，再运用制度性手段将他们安置在合适的就业岗位，持之以恒地解决生态移民的就业难题。

通过生态移民就业创业培训制度、就业信息沟通制度和就业安置制度的有机组合、相互补充，形成制度的叠加效应，帮助移民尽快实现就业。

第四节　创新金融制度

资金短缺是制约生态移民后续发展的最大"瓶颈"。因生态移民大多数来自生态环境脆弱、生产生活条件恶劣、贫困程度深的地区，贫困移民规模大、比例高，家庭现金收入与积蓄十分有限，承贷能力弱。因此，生态移民能否及时获得正规金融机构或非正规金融机构的信贷支持，对他们在城镇实现可持续发展至关重要。这就需要创新金融制度，运用货币政策工具，合理测算生态移民安置点的实际资金需求，向移民提供多样化的金融产品和服务，增加生态移民金融资本的积累，并实现人力资本与金融资本有机整合，提高其运用资产组合寻找就业机会的能力。

一　移民大众金融支持

移民家庭的金融资产主要由现金收入、存款及信贷资金构成。搬迁后，移民除需自筹部分安置房资金外，还要置办生活必需品和耐用消费品等，开支较大。在生态移民中，即便有少数经济条件较好的移民户，也将仅有的现金收入和存款全部用于安置房建设的自筹资金。对于大多数贫困移民而言，在申请金融机构贷款时，通常缺乏足值的抵押标的和有效的担保形式，普遍面临抵押难和担保难问题，容易被正规金融机构拒之门外。贫困移民安置房自筹资金的不足部分，不得不依赖于向非正规金融机构和亲朋好友借款，甚至有些移民户只能借民间高利贷，融资成本高，极易陷入贫困恶性循环之中，严重影响其在安置点的后续发展。尤其是移民搬迁到城镇后，生产方式的改变可能会使其收入主要来源渠道发生变化，收入不确定性增加，债务风险不断加大，需要对移民大众提供金融支持。

首先，向移民户提供小额贷款。生态移民进入城镇后，在过渡期内面临着后续生产和生活问题。金融机构要主动对接实施生态移民工程地区的扶贫主管部门，参与生态移民项目扶贫贴息贷款的招投标，通过向移民发放扶贫贴息贷款，提升移民金融资本水平，增强移民可持续发展能力。金融机构应向移民户推广3—5户联保贷款和小额信用贷款，满足移民发展小型生产经营项目和解决生活问题的资金需求，尤其是针对弱势群体设计出适合他们需求且风险较低的金融服务。鼓励发展吸收社会资金投资的小额贷款公司，适当降低小额贷款公司的准入门槛，引导民间资本规范回流，遏制民间非法借贷，向自主就业创业移民发放贷款，充分发挥小额贷款在带动移民就业创业方面的积极作用。

其次，扩大移民贷款抵押担保方式。随着国家开展农村承包土地的经营权和农民住房财产抵押贷款的试点①，移民土地资源逐渐资产化，移民拥有了合法的融资抵押物。基于以上政策环境，金融机构应对移民开展土地承包经营权、林权、房屋、宅基地等使用权抵押贷款业务。此外，金融机构还可以尝试开发新的金融产品，如移民在原住地享受的退耕还林（还草）政策补助资金、在迁入地享受的财政直补资金等都可以作为质押贷款的标的物。

二　小微企业金融支持

对于素质较高、能力较强、有发展小微企业实现自主创业愿望的移民，金融机构要关注他们的资金需求，合理调整信贷资金结构，主动向其提供金融服务。在继续落实已出台的支持中小企业发展的信贷扶持措施的前提下，对移民小微企业贷款进行倾斜，优先安排贷款并扩大规模。尤其是对一些由移民自主创办，并且对其他移民就业吸纳能力较强的劳动密集型小微企业，金融机构可以采取小额担保贷款的形式，加大对其信贷扶持力度。同时，创新生态移民创办小微企业的担保方式，开发新的金融产品，不断扩大小微企业贷款抵押担保物范围，例如，小微企业的应收账款、贸易链、供应链、股权等，都可以作为向金融机构融资和质押的标的。

三　特殊移民金融支持

对已在城镇务工的生态移民，金融机构要对他们开展信用评价并提供特色化的银行卡服务，为他们能稳定地在第二、第三产业就业创造良好的信用信息环境。对于就业困难的移民，要协同人力资源和社会保障部门，在帮助移民选择创业项目的基础上，为其提供小额担保贷款，促进移民就业。为移民妇女设立专项贷款基金，鼓励她们就业创业，探索残疾人移民扶贫开发政策与各项金融政策有效衔接机制，使金融服务最大范围覆盖生态移民中的农民工、妇女和残疾人等特殊群体。

---

① 2015 年 8 月 24 日，国务院公布的《关于开展农村承包土地的经营权和农民住房财产权抵押贷款试点的指导意见》明确规定：坚持依法有序、自主自愿、稳妥推进、风险可控的原则，按照所有权、承包权、经营权三权分置和经营权流转有关要求，开展农村承包土地的经营权和农民住房财产权抵押贷款试点。

此外，赋予非正规金融机构的合法地位，充分发挥非正规金融机构在生态移民金融支持中的积极作用，弥补因正规金融资源有限而不能满足生态移民多样化的金融需求与服务的缺陷。为了防范生态移民信贷风险，可以将政府各部门的扶贫补贴资金有效整合、统筹使用，建立生态移民小额贷款担保基金和风险补偿基金，在一定程度上分担金融机构的风险，充分发挥财政杠杆"四两拨千斤"的撬动效应，引导金融机构积极开展对生态移民的金融服务。

第五节　完善社会保障制度

生态移民搬迁到城镇后，会面临失业、疾病、养老、社会组织结构解体、边缘化等多重潜在风险，如果移民不能顺利实现生产生活方式的转型，平稳渡过风险期，则无法实现"稳得住"的目标，可能成为城镇中的相对弱势群体。应加快构建"以社会保险、社会救助、社会福利为基础，以失业保障、基本养老、基本医疗、最低生活保障制度为重点，以慈善事业、商业保险为补充"的社会保障制度[①]，为生态移民筑牢最后一道"安全网"。

一　探索移民失业保障制度

部分生态移民进入城镇后，在过渡期甚至相当长的一段时间内很可能找不到工作机会。移民搬迁后生存受到威胁时，如果缺乏对这部分移民的有效保障，很可能成为社会不稳定的因素。

目前，中国针对生态移民的失业保障制度安排尚属空白，十分有必要将移民纳入城镇居民失业保障的范围，避免因移民失业所引发的社会动荡问题。失业保险是国家立法强制实行的，对参加社会保险劳动者由于非本人原因失业，致使经济收入暂时中断而失去维持生计来源，在法定时间内补贴其因失业而损失的部分经济收入，从而保障其

---

① 余小东：《宁夏生态移民区低保制度优化研究》，硕士学位论文，兰州大学，2013年，第14页。

基本生活的失业保障制度。必须通过立法的形式健全生态移民失业保险制度，将生态移民纳入失业保险的对象，以法律规范明确生态移民失业保险基金的筹集与管理等，使移民能够享受与城镇居民同等的失业保障。

二　健全移民养老保险制度

养老保险制度以保障生态移民中年龄较大人群的基本生活为目的。养老是移民搬迁后比较担忧的问题，应将符合条件的移民纳入城镇居民养老保险的参保范围，给予年老移民养老保障。

目前，生态移民搬迁后养老保险参保率低，养老问题主要依靠家庭养老解决，这种传统方式存在一定风险。移民搬迁到城镇后，政府部门应加大对养老保险的宣传力度，让移民转变观念，积极参加城镇居民养老保险，提高移民养老保险参保率。养老保险资金由政府和移民共同出资，采取个人、政府筹资相结合的方式。在出资比例上，考虑移民搬迁后的实际情况，在过渡期应提高政府补贴资金，以政府补贴为主，移民缴费为辅；待移民平稳过渡、家庭经济状况逐渐好转后，再逐步提高移民个人缴费比例，将筹资比例转变为以移民个人缴费为主、政府补贴为辅。

三　建立移民医疗保障制度

生态移民搬迁后，不能再将土地作为主要的生产资料，同时又面临着失业风险，移民在抵御疾病风险上的能力较弱，极易造成因病返贫。在这种情况下，为他们建立医疗保障制度，对于改善移民健康水平，提高人力资本质量有着重要意义。

政府要加大对生态移民城镇安置点的医疗基础设施投入，改善硬件条件，配备业务素质较高的医疗人员，建立覆盖安置点的医疗保障网络。降低或取消移民参加医疗保险的"门槛费"，根据生态移民在城镇的就业状况，将其全部纳入城镇职工社会保险体系或城镇居民医疗保险体系。鼓励移民购买商业大病保险，逐渐形成多元化医疗保险补充体系，减轻国家在移民重特大疾病高额医疗费用上过重的负担，最大限度降低生态移民的健康风险，使移民真正实现向城镇的迁移。

四　完善最低生活保障制度

生态移民实施对象以农村贫困人口为主，移民搬迁到城镇后，原有的生产生活方式受到较大冲击，在生活上极有可能遭遇困境，当生活水平低于城镇最低生活保障线时，理应纳入城镇居民最低生活保障范围。最低生活保障标准要根据物价上涨的趋势动态调整，逐步提高保障水平。为了使移民"应保尽保"，应在安置点实施低保移民户代表表决制度，从操作层面增加低保申请审核程序的透明度，建立科学、动态的"进出"机制，定期掌握移民户经济状况。对于经过一段时间的扶持，生活水平已高于城镇最低生活保障线的移民户要"应退尽退"，将低于低保线的贫困移民户及时纳入低保，使低保制度最大限度地覆盖真正贫困的移民户。

五　构建其他社会保障制度

其他社会保障制度主要包括社会救助、社会福利、社会优抚等制度。社会救助主要采取粮食救助或医疗救助的方式，对因遭受严重自然灾害或重大疾病陷入贫困的特殊困难移民户进行临时救助或资助；社会福利制度主要针对残疾移民、高龄移民等特殊人群，通过社会补贴或社会服务的形式对他们提供帮助，使其能达到相应的生活水平；社会优抚通常采取资助移民子女上学、安置移民就业、扶持移民自主创业等措施。此外，还有一些由国家和社会设立或倡导设立的如移民社会互助保障、个人储蓄积累保障以及政策性保障等也可以作为生态移民社会保障制度的一部分。[①]

生态移民是一项民生工程，社会保障制度作为广大群众的"安全网"、社会运行的"稳定器"和收入分配的"调节器"，不仅是生态移民可持续发展的重要保障，也是新型城镇化建设的重点内容。因此，进一步完善社会保障制度，实现城镇居民社会保障制度对生态移民的全覆盖，化解移民在城镇所面临的风险，通过多层次的社会保障使移民群体在城镇能够真正享有"弱有所帮、老有所养、病有所医、

---

① 李生：《当代中国生态移民战略研究——以内蒙古草原生态移民为例》，博士学位论文，吉林大学，2012 年，第 124 页。

少有所学、贫有所济"的社会保障权利。

本章小结

城镇安置模式下影响生态移民可持续发展能力提高的制约因素，以及移民搬迁后所面临的诸多风险，其背后隐藏的深层次原因无不与生态移民政策实施中的制度缺陷有关。因此，必须彻底清除制约生态移民可持续发展的制度性障碍，在最为有效的制度安排下，推进生态移民工程，赋予移民平等参与社会竞争的机会。

第一，构建法律制度。在国家层面颁布《生态移民法》作为支持地方性立法的纲领性法律，用于规范和指导全国各地区生态移民工程的实施；国务院制定可操作性较强的生态移民行政法规，规范和调整生态移民社会秩序及关系；以国务院制定的生态移民各类正式和非正式规范性文件为依据，细化和制定地方性法规及部门、政府规章；出台其他规范性文件，增强法律、法规和规章的可操作性并填遗补漏；充分发挥村规民约、社区规范等在生态移民中的作用。

第二，改革户籍制度。实行"一元化"户籍制度，将具有合法固定住所作为生态移民的基本落户条件，改革与户籍制度相配套的就业、教育、医疗等制度，废除移民不能享受公平待遇的"软门槛"，从根本上杜绝生态移民人户分离的现象；对户籍制度背后所衍生的整条利益链进行更新，消除社会对生态移民原有户籍身份的歧视，盘活农村土地资源。

第三，健全就业制度。实行就业制度"一元化"，废除政策性城乡二元结构的各项创业、就业种种不合理的限制性规定，实现移民在城镇平等就业；建立以就业创业培训制度、就业信息沟通制度、就业安置制度为主要内容的生态移民再就业制度。通过多项制度有机组合、相互补充，形成制度的叠加效应，运用制度性手段将移民安置在合适的就业岗位，持续解决生态移民的就业难题。

第四，创新金融制度。向移民大众提供金融支持，发放扶贫贴息贷款，推广 3—5 户联保贷款和小额信用贷款，扩大移民贷款抵押担保方式，开展移民土地承包经营权、林权、房屋、宅基地等使用权抵押贷款业务；对有发展小微企业实现自主创业愿望的移民，金融机构要向其提供金融服务，扩大小微企业贷款抵押担保物范围；加大对特殊移民的金融支持，使金融服务最大范围覆盖生态移民中的农民工、妇女和残疾人等特殊群体。此外，赋予非正规金融机构的合法地位，充分发挥其在生态移民金融支持中的积极作用。

第五，完善社保制度。将移民纳入城镇居民失业保障范围，健全生态移民失业保险制度，以法律规范明确生态移民失业保险基金的筹集与管理；建立养老保险制度，将符合条件的移民纳入城镇居民养老保险的参保范围，养老保险资金采取个人、政府筹资相结合的方式；将生态移民全部纳入城镇职工社会保险体系和城镇居民医疗保险体系，最大限度地降低生态移民的健康风险；将低于城镇最低生活保障线的贫困移民户及时纳入城镇低保，对移民实行"应保尽保、应退尽退"动态管理。此外，还需要建立社会救助、社会福利、社会优抚等其他社会保障制度。

第十章　城镇安置模式下生态移民
可持续发展机制设计

城镇安置模式下生态移民要实现可持续发展，需要以运行顺畅的机制为保障。设计"有效率"的机制，不仅能激励扶贫主体做出科学的决策，提高生态移民瞄准精度和扶贫资源配置效率，同时又能最大限度地激发移民的主体意识，增强脱贫主动性，从被动扶贫受益者转变为主动脱贫决策者，从而使生态移民实际获得的利益与生态移民政策制定者期望达到的目标相一致。

第一节　监督评估机制

加强对生态移民工程项目的监督评估，是保障生态移民可持续发展不可或缺的环节。生态移民政策旨在实现人与自然和谐发展和促进移民减贫消贫，是一项规模庞大、历时久的民生工程，涉及多个部门，每个部门都承担着特定的职责。生态移民政策在执行中是否达到了预期效果，需要通过建立监督评估机制进行考察。

一　完善监督机制

生态移民监督机制，是指监督主体在相应的法律、法规及制度框架下，对生态移民政策执行情况进行全程全方位监视和督促的行为。[1]

现行监督机制下，政府部门和领导对生态移民的相关决策基本上

---

[1] 张淼：《生态移民工程中的公共服务体系建设——以同心县生态移民项目为中心的考察》，硕士学位论文，中央民族大学，2010年，第39页。

处于无风险或低风险的状态，如果在实施生态移民过程中缺乏有效的监督机制，可能会出现政策执行力度不够和权力寻租行为，对生态移民的利益造成损害，进而影响生态移民的可持续发展。所以，需要建立内外监督机制，减少政府和领导的寻租机会和腐败行为，维护生态移民切身利益。

首先，建立独立的内部监督机制。目前，生态移民行政机关内部监督机制具有双重性特征，监督主体同时受上级机构和同级党委和政府的领导，并且监督主客体同处于一个组织单元，在很大程度上降低了监督的有效性和客观性。所以，必须建立垂直领导体制，设置专门的监督部门，充分保证内部监督机构的独立性，提高监督效率。落实责任追究制度及领导问责制，对生态移民工程实施过程中所出现的违反政策较轻行为，进行批评并采取纠正措施；由于决策失误，对迁出区和迁入区的生态环境、经济发展和社会稳定等造成严重不良后果的，予以行政或法律处罚。监督的重点内容主要包括：生态移民规划和方案的编制情况、招投标活动的进行、项目审批和建设程序、工程建设进度、资金管理和使用、项目建设质量和效果、移民自筹资金的收缴、生态移民土地、住房、户籍、教育、财税、就业、社会保障等各项政策的宣传和落实。

其次，建立外部监督机制。形成以公众为基础的非官方监督机制，监督主体可以是各类社会组织、新闻媒体、群众团体和公民个人等，通过采取建议、批评、控告、检举等方式对实施生态移民政策的行政主体行使社会监督。但是，目前中国宪法中对社会监督的规定还停留在原则性层面，对一些具体的规定尚不明确，要使社会外部监督机制真正发挥作用，需要进一步完善相关法律制度，明确社会监督的内容、方式、范围和程序等，让社会充分行使监督权力，并有法可依。

通过有效的内外部监督机制，保证生态移民政策执行不偏离其初衷，防止生态移民政策宗旨发生异化，提高政策实施效率，稳定有序地推进生态移民工程的实施。

二 健全评估机制

在建立了全程全方位监督机制的基础上，还需要对生态移民工程所涉及项目的实施情况进行全面系统、客观公正的评估。为了保证评估结果的客观性，应以政府和生态移民利益相关主体之外的第三方，如非政府组织、高校科研院所、咨询公司、民主党派等为评估主体开展独立评估。

生态移民工程评估通常有三种方法：一是访谈法。对生态移民相关利益主体，如生态移民、负责组织实施生态移民工程的部门进行访谈，了解生态移民的实施效果，在此基础上开展评估。二是实物法。对生态移民工程以实物形式表现的建设成果，如安置房面积和质量、基础设施完善程度等进行评估。三是文本法。对生态移民工程出台的文件及配套政策进行研究，深入分析其中的优点与不足之处。以上三种方法可以同时运用于评估工作中。

生态移民工程评估环节包括事前、事中和事后全过程的评估，需要建立项目论证制度、工程检查验收制度和项目效果评估制度进行全方位的评估，以保证生态移民政策的最佳效果。

首先，成立专门的生态移民项目评估小组，对项目可行性开展前期论证，如迁出地的选择是否符合生态移民政策重点实施范围、迁入地是否具有接纳生态移民的潜力、安置方式是否有利于移民后续发展等都需要进行科学的论证。

其次，对生态移民工程的实施过程进行定期或不定期检查，完工后组织验收，以保证工程质量符合标准。

最后，在生态移民工程结束后或移民搬迁后的一段时期内，要对项目实施效果运用科学方法进行评估，评估内容主要包括三方面：一是生态移民政策认同度。是指以生态移民为主体的受益者对该政策的理解程度和满意度，对政策环节和执行效果的认识等，以受益者的自我报告数据为基础。二是生态移民政策的改造力。是指对生态移民等受益者基本生产生活条件的改善程度，如迁入地基础设施完善情况、移民能否适应城镇新的生产方式和利用城镇的资源、政府是否对移民的后续发展采取有效措施等。三是生态移民政策的影响力。考察生态移民政策是否发挥了较强的衍射效应，主要体现在对推进新型城镇化进程、增进民族团结、恢复与改善生态环境、重新整合人力资本等是否具有积极作用。

各个环节的评估结果应及时公示，做到公开透明。通过建立评估机制，全面客观公正地评估生态移民工程是否取得了预期的生态、经济和社会效益，并与各级各部门目标考核挂钩，切实保障生态移民群体利益，有序推进生态移民工作，促进生态移民和城镇的可持续发展。

第二节　信息传递机制

机制设计理论强调，所有机制的顺畅运行都依赖于信息传递，但是，在信息甄选和信息传递过程中会发生相应成本。机制设计者总是力求能以最小的成本，实现预期目标，在参与机制的各个主体间，要尽可能地采用维数较小的方式来传递信息，不仅能降低信息传递成本，还能提高信息传递效率。生态移民信息传递机制包括纵向传递机制和横向传递机制，需要整合反贫困多方资源，创新生态移民纵向传递机制和加强横向传递机制建设，使横向传递的快速性与纵向传递的广覆盖、长期性相得益彰。

一　创新纵向传递机制

在生态移民实施过程中必须创新纵向传递机制，从根本上消除纵向传递机制政出多门、条块分割、职责不清、各行其是、互相推诿的弊端。

（一）明确政府在实施生态移民工程中的责任

政府部门负责制定生态移民的法律、法规和规章等，出台生态移民配套政策措施，建立联席会议制度，及时解决生态移民实施过程中出现的重大问题；编制生态移民专项规划和实施方案，定期进行项目督查、负责项目验收；组织第三方对生态移民实施效果开展监测评估，监督移民后期扶持政策落实情况、资金及物资是否按时足额到位。

（二）建立有效的权力制衡机制

孟德斯鸠认为，当人们拥有了权力时，就会出现滥用权力的现象。因此，要避免权力过度集中，将权力分散掌握在不同的机构与人的手中，"一切有权力的人都容易滥用权力……要防止滥用权力，就必须以权力约束权力"。① 生态移民工程实施过程中要在一级政府内部引入行政管理体制的"小三权分离"模式，即决策权、执行权和监督权三权分离，由不同的部门独立行使，从而形成同一权力体系内部相互制衡的权力结构。同时，要保证各部门在行使权力时相互协调，有效防止扶贫资源配置中所产生的腐败行为，实现生态移民决策科学化、执行高效化和监督刚性化。

（三）理顺中央与地方之间的关系

下级机构要与上级机构层层签订生态移民目标责任书，不仅能规避生态移民资金和项目容易受地方政府行政干预的问题，而且有利于生态移民信息纵向传递渠道的畅通，降低信息传递成本，使地方能按质保量地完成生态移民搬迁、安置点建设、后续发展等各环节的任务。

（四）建立与精准扶贫战略相适应的考核机制

摒弃单纯以搬迁人口数量为依据的考核方法，而是以结果为导向，考核已经实施的生态移民中建档立卡贫困户的比重，在考核对其扶贫效果时不能单纯以收入、消费等经济指标作为考核依据，要综合评估生态移民在收入、消费、资产、卫生、教育、医疗、文化等多个维度的改善状况和脱贫状况。② 同时，还要考核迁出地的生态保护和生态恢复效果。以考核结果为依据，对成效突出的生态移民项目县给予奖励，对排名落后的项目县分别实行约谈、通报和问责，真正体现奖优罚劣，保证各项生态移民优惠政策精准到户到人。

---

① ［法］孟德斯鸠：《论法的精神》（上册），张雁深译，转引自刘春湘《非营利组织治理结构研究》，博士学位论文，中南大学，2006 年，第 72 页。
② 汪三贵、郭子豪：《论中国的精准扶贫》，《贵州社会科学》2015 年第 5 期。

（五）建立政府规制激励体系

激励性规制理论以信息不对称为假设前提，以激励理论和博弈理论为基础，探讨什么样的规制才能最大限度地激励被规制者，并构建激励性政府规制契约，在委托—代理理论的研究框架下，寻求解决激励强度与信息成本权衡关系的方法。① 在实施生态移民工程中，各级政府部门处于错综复杂的委托—代理关系中，而且在信息纵向传递中存在信息不对称的现象，可能会产生政府道德风险问题，规避道德风险需要建立政府规制激励体系，设计一些奖惩措施，促进政府行为与生态移民政策的预期目标相吻合。

二　建设横向传递机制

生态移民横向传递机制是指信息不是自上而下而是平行地在生态移民参与各方之间进行横向传递，直接进行信息的水平交换、传递和资源共享。

在一些反贫困成效突出的发展中国家，大量实践经验表明，相对于传统冗繁不堪的纵向传递机制，横向传递机制的空间维度更小、成本较低，在解决信息不对称问题上优势更明显。因此，需加强横向传递机制建设，弥补生态移民横向传递机制缺位的缺陷。

（一）发挥非政府组织在生态移民中的作用

众多非政府组织参与生态环境保护和反贫困的积极性较高，生态移民身兼保护生态环境和反贫困的双重任务，在吸引非政府组织界入时具有优势，应充分发挥非政府组织在生态移民中的作用。在完善法律时既要明确非政府组织参与生态移民的"合法性"，同时又要对其实际行动做出合乎法律的规定限制，并在税收、登记、准入、管理和监督上针对非政府组织出台相应政策。建立和完善社会扶贫激励机制，动员民主党派、社会团体、企业、高等院校、科研机构等社会力量参与生态移民，有效整合社会扶贫资源。

（二）搭建生态移民大数据信息平台

充分利用中国发展大数据产业的契机，重点建设生态移民大数据

---

① 陈松：《中国农产品质量安全追溯管理模式研究》，博士学位论文，中国农业科学院，2013年，第25页。

平台和生态移民与社会扶贫对接平台。生态移民大数据平台应实行从中央到地方各类生态移民信息资源多级联网，向社会公布生态移民实施的基本情况和移民需求等，提高生态移民知晓率，吸引社会各界对生态移民的关注；生态移民与社会扶贫对接平台主要是搭建生态移民资源供需对接桥梁，吸引、动员和引导社会扶贫资源参与到生态移民工程中，实现"点对点"精准帮扶。

（三）政府向非政府组织转移部分职能

生态移民是一项系统工程，如果生态移民的所有任务都由政府承担难免会出现政府失灵。因此，政府要改变对非政府组织的担忧和偏见，将政府在实施生态移民工程中的部分职能，如社区治理等适当转移给非政府组织，由非政府组织提供多样化的服务，满足移民个性化的需求。

第三节　利益补偿机制

生态移民利益补偿机制，旨在恢复和改善自然生态环境，促进生态系统重新平衡，调整生态移民各利益相关者，如环境贡献者、环境受益方与生态移民组织实施方的利益分配关系，将实施生态移民过程中所产生的外部成本内化，对受益者征税，对环境贡献者提供补偿，以弥补移民因保护环境而遭受的损失。生态移民利益补偿机制具有明显的经济、政策激励特征，属于环境政策的重要手段之一。[①] 生态移民利益补偿机制需要从以下几方面进行完善。

一　延长补偿期限

对生态移民的利益补偿不能是短期行为，应建立长效利益补偿机制。生态移民搬迁到城镇后，如果在一段时间内未开辟新的经济收入来源渠道，不能获得相应的社会保障，可能会引发社会矛盾。如果只

---

① 周鹏：《中国西部地区生态移民可持续发展研究》，博士学位论文，中央民族大学，2013年，第155—156页。

是采取一次性给予住房补助资金的方式安置移民，只能使移民"搬得出"，在安置点却"稳不住"。

因此，需要综合考虑移民代际的可持续发展，适当延长补偿期限。可以参照《国务院关于完善大中型水库移民后期扶持政策的意见》（国发〔2006〕17 号）中对水库移民后期扶持年限的规定，根据生态移民的实际情况，将生态移民的利益补偿期限延长至 15—20 年，补偿时间应从正式向移民交付安置房之日算起。

在明确补偿期限的前提下，对移民的补偿要足额且及时到位，保证移民未来有稳定的收益，最大限度地减少生态移民群体搬迁至城镇后所面临的潜在风险，解除生态移民的后顾之忧，实现"稳得住"，为移民可持续发展打下基础。

二　设定补偿标准

设定补偿标准，其本质上是对生态移民利益损失进行衡量的过程。按照世界银行移民政策的总体要求，即保证移民在经历较短时间的过渡期后，家庭生活水准至少要与搬迁前持平或向逐渐改善的方向发展，移民能够获得就业机会，提高自我发展能力，尽快融入安置点的社会经济环境。

补偿标准的设定既要考虑国家财力的承受范围，又要保证生态移民在跨越过渡期后的生活水平能够得到改善。在实施生态移民的过程中，政府承担主要责任，应委托以社会效益为目标的中介机构采用公平的评估程序来设置科学的补偿标准，并根据物价指数的变化动态调整。补偿标准的设定要遵循完全补偿原则，既要考虑移民在生态移民政策实施中所遭受的全部直接损失和间接损失，又要满足移民可持续发展的需要。移民遭受的损失既包括货币化的成本，也包含非货币化的成本。货币化的成本主要包含移民的迁移费用、搬迁所导致对原有房屋舍弃的损失，放弃从事农业生产经营活动的机会成本损失、部分财产的损失等。在核定货币化成本时，根据移民家庭损失程度的不同给予差异化的货币补偿。搬迁产生的非货币成本主要包括移民因搬迁支出的体力、脑力和时间精力成本，以及移民离开家园进入陌生环境所承受的心理压力、社会压力等精神成本。科学的利益补偿标准应该包括上述两类成本，要根据合理的方法进行测算与核定。

制定补偿标准时不能"一刀切"，要根据区域贫困状况、移民家庭贫困程度，以及移民家庭所遭受的损失成本为依据，以国家出台的基本补助标准为基数，在对区域与移民户各项差异赋予一定权重的基础上，对国家人均补助标准基数进行修正，在利益补偿中最大化体现公平性准则。[①]

三 明确补偿方式

目前，对生态移民采取的补偿方式主要包括物质性补偿和政策性补偿。物质性补偿主要是直接给予移民住房资金补助或分配安置房，政策性补偿则包括为移民减免税费、为移民子女继续教育开辟"绿色通道"等。与传统的以金钱和实物给付为主的生态移民补偿方式相比较，目前补偿方式已经逐渐丰富，但是，还不足以满足移民家庭多样化的需求，补偿方式仍然显得有限。

生态移民进入城镇后，政府应考虑其生存保障和生活重建的需要，根据移民家庭特征探索灵活多样的补偿方式。例如，一些年纪较大、素质技能较低的移民，搬迁后可能会失去邻里和社区互助等非物质性社会资源，缺乏谋生手段，政府要对这一部分人群缴纳养老保险和医疗保险，将其"养起来"；针对生态移民子女继续教育问题，国家不应只承担义务教育阶段的费用，而且要出台优惠政策，将教育补偿延续到大学期间，或对接高校采取定向委培的方式给予移民子女继续升学的机会，提高移民家庭人力资本水平；对于移民家庭的"两后生"，要为其提供职业技能培训机会，通过培育后续产业或劳务输出帮助他们就业。

搬迁至城镇的生态移民因维护国家生态安全的需要，放弃了原有的生存环境和发展基础，舍弃了住房、土地及部分私人财产，牺牲了个人利益，在搬迁后面临许多后续发展的困境。为了防止移民搬迁后贫困化和边缘化加剧的风险，需要给予移民必要的资金、技术、实物

---

① 刘红：《三江源生态移民补偿机制与政策研究》，《中南民族大学学报》（人文社会科学版）2013年第6期。

补偿，以及教育、文化、卫生等非实物补偿。①

四　建立控制系统

利益补偿机制控制系统，即将控制论的信息学反馈方法作用原理引入生态移民利益补偿机制，以发挥该机制最大功效。

通常情况下，一些组织、制度和政策在实施过程中都需要进行控制，其原因主要有两个方面：一是即便在制定政策时，政府已经充分考虑了各种影响因素，但是外部环境条件属于不可控因素，随时会发生变化，政府预测不可能完全精准；二是由于受政策执行者基本素质、业务能力及实践经验的限制，以及宏观政策环境变化和其他不可预测因素的影响，可能会出现政策执行不力、执行进度滞后或执行有偏差的情况。

将生态移民看作是一个整体系统，利益补偿机制则是从属于生态移民系统的子系统，为了提高利益补偿机制系统的运转效率，需要完善生态移民利益补偿机制的控制系统配置。控制系统的工作过程，是对实施生态移民利益补偿机制的行政主体执行力进行测量和评估，并根据实际情况及时采取措施矫正失误的过程。如果发现存在不可控制的偏差，则需要对政策进行修正。通过控制和反馈形成一个封闭系统，促进利益补偿机制实施效果"螺旋式上升"，从而达到预期目标。②

第四节　退出激励机制

生态移民退出激励机制的关键环节在于"退出"。移民进入城镇后，会经历时间长短不一的过渡期，从而影响他们做出不同的决策。根据移民退出土地的不同情况，可分为"完全退出"与"准退出"

---

① 张灵俐、刘俊浩：《生态移民补偿机制的经济学研究》，《兰州学刊》2014 年第 9 期。

② 李媛媛、马军：《内蒙古牧区生态移民补偿机制的合理化研究》，《乡镇经济》2009 年第 11 期。

（部分退出）两种类型，进而需要设计不同的退出激励机制。建立和完善生态移民原有承包地和宅基地退出激励机制，有利于实现资源的集约利用，避免资源的闲置与浪费，提高生态移民迁出地资源配置与再配置效率。

一　探索完全退出激励机制

新型城镇化的核心是"人"的城镇化，随着城镇户籍管理制度改革的不断推进，生态移民原承包地和住房、宅基地问题成为阻碍生态移民市民化的基本障碍。在实地调研中，安置点普遍反映移民户原承包地和宅基地退出困难，其主要原因除土地对移民具有社会保障功能外，而且在制度层面缺乏推进和保障移民退地的激励机制，甚至对移民原有住房拆除复垦后无相应补偿措施，使移民对土地和宅基地退出不积极甚至会产生抵触情绪。

"完全退出"即移民愿意将土地承包经营权和宅基地全部退回集体，彻底割裂与土地的联系，其身份完全从农业人口转变为真正的城镇非农业人口。这种退出方式具有彻底性特征，故将其称为"完全退出"。移民是否会做出完全退出的决策，取决于国家给予的补偿是否能弥补其退地前所获得的效用。制定补偿标准时，假定移民是"理性的经济人"，可以采取货币补偿与非货币补偿相结合的方式，尽量使补偿额度达到移民的期望值。确定补偿标准是个难题，如果补偿标准过低，会挫伤移民退出的积极性，退出激励机制自然也就失去存在的意义；如果补偿标准过高，超出政府经济承受能力，则退出激励机制又不具有操作层面上的意义。适度的补偿标准，既能起到激励移民退出的作用，又不能增加政府财政负担。

退出激励机制应将"退出"与生态移民城镇化的问题联系起来，如果解决了移民退出后在城镇的后续发展问题，无疑移民的退出意愿会变得强烈。因此，生态移民城镇化安置，除政府提供的安置房以外，就业、教育与社会保障等都是移民较为关注的福利，这些物质和政策的补偿标准和范围构成了移民退出的前提条件。显然，合理的退出补偿标准并不局限于移民的当前利益，更要着眼于移民未来的生活保障。

补偿标准应根据各地的物价水平有所差异，分别针对退出承包地和退出宅基地两种情况划定两条标准线。第一条为退出承包地标准线：以维持移民基本生活需求为前提，对土地未来预期收益进行折现作为对移民的补偿依据，使移民拥有进入城镇的原始积累资金。第二条为宅基地退出标准线：参考市场价格对移民原有房屋进行估价，以现金对移民进行直接补偿，移民可以利用原宅基地的补偿资金，解决城镇安置房自筹资金额度较大的问题，弥补国家住房建设资金的缺口，减轻移民负担。

完全退出激励机制能引导移民良性退出，通过提高移民退出意愿，帮助他们真正融入城镇。

二　构建"准退出"激励机制

"准退出"是指移民愿意退出宅基地和转让土地经营权（使用权），但不同意退出土地承包权。

准退出激励机制对移民宅基地退出的补偿，沿用完全退出激励机制中的标准线。转让土地经营权，实际上是移民将其土地进行流转，因此，需要对土地流转进行补偿。首先，构建土地流转利益保障机制。按照"自愿、有偿、规范、有序"的原则，赋予移民在土地流转中的主体地位，激励无力耕种但又不愿放弃土地承包权的移民户，以及弃农经商或长期外出无法耕种的移民户采取转包、出租或入股的方式流转土地，依照法律规范签订合同，杜绝损害移民合法权益的行为。其次，构建完善的土地流转市场体系。在稳定家庭联产承包经营责任制的基础上，为了使土地流转价格与其真实市场价值相一致，需要建立土地经营权估值定价机制。对于流转年限较长的土地，合同上应预留土地流转价格增值的空间，对将土地经营权流转给企业、土地合作社或规模经营主体等并签订土地流转合同的移民户，应根据签订合同年限给予不同额度的补助，维护移民的收益权。最后，建立土地流转社会服务体系。中介组织是土地使用权流转双方的桥梁和纽带，要加大力度培育专门服务于土地流转的中介组织，通过中介组织实行生态移民土地流转委托管理，为土地流转双方提供交易平台、合同签订、政策咨询、纠纷仲裁、风险保障等服务。建立土地流转交易信息网络，为土地承包经营权流转提供公开、透明的信息平台，及时登记汇集生态移民可用于流转土地的数量、区位、价格等信息资料，降低信息搜寻成本，减少移民土地流转的交易费用。

激励移民退出土地和宅基地，要以移民搬迁后能获得稳定的收入来源，享受完善的社会保障政策，并能较快适应城镇的环境为前提。如果移民还不能完全割裂和土地的联系，而是强制其退地，只会增加社会不稳定因素。因此，设计退出激励机制要遵循保护移民权益、尊重移民意愿、循序渐进、激励与示范的原则。移民是否愿意退出土地和宅基地，究竟采取完全退出还是"准退出"的方式，主要是取决于移民对这些资产的预期收益和迁入城镇潜在风险判断所做出的理性决策。

需要说明的是，准退出激励机制从长远看并不符合新型城镇化的要求，但是，在有相当部分移民目前还不愿意退出承包地的情况下，该机制可以作为一种过渡性的制度安排，是具有"中国特色"的生态移民城镇化路径，仍然是退出激励机制的重要构成部分。

第五节 资金整合机制

目前，生态移民资金来源渠道不一且类别多，分属于多个部门管理，在资金使用上较为分散，难以获得资金的整体效益。生态移民工程是一项庞大的系统工程，需要建立科学的资金整合机制，按照"科学规划、渠道不乱、用途不变、统筹安排、各负其责、集中投入、各记其功"的原则，有效整合，优化配置各类项目资金。

一 构建资金整合协调机制

首先，省级层面负责统筹资金整合。目前，生态移民相关项目资金来源渠道、实施地点、项目安排进度不同，项目县在整合项目资金时可能会触及政策红线，严重挫伤了县级层面整合资金的积极性。为了使资金整合能在较大范围推广，提高资金使用效益，应探索新的资金整合及监管方式。考虑到县级整合资金的实际困难，资金整合层级应以省级层面整合为主，省级成立统一、权威的生态移民资金整合项目管理小组，专门负责资金整合相关事宜。生态移民工程年度实施方案应提前下达，从省级层面对生态移民相关项目资金进行整合、捆绑后，逐级下达至各项目县。

其次，建立"规划先行、计划衔接、部门沟通"的工作机制。以规划引导项目，以项目带动资金整合。生态移民工程实施过程中，要坚持规划先行，编制生态移民总体规划及部门专项规划，提高规划的科学性和可操作性，并注重总体规划与专项规划的衔接，为生态移民工程整合项目资金提供依据。同时，要搭建有助于项目资金整合的平台，建立资金整合审批联席会议制度，加强部门沟通协调。充分利用现有资金渠道，通过规划整合、区域整合、部门整合、产业整合等方式，有效整合财政扶贫资金、易地扶贫搬迁资金、以工代赈资金、城镇保障房建设资金、民族地区发展资金、生态环境建设资金、农村危房改造资金、财政"一事一议"资金以及其他分散在农、林、畜牧、发改、交通、教育、卫生、民政、人社等行业部门的可用于生态移民工程的各类项目资金。严格按照规划统筹安排，引导各类项目资金集中用于生态移民工程建设。

二　健全资金整合管理机制

在对生态移民整合资金的监管上，改变以前部门各自为政分别对项目资金进行监管的做法，应由省级生态移民资金整合项目管理小组出台监管措施，对所有投入生态移民工程分属于不同部门的项目资金进行统一监管。统一监管不仅可以节约各部门的监管成本，减轻工作负担，同时还能提高对整合资金使用情况的监管效率。

生态移民整合项目资金要采取项目化管理的模式，即项目要严格按照计划实施，并及时匹配相应的资金，使项目能按进度推进。首先，加强项目管理。遵循"严格规范、注重绩效"的原则，实行项目建设法人制、项目公示制、工程招投标制、工程监理制等相关制度。其次，加强资金管理。健全资金管理办法，实行项目资金公示制、财政报账制、项目问效制、政府采购制和项目审计制。通过项目资金整合管理的制度化，推动生态移民项目资金整合工作逐渐规范化，走上良性运行的轨道。

三　调整资金整合考评机制

对生态移民资金整合使用效果进行评价，是优化相关部门决策行为、提高资金使用效益的重要措施。生态移民资金整合项目管理小组对"切块"到项目县的生态移民整合资金，要以县为单位进行考核，坚持以效益为导向，实行统一检查、统一验收，对项目县生态移民整合资金使用效果开展中期评估及年终考核。省级不再安排引导资金，而是以项目县的考核结果作为奖惩依据，对考核结果为优秀的项目县，在继续将整合资金"切块"下达的基础上给予一定奖励；对整合资金使用效果较差的县，则适当缩减下一年度的整合资金，以此提高项目县对生态移民项目整合资金的使用效益。

第六节　风险防范机制

生态移民搬迁到城镇后在自然、社会、经济、政治等领域面临诸多风险，目前的生态移民政策缺乏对风险的监测和预警，当风险来临时影响了一些移民的正常生产生活，甚至导致一些移民户"因迁致贫返贫"。为了巩固生态移民的减贫成果，必须建立风险防范机制，评估移民风险程度，防范风险带来的损失和社会问题，最大限度地化解生态移民可持续发展的风险。

一　确立风险识别机制

科学识别生态移民风险是有效防范风险的第一步。一些风险具有隐蔽性，不易被发现，甚至可能隐匿于移民搬迁前。风险识别的目的是将移民所面临的系统风险进行分类整理，分析各种风险因素发生的概率及风险触发后对移民可持续发展的危害程度和后果，以提高风险防范的有效性。因此，在实施生态移民过程中，要采取科学缜密的方法对各种潜在的风险进行识别和论证。

风险识别一般按照三个步骤展开：一是调研收集基础资料。组织具有专业知识及丰富实践经验的专业人员，调研生态移民的家庭特征以及搬迁到城镇后所处的社会经济环境，以保证对风险识别的准确性。二是预测生态移民工程的风险形势。明确城镇安置模式下生态移民可持续发展要实现的目标，分析达到预期目标需要采取哪些措施或通过何种途径？分析生态移民实施过程中可能会存在哪些风险因素？对生态移民可持续发展目标的实现会造成哪些影响？在此基础上，进而识别生态移民的潜在风险。三是找出各类显性和隐性的表象来识别生态移民可能存在的风险。在完成对所有可能存在风险因素的识别后，将风险进行整理分类，为后期风险评估奠定基础。风险识别的成果主要包括风险来源表、风险层次及类型的分类、风险表征等。

通常采用的风险识别方法主要有四类：一是核对表。在借鉴前人理论研究和经验的基础上，将生态移民迁移至城镇的潜在风险源及类型在一览表上罗列出来，将调研发现的移民风险与罗列的风险类型进行对照，从而识别出风险。根据核对表，分析影响生态移民工程成功或失败的原因、移民所处的社会经济环境、前期规划是否具有指导性和可操作性。二是实地调研法。实地调研法是识别风险的直接手段，影响生态移民可持续发展的主客观因素较多，都需要在实地调研中加以发现，尤其是一些较为隐蔽的潜在风险更需要实地考察。当然，实地调研的结论并不是风险识别的唯一依据，需要综合多种直接和间接材料来对风险进行判断，以保证风险识别的科学性。三是问询法。即在对生态移民风险进行识别前，对实施生态移民工程的相关部门技术专家或从事生态移民研究的学者征询意见。征询意见的方式可以灵活多样，在设计专家调查表的基础上，采取召开座谈会、德尔菲法甚至电话咨询的形式向专家征询，再运用数学统计方法对专家的风险识别结果进行分析。四是故障树分析法，该方法在1962年由美国贝尔电报公司的电话实验室所开发。在确定生态移民可持续发展的目标后，综合分析影响目标实现的所有潜在风险因素，判断各种风险因素之间的因果关系，绘制风险因果图，进一步考察风险因素之间的各种关系，最后提出风险应对措施。该方法适用于缺乏直接经验的情况，可以识别出包括不可抗拒人为因素在内的全部风险因素。①

二 探索风险评估机制

对城镇安置模式下生态移民风险进行评估，首先是构建生态移民风险评价指标体系。结合新型城镇化的特征以及影响生态移民可持续发展的主要风险，构建一套具有系统性、可操作性、科学性、有效性特征的风险评估指标体系，并设计定量评价方法对风险进行评估。

建立以第三方评估机构为主，规划者、实施方、生态移民等共同参与的生态移民风险评估机制，定期对生态移民风险进行评估。生态移民风险评估需要以大量动态、及时和真实的信息为基础，评估结果的科学性取决于风险信息源的准确性和信息来源渠道的可靠性。生态移民风险评估结果的客观性与真实性，直接关系到风险防范的效果。评估机构以及评估人员应具有独立性，不带有主观性和偏见，以评估结果客观、真实和公正为导向，合理设置风险的警戒线和警度为政府决策提供参考依据。②

政府部门要将生态移民风险评估指标体系纳入决策范畴，对风险进行全过程预警，从源头上对潜在风险进行防范、规避和控制。通过对生态移民风险的科学评估，保护生态移民的合法权益不受侵害，避免生态移民的不满情绪，以实际行动获得移民对生态移民政策的支持、理解和认同，促进社会和谐稳定，为今后顺利推进生态移民工程打下基础。

三 健全风险预警机制

建立生态移民风险预警机制是促进生态移民可持续发展的重要环节。多渠道收集、分析和评估生态移民可持续发展的风险，采取有针对性的预警措施，在相关部门强有力的执行下，做到"防患于未然"，将生态移民风险降到最低，最大限度地减少其对移民可持续发展的危害。

---

① 姜雪：《大庆东城水库工程移民风险评估与防范对策研究》，硕士学位论文，东北石油大学，2012 年，第 12—14 页。

② 赵萍：《风险社会理论视域下中国社会治理创新的困境与出路研究》，博士学位论文，山东大学，2014 年，第 105—106 页。

首先，建立生态移民风险预警组织网络。生态移民风险如果真的来临，不仅会影响移民可持续发展，还会影响到迁入地稳定。因此，生态移民风险预警不能只依靠政府部门的力量，还需要基层自治组织、企业、新闻媒体、非政府组织、高等院校、科研机构的共同参与，形成多元化主体构成的生态移民风险预警组织网络。各主体要充分运用各种途径及时收集生态移民风险信息，使之成为生态移民风险预警的基础信息。

其次，建立生态移民风险传递渠道。加强信息共享平台建设，将其作为生态移民风险预警信息来源和风险评估信息传递的重要渠道。根据对风险评价指标的动态监测情况对风险源进行分类，以风险评估结果为依据判断风险等级，利用电视、广播、网络、报纸等各种媒体，及时发布生态移民风险警报及风险警报级别信息，保障社会各界知情权。如果生态移民风险级别较高，其发展势头可能会成为社会不稳定的因素时，应迅速向相关部门反馈准确无误的风险警报，以便于及时采取措施将风险遏制在萌芽状态。

最后，加强生态移民风险日常排查。搭建生态移民利益表达的平台，让其拥有充分的利益诉求权利和渠道，及时掌握移民户面临的风险类型及程度，采取一定措施控制风险事态发展，在制度范围内将风险及时化解。

四　完善风险应急机制

相对于风险预警机制的主动性而言，生态移民风险应急机制则显得较为被动，属于事后处理机制，即当风险的确来临并产生了不良后果时，需要立即启动的机制。

生态移民风险应急机制的启动必须依赖于细致周密的风险应急预案，预案主要包括以下内容：一是明确风险应急领导小组成员构成，建设一支随时能够处置风险的应急队伍；二是保证充足的救助设备与物资储备；三是加强对移民社区党员干部、移民精英在风险识别、风险应急处理和善后等风险应对知识的培训；四是设计整合各种社会资源参与风险化解的程序和平台。为了确保应急预案能真正解决实际问题，需要对预案进行专业演练或测试。

应急预案随时处于"临战"状态，当生态移民风险警度超过安全范围，要迅速启动风险应急预案。通过党政机关、企业、民间组织、个人等多元参与、风险责任共同担当的形式，合力将风险对生态移民的危害降到最低点，防止风险恶化，甚至完全释放风险。生态移民风险应急预案，不仅要关注连片特困地区、少数民族等特殊地区生态移民所面临的共性风险因素，同时又要关注以家庭为单位的移民户个体风险因素。分类制定风险应急治理对策措施，及时采取行动对达到风险警界线的移民户进行扶持或救助，阻止其再次跌入"贫困陷阱"，避免对社会稳定造成冲击，这是建立风险预警机制的"落脚点"。

第七节　社会参与机制

机制设计理论强调，要获得达到"帕雷托最优"状态的机制，往往需要舍弃占优均衡假设，注重激励作用。[①] 生态移民实施规模大、持续时间长、迁移难度大，如果仅靠政府力量容易出现政府失灵，如何调动移民、社会组织、市场组织等社会力量积极参与到生态移民工程中来，是机制设计的关键问题。

一　创新移民决策参与机制

关于贫困者的定位，发展型社会政策指出："贫困者既非同质人群，亦非永远处于弱势地位，被动地接受政府的施舍……穷人也有自己的长处、财产和能力，可以被动员起来积极地参与发展的过程。"[②]（Ellis，2000；Helmore and Singh，2001）生态移民是特殊的贫困群体，上述平民思维表明，需要将他们转化为生态移民工程实施过程的行动主体，促进移民积极参与到相关项目决策之中，增强其自我发展能力。建立移民决策参与机制，避免生态移民最直接的利益相关主

---

① 朱慧：《机制设计理论——2007 年诺贝尔经济学奖得主理论评介》，《浙江社会科学》2007 年第 6 期。

② 戴文洁：《我国经济转型背景下特殊人力资源开发研究——以上海为例》，博士学位论文，上海社会科学院，2014 年，第 27 页。

体——移民群体被排斥在决策行为之外，而要去承担决策失误的后果。

是否做出搬迁的决策，对大多数贫困农户而言，是一种家庭风险投资决策。中国由政府主导实施的生态移民虽然在一定程度上能降低风险的不确定性，但其弊端是贫困农户在迁移过程中基本上是被动参与，对项目决策选择空间较小。每一个规划实施生态移民的区域都有着特殊的区情，政府在决策中需要充分尊重搬迁群众的意愿，赋予其决策参与权利，在生态移民实施全程充分听取他们的利益诉求表达。首先，在生态移民项目决策制定前，要在生态移民拟迁出区广泛宣传生态移民政策和相应法律法规，使贫困农户充分了解安置规划和补偿标准，增强政府与搬迁农户的信息对称性，保障贫困群众对生态移民政策的知情权。其次，在生态移民项目决策制定过程中，要根据不同类型搬迁农户的迁移意愿、家庭经济状况和家庭成员特征设计不同的安置方案，并由移民参与和表决，尽量避免因决策失误对移民家庭带来的损失，尤其是有关生态移民项目的重大事务决策要吸纳移民代表参加。最后，在生态移民搬迁后续发展决策上，要高度关注移民家庭在过渡期生产生活恢复所面临的风险和主要困难，加强与移民互动和沟通，获得移民的合作与参与，激发移民自身发展潜能。

二　建立社会组织参与机制

社会组织具有广泛的社会基础性，要充分发挥其在生态移民过程中的积极作用，以弥补政府在生态移民工程中资源不足的缺陷。这里的社会组织指除政府和市场组织以外的非政府、非营利性组织。社会组织与政府部门相比具有管理渠道明晰、运行高效迅捷、覆盖面广等特点①，其特性决定了他们参与生态移民工程有利于转变政府职能。

建立社会组织参与机制需从以下几个方面入手：首先，社会组织参与的前提是必须清晰地定位政府与社会组织在实施生态移民工程中的职能。政府要与社会组织建立相互补充、互相监督、协调推进的协

① 杨和焰：《公共管理视域中的第三部门：功能、优势与困惑》，《公共管理学报》2004 年第 3 期。

作机制，拓展社会组织参与空间，充分听取他们的建议和意见，提高其参与生态移民的程度。其次，不断提高社会组织参与生态移民的能力。从目前情况看社会组织资金来源缺乏稳定性，资金"瓶颈"是制约社会组织能力提升的一大问题。社会组织正常运转所需资金不能完全依靠政府资助和公益捐助，还要利用经济增长为社会组织开辟多元化的资金来源渠道。最后，建立完善社会组织参与的制度安排。最为重要的是要从法律上为社会组织参与生态移民工程授权，保证社会组织的实际行动有法可依，对社会组织在生态移民工程中的参与情况要及时公开信息，提高信息透明度。

三　完善市场组织参与机制

市场组织是指以营利为目的，按一定方式组织生产要素进行生产、经营，并具备较为完整的权责分配结构的营利性社会实体。[1]

基于市场原则的市场组织在选择生态移民后续发展项目上具有很强的优越性，能够为政府和移民户做出理性的项目选择，在很大程度上能规避政府在项目选择中无视市场、过度追求政绩和移民户在项目选择上的盲目性问题。例如，在生态移民后续产业培育和发展上，市场组织能使项目产生较大的经济效益。

为了充分发挥市场组织对推进生态移民工程的积极作用，需要建立市场组织参与生态移民的机制。首先，要搭建各类市场组织参与生态移民的平台，促进市场组织与政府在"互利共赢"的原则下积极参与生态移民。需要注意的是，市场组织的逐利行为可能会使其在生态移民中所提供的服务与政府、移民群体的现实需求相偏离，因此要警惕市场组织做出损害移民群体利益的行为。其次，政府要引导市场组织树立科学的价值观。生态移民工程兼具反贫困和生态建设的双重任务，政府要鼓励市场组织在承担生态移民这一社会责任树立良好的形象，加强社会公信力建设，在追求经济效益时注重社会效益，提高社会声誉。最后，政府还应运用调节机制加强对市场组织参与生态移民

---

① 刘欢：《社区养老服务供给中社会参与机制研究》，硕士学位论文，上海工程技术大学，2015年，第14页。

行为的调节。政府在生态移民中要做到"不越位""不缺位",既要履行好各项职能,同时又要加强对市场组织的监督,从而保证政府主导与市场组织参与能有机结合,促进生态移民可持续发展。

本章小结

城镇安置模式下生态移民要实现可持续发展,需要设计"有效率"的机制,使生态移民实际获得的利益与生态移民政策制定者期望达到的目标相一致。

第一,健全生态移民监督评估机制。在垂直领导体制下设置专门的监督部门,建立独立的内部监督机制,落实责任追究制度及领导问责制,形成以社会公众为基础的非官方外部监督机制;以政府和生态移民利益相关者之外的第三方为主体,全面、客观、公正地对生态移民工程开展事前、事中和事后全过程独立评估。

第二,建设生态移民信息传递机制。创新纵向传递机制,明确政府责任,实行决策权、执行权和监督权三权分离,下级与上级机构层层签订目标责任书,建立与精准扶贫战略相适应的考核机制和政府规制激励体系;建设横向传递机制,完善非政府组织参与生态移民的法律政策和社会扶贫激励机制,搭建生态移民大数据信息平台,政府向非政府组织转移部分职能。

第三,完善生态移民利益补偿机制。综合考虑移民代际的可持续发展,适当延长补偿期限,对移民补偿要足额且及时到位;在国家财力承受范围,遵循完全补偿原则科学设定补偿标准;政府应考虑生态移民生存保障和生活重建的需要,探索灵活多样的补偿方式;建立控制系统,促进利益补偿机制实施效果"螺旋式上升"。

第四,探索生态移民退出激励机制。根据移民退出土地的不同情况,以解决移民"退出"后在城镇的后续发展问题为前提,探索完全退出激励机制,采取货币补偿与非货币补偿相结合的方式对移民进行补偿;构建"准退出"激励机制,将其作为具有"中国特色"的生态移民城镇化过渡性制度安排。

第五，创新生态移民资金整合机制。建立资金整合协调机制，省级层面负责统筹资金整合，形成"规划先行、计划衔接、部门沟通"的工作机制，由省级生态移民资金整合项目管理小组对整合项目资金使用情况进行监管，对项目县生态移民整合资金使用效果开展中期评估及年终考核，实行奖优惩劣。

第六，构建生态移民风险防范机制。建立风险识别、评估、预警和应急机制，采取科学缜密的方法对各种潜在风险进行识别和论证，将风险整理分类；构建生态移民风险评价指标体系，对城镇安置模式下生态移民风险进行评估；采取有针对性的风险预警措施做到"防患于未然"，将生态移民风险降到最低；必要时启动生态移民风险应急机制，及时对达到风险警戒线的移民户进行扶持或救助。

第七，建立生态移民社会参与机制。在生态移民实施全程要充分听取移民的利益诉求表达，赋予其决策参与权利，激发移民自身发展潜能；明确政府和社会组织定位，提高社会组织参与生态移民的能力，完善社会组织参与的制度安排；搭建各类市场组织参与生态移民的平台，鼓励市场组织承担社会责任，政府加强对市场组织参与生态移民行为的调节。

第十一章　主要结论与研究展望

第一节　主要结论

本书遵循"理论研究→现状剖析→实证分析→对策形成"的研究思路，基于新型城镇化视野，对城镇安置模式下生态移民可持续发展问题展开了研究。经由理论探讨、实证分析和规范研究，本书得出以下主要结论：

第一，国内学者在生态移民未来安置模式的选择上倾向于城镇安置模式。在对中国生态移民的认同度上，大部分国外学者持批判或否定态度，但他们所指出的中国生态移民存在的问题和风险的确是值得警惕的问题，国内许多学者充分肯定了中国实施生态移民的必要性和重大意义。在中国实施生态文明战略、精准扶贫战略和新型城镇化战略的背景下，城镇安置模式下的生态移民如何实现可持续发展将成为需要重点关注的问题。生态移民选择城镇安置模式需要考虑城镇的资源环境、公共产品、产业支撑、社区环境条件和控制搬迁成本等，同时要以相应的制度安排为保障。

第二，中国生态移民政策经历了起源、探索、发展阶段已逐步走向完善。在当前宏观政策环境下，中国生态移民呈现出与生态文明、精准扶贫、新型城镇化战略相耦合的发展态势，生态移民具有区域性、阶段性、敏感性、外部性和系统性的基本特征。

第三，贵州实施生态移民工程是实现同步小康、保障生态安全、统筹城乡发展、维护民族团结的需要。贵州经过易地扶贫搬迁初步探索、正式试点和深入实施阶段的实践，主要探索了九种生态移民安置模式。城镇安置模式具有无土安置的优点，随着城镇化水平的提升，城镇能为移民提供更大的安置空间和就业机会，城镇安置模式将成为未来生态移民的主要模式。贵州实施生态移民为其他地区提供了很好的经验启示，即实施生态移民必须要强化组织领导、尊重群众意愿、科学合理选点、深化资源整合和注重后续发展。

第四，城镇安置模式下生态移民可持续发展能力在搬迁后有所增强。搬迁后生态移民的经济功能性活动、社会功能性活动、生态功能性活动能力都有不同程度的改善，即可行能力提升。

首先，从生态移民的经济功能性活动能力看，搬迁后移民户整体上经济收入增加但增幅较小，非农业收入增加对收入状况改善的积极作用有相当部分被农业收入减少抵消，农业收入下降短期内是潜在的不稳定因素；搬迁后生态移民的经济功能性活动水平上升较为明显的安置点，是由于代表收入的因子 F_1 得分增幅较大，归因于较多移民外出务工增加了非农收入。因搬迁时间较短，生态移民工程对移民户经济功能性活动能力改善的贡献有限，生态移民的经济功能性活动能力还有较大提升空间。

其次，从生态移民的社会功能性活动能力看，搬迁后大多数生态移民户的生活水平上升，但也承受着消费支出增加的生存压力；安置点相对完善的道路交通、休闲娱乐、通信等基础设施，良好的社会治安环境，较高的医疗卫生服务水平，相对充足的教育培训资源，为生态移民社会功能性活动能力的增强提供了物质保障。但是，移民培训工作滞后，制约了生态移民社会功能性活动能力的提升。

最后，从生态移民的生态功能性活动能力看，实施生态移民工程，促进了迁出地生态环境恢复和迁入地生态环境保护，分别为生态移民生态功能性活动能力的提升创造了潜在可能性和奠定了现实基础。迁出地的退耕还林与移民户原宅基地复垦项目推进不力，亟须加快推进步伐。大多数移民户对安置点的环境卫生状况、绿化水平评价较高，其生态功能性活动能力得到提升。因为生态移民工程的生态效益短期内难以充分显现，所以，生态移民的生态功能性活动能力提升需要假以时日。

第五，城镇安置模式下生态移民可持续发展面临一定程度的风险。在自然风险中，移民搬迁后面临的干旱、洪涝灾害、病虫害、冰雹、凝冻等风险程度均大幅度降低，以上风险对移民不具有普遍性，从远期看，如果移民户将来彻底脱离农业生产，自然风险将不复存在；在经济风险中，移民搬迁后除财产丢失或损坏风险下降外，生活成本上升，债务增加，丧失土地或无地可耕，缺乏食物风险均大幅提高，经济风险程度加大；在社会风险中，移民搬迁后除社会组织结构解体风险未增加外，失业或找不到工作、子女继续教育、自己或家人患重病、缺失养老保障、被边缘化等风险程度均上升，失业或找不到工作风险取代搬迁前的子女继续教育风险，成为移民面临的第一大社会风险；在政治风险中，国家政策不稳定是移民搬迁后面临的最突出的风险，而社会不稳定或动荡风险，失去公共资源享有权风险程度较小，但以上三类分支风险程度均高于搬迁前。从综合风险看，根据生态移民搬迁后分支风险程度从大到小排序，排在前五位是：生活成本上升、债务增加、失业或找不到工作、子女继续教育、丧失土地或无地可耕。上述分支风险中以经济风险为主，经济风险已取代搬迁前的自然风险，成为移民搬迁后最突出的风险。失业或找不到工作、子女继续教育风险属于社会风险，是移民搬迁后的第二大风险。失去公共资源享有权、社会组织结构解体风险对综合风险的贡献较小，可见，生态移民面临的政治风险较小。移民户应对风险的主观策略呈现多元化的特征，主要有外出务工、向亲友借款或银行贷款、降低消费水平、返回原居住地生活、出售资产、购买保险等。

第六，城镇安置模式下生态移民可持续发展政策执行存在偏差或政策落实不到位，在一定程度上影响了生态移民在安置点的可持续发展。对贵州省城镇安置模式下生态移民的住房政策、土地政策、就业政策、产业政策、创业政策和社会保障政策六大政策执行情况进行评估，结果显示：各生态移民项目县执行生态移民可持续发展政策的总体情况良好，但因生态移民工程系统性政策的出台和实施时间较短，在政策执行过程中，缺少与之相配套的具体措施，加上一些地方政府重视不够，对生态移民各项政策贯彻落实情况的监督检查力度不大，导致促进生态移民可持续发展的政策效应未充分凸显。

第七，城镇安置模式下生态移民可持续发展战略框架包括总体思路、基本原则、战略目标、战略重点和战略模式。在遵循总体思路和基本原则的前提下，将战略目标定位为"消除绝对贫困、保护生态环境、推进新型城镇化、实现同步小康"；战略重点包括实施生态建设、完善配套设施、发展生态产业、引导就业创业、提供公共服务和创新社区治理；战略模式可重点采取特色旅游型城镇安置模式、工业主导型城镇安置模式、生态农业型城镇安置模式、交通枢纽型城镇安置模式、商贸流通型城镇安置模式、资源开发型城镇安置模式、政治中心型城镇安置模式。

第八，城镇安置模式下生态移民可持续发展，需要消除制约生态移民可持续发展能力提升和产生潜在风险的深层次制度因素。可通过安排生态移民的法律制度、户籍制度、就业制度、金融制度和社会保障制度，克服制度性缺陷对生态移民这一弱势群体的排斥，在最为有效的制度安排下，推进生态移民工程，赋予生态移民平等参与社会竞争的机会。

第九，城镇安置模式下生态移民可持续发展，需要设计"有效率"的生态移民监督评估机制、信息传递机制、利益补偿机制、退出激励机制、资金整合机制、风险防范机制、社会参与机制，保障生态移民实际获得的利益与生态移民政策制定者期望达到的目标相一致。

第二节　研究展望

生态移民是一项社会重建工程，涉及问题极其复杂、获取数据较为困难。虽然在本书中笔者试图在理论和实证方面做出一定拓展，但是，由于受自身研究能力以及客观条件的限制，本书难以穷尽城镇安置模式下生态移民可持续发展涉及的所有内容，还有很多具体、细致而复杂的问题需要深入研究，在理论和实证上需要进一步探索。结合本书的研究内容，今后还需要从以下三个方面开展深入持续的研究：

第一，生态移民的内涵既指生态移民政策的实践行为，也指生态移民实践行为的迁移对象，即那些迁移出来的农牧民。因此，城镇安置模式下生态移民可持续发展的范畴较广，既包括迁出地和迁入地的可持续发展，也包括移民群体的可持续发展。为了突出研究重点，本书主要探讨了如何实现移民对象的可持续发展，即移民群体搬迁后如何在城镇实现可持续发展，对迁出地和迁入地的可持续发展着墨不多，事实上，这也是一个需要加以研究的问题。因此，今后需要立足于区域角度，深入探讨如何实现生态移民迁出地和迁入地的可持续发展。

第二，城镇安置模式下生态移民可持续发展的核心问题是如何实现移民家庭可持续生计目标。因此，借鉴生计理论尤其是可持续生计理论分析框架，以移民户微观数据为基础，对生态移民搬迁前后家庭生计资本、生计模式、生计风险等变化状况进行实证研究，揭示城镇安置模式下生态移民家庭生计资本变迁规律及其对生计模式选择的影响，探索移民家庭生计风险类型、特征及其产生的根源，是需要进一步加以深入研究的问题。

第三，少数民族生态移民文化传承与发展问题。如前文所述，实施生态移民的对象中有相当部分是少数民族贫困人口，与其他有土安置模式相比较，在城镇安置模式下城镇文化将对少数民族生态移民传统民族文化产生较大冲击。因此，城镇安置模式下如何传承与发展少数民族生态移民的民族文化也是后续研究需要拓展的关键问题。

此外，由于反贫困与生态移民可持续发展是一个非常复杂的生态、经济和社会发展难题，生态移民可持续发展战略框架、制度安排与机制设计有待于从理论上进行深入系统的研究，尤其是对城镇安置模式下生态移民可持续发展能力评估指标体系构建、生态移民可持续发展政策调整体系与生态移民安置模式推广等方面需要做进一步探索。

附　录

附录一：生态移民家庭调查问卷

先生/女士/同志：您好！

　　我叫　　　，是　　　　　　大学　　级的学生。我们正在进行一项社会调查，目的是了解贵州生态移民家庭生产生活变迁情况。经过多方咨询，我们选择了移民安置点和安置点的移民家庭作为调研对象，并对您进行访谈。您的合作对我们了解有关信息和提出相关政策建议有十分重要的意义。

　　本调查本着完全自愿的原则，对问卷中问题的回答，没有对错之分，您只要根据实际情况客观回答即可。希望您协助我们完成这次访问，谢谢您的合作！

调查日期	年　月　日	户主姓名	
县（区、市）名		被访问者代码：	
乡（镇、街道）名		1 男户主	
村委会（居委会）名		2 女户主	
		3 男户主配偶	
调查开始时间	时　分	4 女户主配偶	
调查结束时间	时　分	5 其他（注明与户主关系）	

调查员（签名）：

生肖与周岁关系参考表（2014 年）

子鼠	出生年份	2008	1996	1984	1972	1960	1948	1936	1924	1912	1900
	年龄（岁）	6	18	30	42	54	66	78	90	102	114
丑牛	出生年份	2009	1997	1985	1973	1961	1949	1937	1925	1913	1901
	年龄（岁）	5	17	29	41	53	65	77	89	101	113
寅虎	出生年份	2010	1998	1986	1974	1962	1950	1938	1926	1914	1902
	年龄（岁）	4	16	28	40	52	64	76	88	100	112
卯兔	出生年份	2011	1999	1987	1975	1963	1951	1939	1927	1915	1903
	年龄（岁）	3	15	27	39	51	63	75	87	99	111
辰龙	出生年份	2012	2000	1988	1976	1964	1952	1940	1928	1916	1904
	年龄（岁）	2	14	26	38	50	62	74	86	98	110
巳蛇	出生年份	2013	2001	1989	1977	1965	1953	1941	1929	1917	1905
	年龄（岁）	1	13	25	37	49	61	73	85	97	109
午马	出生年份	2014	2002	1990	1978	1966	1954	1942	1930	1918	1906
	年龄（岁）	0	12	24	36	48	60	72	84	96	108
未羊	出生年份		2003	1991	1979	1967	1955	1943	1931	1919	1907
	年龄（岁）		11	23	35	47	59	71	83	95	107
申猴	出生年份		2004	1992	1980	1968	1956	1944	1932	1920	1908
	年龄（岁）		10	22	34	46	58	70	82	94	106
酉鸡	出生年份		2005	1993	1981	1969	1957	1945	1933	1921	1909
	年龄（岁）		9	21	33	45	57	69	81	93	105
戌狗	出生年份		2006	1994	1982	1970	1958	1946	1934	1922	1910
	年龄（岁）		8	20	32	44	56	68	80	92	104
亥猪	出生年份		2007	1995	1983	1971	1959	1947	1935	1923	1911
	年龄（岁）		7	19	31	43	55	67	79	91	103

文化程度代码

0. 没上学	11. 高中二年级
1. 小学一年级	12. 高中三年级
2. 小学二年级	13. 中专
3. 小学三年级	14. 大专
4. 小学四年级	15. 大学
5. 小学五年级	16. 技校
6. 小学六年级	17. 电大中专
7. 初中一年级	18. 电大大专
8. 初中二年级	19. 函授中专
9. 初中三年级	20. 函授大专
10. 高中一年级	21. 其他（注明）

与户主关系代码

1. 户主	8. 女婿、儿媳、姐夫、嫂子
2. 配偶	9. 公婆、岳父母
3. 孩子	10. 亲戚
4. 孙子辈	11. 无亲戚及朋友关系
5. 祖父（母）、外祖父（母）	12. 领养
6. 父母	13. 寄养
7. 兄弟姐妹	14. 朋友

一　移民家庭基本情况及人力资本调查

1. 家庭成员基本情况（在家居住6个月以上或常年在外6个月以上但与家庭经济关系密切的人。分家、出嫁、参军和户口迁出的学生除外。）

家庭成员	性别	民族	与户主的关系	年龄	文化程度	婚姻状况	健康状况	个人特长	目前从事职业（2014年）	对选择3—8答案的追加提问				搬迁前从事职业（原居住地）	对选择2—5追加提问	
	1. 男 2. 女	1. 汉 2. 苗 3. 布依 4. 土家 5. 彝 6. 侗 7. 仡佬 8. 水 9. 其他	见"与户主关系代码表"	见"年龄与肖周岁关系表"	见"文化程度代码表"	1. 已婚 2. 未婚 3. 离异 4. 丧偶	1. 很好 2. 较好 3. 一般 4. 不太好 5. 很差（指因各种原因生活不能自理的）	1. 木匠 2. 铁匠 3. 工艺品制作 4. 医生 5. 兽医 6. 其他（请注明）	1. 安置点务农 2. 回原居住地务农 3. 在安置点产业园区就业 4. 在政府安排的公益性岗位就业 5. 自己创业 6. 在省外打工 7. 在省内县外打工 8. 在县内乡（镇）外打工 9. 无业/失业/待业（请注明） 10. 其他（请注明）	如选"3 在产业园区就业"，具体是？ ①管理人员 ②技术人员 ③销售人员 ④工人 ⑤保安 ⑥其他	如选"4 在公益性岗位就业"，具体是？ ①社区管理 ②社区保安 ③环卫工人 ④绿化 ⑤幼儿教师 ⑥其他	如选"5 自己创业"，具体做？ ①商业服务 ②餐饮服务 ③交通运输 ④工艺品 ⑤家具 ⑥其他	如选"外出打工"，从事的行业？ ①建筑装修 ②制造业 ③商业服务业 ④餐饮服务业 ⑤农业 ⑥其他行业	1. 原居住地务农 2. 自己创业 3. 在外打工 4. 在省内县外打工 5. 在县内乡（镇）外打工 6. 其他（请注明）	如选"2 自己创业"，具体做？ ①商业服务 ②餐饮服务 ③交通运输 ④工艺品 ⑤家具 ⑥其他	如选"外出打工"，从事的行业？ ①建筑装修 ②制造业 ③商业服务 ④餐饮服务 ⑤农业 ⑥其他行业
成员1																
成员2																
成员3																
成员4																
成员5																
成员6																

2. 移民搬迁相关情况调查

问题	答案选项及代码	填选项
搬迁缘由	1. 自愿　2. 强制（单选）如果是"自愿搬迁"，原因是：1. 原居住地太穷、生活条件太差　2. 没有土地或土地少　3. 移民搬迁政策吸引人　4. 借机倒腾　5. 随大流　6. 其他（请注明）（单选）	
搬迁距离	安置点到您家原来的居住地的距离有多远？（填数据）	＿＿公里
目前您家的户口登记地	1. 安置点所在地　2. 移民前居住地　3. 其他（请注明）（单选）	
目前您家的户口登记状况	1. 农业户口　2. 非农业户口　3. 没有户口　4. 其他（请注明）（单选）	
政府为您家提供的安置条件	1. 耕种的土地　2. 住房　3. 资金　4. 培训　5. 就业　6. 低保　7. 其他（请注明）（可多选）	
政府住房建设补助标准	如果是按户补助，户均多少？（填数据）如果是补助，人均多少？（填数据）	＿＿元/户　＿＿元/人
除政府补助外，您家在住房建设上自筹了多少资金？	自筹资金（元）（填数据）自筹资金来源：1. 家庭积蓄（存款）　2. 子女资助　3. 亲戚朋友借款　4. 向银行贷款　5. 民间高利率借款　6. 其他（请注明）（可多选）	＿＿元
目前您认为您家面临的最大困难是什么？	1. 缺发展资金　2. 债务负担重　3. 住房面积小　4. 就地就业困难　5. 生活成本增加，压力大　6. 子女教育　7. 看病就医　8. 技术缺乏　9. 无地可耕　10. 其他（请注明）（可多选）	

续表

问题	移民安置以来您家参加培训的情况			与移民前相比，您家的生活水平有什么变化？	移民前您家参加的培训情况	搬到这里居住和生活，您是否满意？	要把移民工作做好，您认为应从哪些方面提供更大的帮助？
	是否参加了培训？	如果已经"参加"参加了多少次？	参加培训内容是 / 若"未"参加，希望政府提供哪些培训？				
答案选项及代码	1. 参加 2. 未参加 （单选）	1. 5 次以上 2. 4 次 3. 3 次 4. 2 次 5. 1 次 6. 0 次 （单选）	参加培训内容是： 1. 就业、创业培训 2. 种植技术培训 3. 养殖技术培训 4. 其他（请注明） （可多选） 若"未"参加，希望政府提供哪些培训： 1. 就业、创业培训 2. 种植技术培训 3. 养殖技术培训 4. 其他（请注明） （可多选）	1. 上升很多 2. 略有上升 3. 没有变化 4. 略有下降 5. 下降很多 （单选）	1. 就业、创业培训 2. 种植技术培训 3. 养殖技术培训 4. 其他培训（请注明） （可多选）	1. 满意 2. 不满意（单选） 如"满意"，原因是： 1. 住房条件好 2. 居住环境好 3. 就业、务工渠道方便 4. 子女上学方便 5. 看病就医方便 6. 耕种的土地资源条件优越 7. 其他原因（请注明） （按程度多选） 如"不满意"，原因是： 1. 补助标准低 2. 住房条件差 3. 居住环境差 4. 就业、务工渠道少 5. 子女上学不方便 6. 看病就医不方便 7. 耕种的土地资源条件差 8. 其他原因（请注明） （按程度多选）	1. 提高住房建设补助标准 2. 提供技术培训 3. 将移民户籍纳入迁入地管理 4. 建设配套设施 5. 加大产业扶持 6. 加大金融机构对移民的支持 7. 对困难移民家庭给予教育扶持 8. 其他（请注明）（限选 3—4 项）
填选项							

二 移民家庭自然资本调查

1. 家庭拥有的土地资源状况（实际利用面积：指实际经营并产生经济效益的面积）

土地类型	计量单位	目前（搬迁后）		移民搬迁前	
		拥有面积	实际利用面积	拥有面积	实际利用面积
1. 耕地面积	亩				
其中：水田面积	亩				
旱地面积	亩				
其中：坡耕地（>25°）	亩				
其中：退耕还林面积	亩				
2. 耕地外的其他土地	亩				
其中：林地面积	亩				
果园面积	亩				
其中：水果面积	亩				
干果面积	亩				
茶园面积	亩				
草地面积	亩				
鱼塘面积	亩				
其他（_____）	亩				

2. 土地流转情况

问题	2.1 您家是否将承包的土地流转给他人经营					2.2. 您家搬迁后，如何处置原有土地/山林？
	目前（搬迁后）		移民搬迁前			
		如果回答"是"			如果回答"是"	
答案选项及代码	1. 是 2. 否	流转了多少亩给他人？	流转的方式是：1. 出租 2. 抵押 3. 入股 4. 其他（请注明）	1. 是 2. 否	流转了多少亩给他人？	流转的方式是：1. 出租 2. 抵押 3. 入股 4. 其他（请注明）	1. 全部自家使用 2. 部分自家使用，部分闲置 3. 部分自家使用，部分退耕还林 4. 全部闲置 5. 全部退耕还林 6. 全部收归集体
填选项		____亩			____亩		

土地流转情况（续）

问题	2.3　您家是否从其他人手中流转土地来经营					
	目前（搬迁后）			移民搬迁前		
答案 选项 及代码	1. 是 2. 否	如果回答"是"		1. 是 2. 否	如果回答"是"	
		流转了多 少亩给 他人？	流转的方式是什么？ 1. 付租金租入 2. 抵押租入 3. 对方入股 4. 其他（请注明）		流转了多 少亩给 他人？	流转的方式是什么？ 1. 付租金租入 2. 抵押租入 3. 对方入股 4. 其他（请注明）
填选项		＿＿亩			＿＿亩	

三　移民家庭物质资本调查

1. 家庭住房情况

调查项目		目前情况（移民 安置点）	搬迁前（原住地）
住房 结构	1. 混凝土		
	2. 砖瓦		
	3. 砖木		
	4. 土木		
	5. 其他（请注明）		
住房面积（不含圈舍等 附属用房）		＿＿平方米 （＿＿间）	＿＿平方米 （＿＿间）
住房年限		＿＿年建 （已有＿＿年）	＿＿年建 （已有＿＿年）

2. 家庭固定资产情况

调查项目		单位	目前	搬迁前	调查项目		单位	目前	搬迁前
生产工具	卡车	辆			耐用消费品	电动自行车	辆		
	农用车	辆				电脑	台		
	大中型拖拉机	辆				电视机（彩色）	台		
	小型拖拉机	辆				固定电话	台		

续表

	调查项目	单位	目前	搬迁前		调查项目	单位	目前	搬迁前
生产工具	小轿车	辆			耐用消费品	移动电话(手机)	台		
	摩托车	辆				空调	台		
	犁耕机	台				电冰箱(冰柜)	台		
	收割机	台				洗衣机	台		
	其他（请注明）					照相机	台		
	牲畜圈舍	平方米				影碟机	台		
		间				热水器	台		
	能繁母畜	头				燃气灶	台		
	耕牛	头				电饭煲	个		
	役马	头				其他(请注明)			

四 移民家庭金融资本调查

1. 家庭收入情况调查

1.1 种植业和林果业收入

作物/产品（填代码）	目前（移民后）(2014年)					移民搬迁前				
	播种面积	总产量	销售量	市场价格	总产值	播种面积	总产量	销售量	市场价格	总产值
	亩	千克	千克	元/千克	元	亩	千克	千克	元/千克	元

作物代码:
1. 水稻
2. 玉米
3. 小麦
4. 马铃薯
5. 红薯
6. 黄豆
7. 高粱
8. 小米
9. 蚕豆
10. 芸豆
11. 苦荞
12. 薏苡米
13. 油菜籽
14. 烤烟
15. 花生
16. 蔬菜（不含辣椒）
17. 辣椒
18. 中药材
19. 苹果
20. 柑橘
21. 梨子
22. 核桃
23. 板栗
24. 樱桃
25. 桃子
26. 李子
27. 其他

种植业和林果业投入

投入品	金额（元）		投入品	金额（元）	
	移民后（2014 年）	移民前（一般情况）		移民后（2014 年）	移民前（一般情况）
1. 种子（包括自己的种子）			8. 除草剂		
2. 尿素			9. 杀虫剂、杀菌剂		
3. 碳铵			10. 塑料薄膜和地膜		
4. 二铵			11. 雇工、雇机械费		
5. 磷肥			12. 生产资料租金		
6. 钾肥			13. 灌溉费		
7. 复合肥			14. 其他（请注明）		

1.2　畜牧业收入

项目			移民后（2014 年）				移民前（一般情况）			
			出售	自食	赠送	其他	出售	自食	赠送	其他
猪	数量	头								
	价值	元								
牛	数量	头								
	价值	元								
羊	数量	只								
	价值	元								
禽	数量	只								
	价值	元								
蛋	数量	斤								
	价值	元								
鱼	数量	斤								
	价值	元								

养殖业投入

项目	移民后（2014 年）		移民搬迁前（一般情况）	
	数量（千克）	金额（元）	数量（千克）	金额（元）
1. 饲料				
其中：玉米				
红薯				
糠麸				
油饼				
购买其他饲料				
2. 种苗				
3. 医药费				
4. 放牧费				
5. 其他（注明）				

1.3 家庭其他收入

收入项目	移民后（2014 年）	移民前（一般情况）	收入项目	移民后（2014 年）	移民前（一般情况）
非农收入			土地流转补贴		
工资收入			生态补偿		
外出打工收入			农村低保收入		
经商收入			政府救济		
餐饮服务收入			赠送收入		
运输收入			其他转移收入		

续表

收入项目	移民后 （2014 年）	移民前 （一般情况）	收入项目	移民后 （2014 年）	移民前 （一般情况）
办厂收入			财产性收入		
其他非农收入			利息收入		
转移性收入			租金收入		
其中：种田补贴			投资分红收入		
养殖补贴			财产增值收益		
就业补贴			其他财产收入		

说明：工资收入指在当地单位就业所获得的工资（外出打工的工资收入不计算其中）；农民种田补贴包括种粮补贴、良种补贴、农机具购置补贴、农资综合补贴等。

2. 移民家庭金融资本其他相关问题调查

问题	您家能否通过银行、亲友筹集所缺资金？		家是否获得过信贷支持（包括正规渠道和非正规渠道）？				
			移民安置以来			移民搬迁前	
	目前	搬迁前		如果回答"是"			如果回答"是"
答案选项及代码	1. 能 2. 不能	1. 能 2. 不能	1. 是 2. 否	获得的途径是： 1. 银行（信用社） 2. 民间高利贷 3. 亲戚朋友借款 4. 其他（请注明）（可多选）	已经还了多少？	1. 是 2. 否	获得的途径是： 1. 银行（信用社） 2. 民间高利贷 3. 亲戚朋友借款 4. 其他（请注明）（可多选）	已经还了多少？
填选项					___元		___元

五　移民家庭社会资本调查

问题及选项	时间段		填选项	
	搬迁前	搬迁后	搬迁前	搬迁后
家庭成员参加社区组织的数量（包括合作经济组织）： 1.5个及以上 2.4个 3.3个 4.2个 5.1个 6.0个 （单选）				
当遇到困难时，您家获得帮助的途径是：1.政府（含村委会）2.金融机构 3.亲戚 4.朋友 5.现在的邻居 6.搬迁前的邻居 7.其他村民 8.其他途径（请注明）（可多选）				
当遇到困难时，您家获得帮助的形式是：1.获得资金方面的帮助 2.获得物质方面的帮助 3.获得技术方面的帮助 4.获得劳动力方面的帮助 5.其他帮助（请注明）（可多选）				
您家与居住地社区干部（或村干部）的关系：1.很好 2.较好 3.一般 4.较差 5.很差（单选）				
您家与亲戚朋友的交往情况：1.很频繁 2.较为频繁 3.一般 4.交往较少 5.几乎不往来（单选）				
在亲戚朋友中，能给您家以实质性帮助的能人有哪些：1.县级及以上领导干部 2.乡镇级领导干部 3.村级干部 4.政府部门一般工作人员 5.医生 6.教师 7.老板 8.其他（请注明）（可多选）				
您家距离县城有多少公里？（填具体数据）			____千米	____千米

六　移民家庭生计风险调查

1. 移民家庭面临的生计风险（或者说最担心的是什么？在对应位置画 "√"）

风险类型	目前	搬迁前	风险类型	目前	搬迁前
失业（找不到工作）			国家政策不稳定		
丧失土地(无地可耕)			社会不稳定（或动荡）		
缺乏食物			被边缘化		
生活成本上升			社会组织结构解休		
债务增加			干旱		
子女教育			暴雨、洪涝灾害		
自己或家人患重病			病虫害		
缺乏养老保障			冰雹		
财产丢失(或损坏)			凝冻		
失去公共资源享有权			其他风险（请注明）		

2. 如果风险来临，您准备如何应对（在对应位置画 "√"）（可多选）

应对措施	外出打工	返回原居住地生活	出售资产	向亲友银行借款贷款	降低消费水平	购买保险	其他（请注明）
目前							
搬迁前							

七　被访者联系方式

谢谢您参与我们的调查。我们非常希望能与您保持联系，希望您能告诉我们您的联系方式，以便将来与您保持联系。我们计划在明年或后年对您进行回访，以便进一步了解您家发生的变化。我们会严格遵守科学研究的伦理及我国的有关法律法规，对您提供的信息严格保密。您的信息仅用于研究，绝不会向任何单位和个人泄露。我们为您的信息保密承担法律责任。

谢谢您的理解和支持！

您的姓名是：

您的手机号码是：

您家的固定电话是：

您的 E – mail 地址是：

附录二：移民安置点基本情况调查表

先生/女士/同志：您好！

我叫×××，来自贵州财经大学。受贵州省水库和生态移民局的委托，我们正在进行扶贫生态移民工程实施效果的评估调查。经咨询省水库和生态移民局的意见，我们选择了移民安置点和安置点的移民家庭作为调研对象，并对您进行访谈。您的合作对我们做好这次评估工作具有十分重要的意义。

本着实事求是的原则，请您对本次调查中的相关问题客观表达您的意见和看法。对于您的回答，我们将按照相关规定严格保密，并且只用于本次分析评估，不泄露任何个人信息，请您不要有任何顾虑。希望您协助我们完成这次访问，谢谢您的合作！

安置点：_____县（区、市）_____乡（镇）_____安置点

访谈对象：_____调查员（签名）：_____

1. 该安置点基本情况

	距县城（千米）			经济发展在全县的地位	
移民安置点概况	距离所在乡镇（千米）		安置点所在乡镇概况	农民人均纯收入（元）	
	距最近的乡镇（千米）			最重要的工业企业	
	规划安置移民（户）			前三位的农业主导产业	
	规划安置移民（人）			有无产业园区或农业园区	
	规划总投资（万元）			有无高中	
	首批移民安置时间	年		有无初中	

2. 该安置点基础设施建设情况

目前已安置移民（户）		目前已投入资金（万元）	
目前已安置移民（人）		其中：移民住房建设（万元）	
移民住房建设补助（元/户）		征地费用（万元）	
移民住房建设补助（元/人）		基础设施建设（万元）	

续表

户均住房建设面积（平方米）		公共服务设施建设（万元）	
其中：门面（平方米）		产业发展（万元）	
户均自筹住房资金（含装修）		技术技能培训（万元）	
移民自筹资金的主要来源		其他（＿＿＿＿）（万元）	

3. 该安置点移民就业情况

项目	公益性岗位就业	产业园区就业	在安置点务农	回原居住地务农	外出打工	无业/失业/待业	其他（请注明）
人数（人）							

4. 该安置点的其他情况

移民户口是否已迁到安置点	在已安置的移民中，贫困人口有多少（人）？		安置点用电是否有保障？	安置点生活用水是否有保障？	安置点道路设施是否完善？	安置点交通是否方便？
	合计	#享受低保				

安置点通信设施是否完善？	安置点离最近的医院距离？	安置点离最近的小学距离？	安置点离最近的初中距离？	安置点离最近的集市距离？	安置点离最近的银行距离？	安置点离最近的邮局距离？
	＿＿千米	＿＿千米	＿＿千米	＿＿千米	＿＿千米	＿＿千米

5. 移民对象确认：安置点确认搬迁对象的方式、方法、程序是什么？确认移民对象后是否进行公示？

6. 在安置点安置的移民中，与最初公示的搬迁对象是否完全一致？如果与最初公示的对象有出入，不一致的原因是什么？

7. 据您了解的情况，搬迁后移民对相关安置政策最满意的是什么？意见最大的是什么？

附录三：贵州省扶贫生态移民工程实施效果评估调研提纲

座谈人员：县扶贫生态移民办公室负责人及具体负责移民工作的相关人员，评估调研组主要人员。

一　住房建设问题

1. 就全县而言，移民建房资金主要由哪些构成？住房建设是否有企业和社会捐助？各级政府户均住房补助多少？移民家庭一般需要自筹多少才能入住？移民家庭自筹资金的主要来源是什么？

2. 对于移民群体中的特殊困难农户，政府是否给予特殊的帮助？若有，具体给予什么帮助？

3. 目前，移民是否存在将住房出租、转让、变卖等情况？若存在，是否采取相关措施予以阻止？如采取了相关措施，制止效果如何？

二　土地问题

1. 移民安置点建设所涉及的征地、拆迁等问题是否已圆满解决？若没有，还存在哪些问题？

2. 搬迁后，对原有宅基地是否进行复垦整治？如果没有，原因是什么？

3. 是否采取了相关措施，鼓励已搬迁移民以多种形式流转土地承包经营权？若有，主要采取了哪些措施？

4. 是否采取了相关措施，鼓励和支持公司、合作社、专业大户等承包经营已搬迁农户的土地？若有，采取了哪些措施？

5. 已搬迁农户是否享受原有土地的各项支农惠农补贴政策？若享受，是如何操作的？

6. 已搬迁农户是否继续享受原退耕还林政策？若享受，是如何操作的？

三 就业创业问题

1. 针对移民家庭目前开展了哪些职业技能技术培训？培训的类型有哪些？规模如何？效果如何？移民接受培训后的去向如何？

2. 采取了哪些措施鼓励和支持园区、企业等吸纳移民就业？

3. 采取了哪些措施吸纳移民到相关公益性岗位就业？

4. 采取了哪些措施鼓励和支持移民自主创业？实施效果如何？

5. 是否组织移民劳务输出？若组织了，劳务输出的方式、地点、规模和效果如何？

四 社会保障问题

是否对符合条件的移民家庭全部纳入低保？若有，在已搬迁移民中有多少被纳入低保？没有，原因是什么？

五 生态建设问题

1. 移民搬迁后，对移民原居住地的生态环境改善产生了哪些方面的影响？

2. 移民搬迁后，采取了哪些措施改善移民原居住生态环境？成效如何？

3. 移民迁入安置点居住后，对迁入地的生态环境产生了哪些方面的影响？为保护和改善迁入地生态环境，采取了哪些方面的措施？成效如何？

六 其他问题

1. 移民搬迁后，是否与当地居民享有同等的教育、医疗卫生、养老保险、失业保险、社会救助、社会福利和慈善等社会保障政策？若没有，原因是什么？

2. 对涉及的孤寡、智障等丧失劳动能力的搬迁群体，是否由当地政府统一集中安置？若没有，原因是什么？

3. 目前实施的移民住房、土地、产业、创业、社保、就业等政策，有哪些方面需要进一步加以改进？为进一步做好移民搬迁工作，从政策方面还需要给移民以哪些方面的支持？

附录四：贵州省扶贫生态移民工程
实施效果评估调查问卷

先生/女士/同志：您好！

我叫×××，来自贵州财经大学。受贵州省水库和生态移民局的委托，我们正在进行扶贫生态移民工程实施效果的评估调查。经咨询省水库和生态移民局的意见，我们选择了移民安置点的移民作为调研对象，并对您进行访谈。您的合作对我们做好这次评估工作具有十分重要的意义。

本着实事求是的原则，请您对本次调查中的相关问题客观表达您的意见和看法。对于您的回答，我们将按照相关规定严格保密，并且只用于本次分析评估，不泄露任何个人信息，请您不要有任何顾虑。希望您协助我们完成这次访问，谢谢您的合作！

调查基本情况

调查日期		年　月　日		访谈对象家庭基本情况：	
县（区、市）名				家庭人口（人）	
乡（镇、街道）名				其中：男（人）	
村委会（居委会）名				家庭劳动力（人）	
调查开始时间		时　　分		其中：男劳动力（人）	
调查结束时间		时　　分		家庭劳动力就业情况	—
访谈对象基本情况	性别			外出打工（人）	
	年龄			其中：省外打工（人）	
	文化程度（填代码）			在安置点务农（人）	
	家庭身份（填代码）			回原居住地务农（人）	
	从事职业			在产业园区就业（人）	
	对家庭情况是否熟悉			公益性岗位就业（人）	
	对移民政策是否了解			自主创业（人）	

注：（1）访谈对象的"文化程度"代码：1. 文盲、2. 小学、3. 初中、4. 高中（含中专和职中）、5. 大专、6. 大学、7. 研究生；

（2）访谈对象的"家庭身份"代码：1. 男户主、2. 女户主、3. 男户主配偶、4. 女户主配偶、5. 其他（注明与户主关系）；

（3）"自主创业"包括商业服务、交通运输、餐饮服务、工艺品制作等。

A. 移民搬迁相关情况调查

A1. 移民搬迁缘由_____（选项：1. 自愿　2. 强制）。

　　如果自愿，原因是_____（选项：1. 原居住地太穷、生活条件太差　2. 没有土地或土地很少　3. 移民搬迁政策吸引人　4. 借机闯荡　5. 随大流　6. 其他）。

A2. 目前您家的户口登记地是_____（选项：1. 安置点所在地　2. 移民前居住地　3. 其他）。

A3. 目前您家的户口登记状况_____（选项：1. 农业户口　2. 非农户口　3. 没有户口　4. 其他）。

A4. 政府为您家提供的安置条件_____（多选）（选项：1. 耕种的土地　2. 住房　3. 资金　4. 培训　5. 低保　6. 其他）。

A5. 除政府补助外，您家在住房建设上自筹了多少资金？_____元。自筹资金来源是（多选）［选项：1. 家庭积蓄（存款）　2. 子女资助　3. 亲戚朋友借款　4. 向银行贷款　5. 民间高利率借款　6. 其他］。

A6. 目前您认为您家面临的最大困难是什么？_____（最多选 3 项）（选项：1. 缺发展资金　2. 债务负担重　3. 住房面积小　4. 就地就业困难　5. 生活成本增加、压力大　6. 子女教育　7. 看病就医　8. 技术缺乏　9. 无地可耕　10. 其他）。

B. 移民政策执行情况

B1. 移民政策了解情况及满意度调查

问题	是否了解下列政策？ 1. 了解 2. 不了解	若了解，了解这些政策的渠道是什么？ 1. 电视、广播 2. 报纸、杂志 3. 网络 4. 村负责宣传 5. 亲朋好友 6. 其他（请注明）	是否享受下列政策？ 1. 享受 2. 不享受	对下列政策是否满意？ 1. 满意 2. 一般 3. 不满意	如果不满意，为什么？（可多选） 1. 政策没兑现 2. 政策标准低 3. 政策执行不力 4. 政策内容缺失 5. 其他（请注明）
住房政策					

问题	是否了解下列政策？ 1. 了解 2. 不了解	若了解，了解这些政策的渠道是什么？ 1. 电视、广播 2. 报纸、杂志 3. 网络 4. 村负责宣传 5. 亲朋好友 6. 其他（请注明）	是否享受下列政策？ 1. 享受 2. 不享受	对下列政策是否满意？ 1. 满意 2. 一般 3. 不满意	如果不满意，为什么？（可多选） 1. 政策没兑现 2. 政策标准低 3. 政策执行不力 4. 政策内容缺失 5. 其他（请注明）
土地政策					
就业政策					
产业政策					
创业政策					
社保政策					

B2. 搬迁后是否还享受原有的各种惠农政策？（选项：1. 是　2. 否）。
如果是，政府发放的各种惠农补贴是否及时到位？（选项：1. 能及时足额到位　2. 基本能按时足额发放　3. 能足额到位但老是拖　4. 不能足额到位）。

B3. 对各项具体补贴和保障的满意度

问　题	是否享受下列政策？ （选项：1. 享受　2. 不享受）	对下列政策是否满意？（选项： 1. 满意　2. 基本满意　3. 不满意）
粮食直补		
农作物良种补贴		
农资综合补贴		
农机具购置补贴		
设施农业补贴		
畜禽良种补贴		
基础母牛补贴		

续表

问　题	是否享受下列政策？ （选项：1. 享受　2. 不享受）	对下列政策是否满意？（选项： 1. 满意　2. 基本满意　3. 不满意）
农业政策性保险补贴		
新型农村合作医疗		
农村居民最低生活保障		
新型农村社会养老保险		

C. 移民生产生活状况

C1. 移民生产条件

C11. 搬迁前后土地资源状况（实际利用面积：指实际经营并产生经济效益的面积）

土地类型	计量 单位	目前（搬迁后）		移民搬迁前	
		拥有面积	实际利 用面积	拥有面积	实际利 用面积
1. 耕地面积	亩				
水田面积	亩				
旱地面积	亩				
坡耕地（＞15°）	亩				
退耕还林面积	亩				
2. 耕地外的其他土地	亩				
林地面积	亩				
果园面积	亩				
水果面积	亩				
干果面积	亩				
茶园面积	亩				
草地面积	亩				
鱼塘面积	亩				

C12. 政府在安置点是否为您家分配了土地？＿＿＿＿＿＿＿（选项：1. 是

2. 否）。如果是，分配的土地是否能满足生产需要_____（选项：1. 满足　2. 基本满足　3. 不能满足）。

如果在安置点分配有土地，您家是否将分配的土地流转给他人经营_____（选项：1. 是　2. 否）。如果是，流转方式是_____（选项：1. 出租　2. 抵押　3. 入股　4. 其他）。

C13. 搬迁后，您家在原居住地的土地/山林是如何处置的_____（选项：1. 全部自家使用　2. 部分自家使用，部分闲置　3. 部分自家使用，部分退耕还林　4. 全部闲置　5. 全部退耕还林　6. 全部收归集体　7. 其他）。

C14. 搬迁后，政府对您家原有的宅基地是否进行了复垦整治_____（选项：1. 是　2. 否）。

C15. 搬迁后，您家是否从其他人手中流转土地来经营_____（选项：1. 是　2. 否）。如果是，流转方式是_____（选项：1. 付租金租入　2. 抵押租入　3. 对方入股　4. 其他）。

C2. 移民生活环境

C21. 现在您家是否能够饮用到经过集中消毒处理的自来水_____（选项：1. 是　2. 否）。

C22. 您对安置点的道路交通条件是否满意_____（选项：1. 是　2. 否）。如果不满意，不满意的原因是什么_____（选项：1. 不通车、出行不方便　2. 没有想象的那么好　3. 虽然入住但目前道路还没有建好　4. 其他）。

C23. 安置点是否有休闲娱乐健身设施_____（选项：1. 有　2. 还在建设中　3. 没有　4. 不清楚）。

C24. 安置点的环境卫生状况如何_____（选项：1. 干净　2. 较干净　3. 一般　4. 较脏）。

C25. 安置点的绿化水平如何_____（选项：1. 绿化水平高　2. 绿化水平较高　3. 一般　4. 绿化程度低　5. 没有绿化）。

C26. 安置点的社会治安如何_____（选项：1. 很好　2. 较好　3. 一般　4. 较差　5. 很差）。

C27. 搬到安置点居住后，您家新购置了哪些固定资产？

调查项目	单位	数量	调查项目	单位	数量
卡车	辆		电动自行车	辆	
农用车	辆		电脑	台	
大中型拖拉机	辆		电视机(彩色)	台	
小型拖拉机	辆		固定电话	台	
小轿车	辆		移动电话(手机)	台	
摩托车	辆		空调	台	
犁耕机	台		电冰箱(冰柜)	台	
收割机	台		洗衣机	台	
其他(请注明)			照相机	台	
牲畜圈舍	平方米		影碟机	台	
	间		热水器	台	
能繁母畜*	头		燃气灶	台	
耕牛	头		电饭煲	个	
役马	头		其他(请注明)		

注：能繁母畜是指专门用于繁殖仔畜的母畜（猪、牛）。

C3. 移民就业情况（注意：要与首页基本情况一致）

C31. 您家是否有人在产业园区就业（选项：1. 有　2. 没有）。如果有，具体是什么职业（选项：1. 管理人员　2. 技术人员　3. 销售人员　4. 工人　5. 保安　6. 其他）。

C32. 您家是否有人在政府安排的公益性岗位就业（选项：1. 有　2. 没有）。如果有，具体是什么职业（选项：1. 社区管理2. 社区保安　3. 环卫工人　4. 绿化　5. 幼儿教师　6. 其他）。

C33. 您家是否有人自己创业（选项：1. 有　2. 没有）。如果有人创业，具体是做什么（选项：1. 商业服务　2. 餐饮服务　3. 交通运输　4. 工艺品加工　5. 家具制造　6. 皮鞋加工　7. 其他）。

C34. 您家是否有人外出打工（选项：1. 有　2. 没有）。如果有，有几人（选项：1. 1人 2. 2人　3. 3人　4. 4人　5. 5人以上），在什么地方打工（选项：1. 省外　2. 省内　3. 省内外都有），具体做什么(多人打工则多选)（选项：1. 建筑装修　2. 制造业　3. 商业服务　4. 餐饮服务　5. 农业　6. 其他行业)。

C4. 移民家庭收入水平

C41. 2014 年，您家的人均纯收入有多少 (选项：1. 2700 元及以下　2. 2701—5000 元　3. 5001—7500 元　4. 7501—10000 元　5. 10000 元以上)。

C42. 您家收入的来源构成是 (选项：1. 农业收入占一半以上　2. 非农业收入占一半以上　3. 农业收入和非农业收入各占 50%　4. 主要靠后期扶持资金或政府救济补助)。

C43. 与搬迁前相比，现在您家的收入有什么变化 (选项：1. 上升很多　2. 略有上升　3. 没有变化　4. 略有下降　5. 下降很多)。

C44. 目前，您家的收入能否满足基本的生活所需 (选项：1. 能满足且有部分剩余　2. 基本能满足　3. 不能满足)。

C5. 移民家庭债务负担

C51. 搬迁前，您家是否存在没有偿还的债务 (选项：1. 有　2. 没有)。如果有，债务有多少 (选项：1. 5000 元及以下　2. 5001—10000 元　3. 10001—30000 元　4. 30001—50000 元　5. 50001—100000 元　6. 100000 元以上)，债务来源是 (可多选) (选项：1. 银行、信用社贷款　2. 亲戚朋友借款　3. 民间高利贷　4. 其他)。

C52. 为了搬迁到安置点居住，您家自己投入了多少资金 (选项：1. 10000 元及以下　2. 10001—30000 元　3. 30001—50000 元　4. 50001—100000 元　5. 100001—150000 元　6. 150000 元以上)，投入资金来源是 (可多选) (选项：1. 银行、信用社贷款　2. 亲戚朋友借款　3. 民间高利贷　4. 其他)。

C53. 目前，您家是否存在还没有偿还的债务 (选项：1. 有　2. 没有)。如果有，债务有多少 (选项：1. 10000 元及以下　2. 10001—30000 元　3. 30001—50000 元　4. 50001—100000 元　5. 100000 元以上)，债务来源主要是 (可多选) (选项：1. 银行、信用社贷款　2. 亲戚朋友借款　3. 民间高利贷　4. 其他)。

C54. 目前，如果您家遇到资金困难，能否筹集到所缺资金 (选项：1. 能　2. 不能)。如果能，筹集资金的渠道是 (可多选) (选项：

1. 银行、信用社贷款　2. 亲戚朋友借款　3. 民间高利贷　4. 其他）。

C6. 移民家庭生活水平

C61. 与搬迁前相比，您家的生活水平有什么变化（选项：1. 上升很多　2. 略有上升　3. 没有变化　4. 略有下降　5. 下降很多）。

C62. 与搬迁前相比，您家的消费支出有什么变化（选项：1. 增加很多　2. 略有增加　3. 没有变化　4. 略有减少　5. 减少很多）。

C63. 搬迁后，您家的家庭生活支出中哪个方面占的比重最大（选项：1. 孩子读书　2. 赡养老人　3. 日常生活用品　4. 看病就医　5. 请客送礼　6. 其他）。

C7. 移民子女就学情况

C71. 您的家庭中是否有学龄前儿童（选项：1. 有　2. 没有）。如果有，是否已上幼儿园（选项：1. 是　2. 否）。如果是，是否满意（选项：1. 满意　2. 基本满意　3. 不满意）。如果不满意，原因是什么（选项：1. 条件差　2. 距离远　3. 价格高　4. 其他）。如果您家中的学龄前儿童没有上幼儿园，原因是什么（选项：1. 还没来得及安排　2. 没有幼儿园　3. 幼儿园不接收　4. 小孩不去　5. 交不起钱　6. 其他）。

C72. 您的家庭中是否有学龄儿童（选项：1. 有　2. 没有）。如果有，是否上学（选项：1. 是　2. 否）。如果是，是否满意（选项：1. 满意　2. 基本满意　3. 不满意）。如果不满意，原因是什么（选项：1. 条件差　2. 距离远　3. 价格高　4. 其他）。如果您家中的学龄儿童没有上学，原因是什么（选项：1. 还没来得及安排　2. 附近没有学校　3. 学校不接收　4. 小孩不去　5. 其他）。

C8. 移民医疗卫生状况

C81. 搬迁后，您家离最近的公立医院（卫生所）有多远（公里），这个医院（卫生所）是什么级别（选项：1. 村级　2. 乡镇级　3. 县级　4. 其他）。

C82. 安置点是否有药店（选项：1. 有　2. 没有）。如果有，有几家？

C83. 在安置点所在地，除公立的医院（卫生所）以外，是否有私人办的诊所（选项：1. 有　2. 没有）。

C9. 移民培训状况

C91. 您参加过培训吗（选项：1. 参加过　2. 听说过但未参加 3. 没听说过）。如果参加过，您参加了多少次培训（选项：1.5 次及以上　2.4 次　3.3 次　4.2 次　5.1 次）。参加培训的内容是（可多选）（选项：1. 就业培训　2. 创业培训　3. 种植技术培训　4. 养殖技术培训　5. 其他）。您参加培训后最大的收获是什么（选项：1. 就业容易了 2. 技能提高了　3. 收入增加了　4. 其他）。

C92. 如果您未参加过培训，您希望参加哪一类型的培训（多选）（选项：1. 职业技能培训　2. 创业培训　3. 农业实用技术培训　4. 其他）。

D. 移民满意度调查

D1. 搬到这里居住和生活，您是否满意（选项：1. 满意　2. 不满意）。如果满意，满意的原因是（最多选 3 项）（选项：1. 住房条件好　2. 居住环境如配套设施、社会治安等较好　3. 就业、务工渠道多　4. 子女上学方便　5. 看病就医方便　6. 耕种的土地资源条件优越　7. 政策扶持力度大　8. 其他原因）。如果不满意，不满意的原因是（最多选 3 项）（选项：1. 住房条件不好　2. 居住环境如配套设施、社会治安等较差　3. 就业、务工渠道少　4. 子女上学不方便　5. 看病就医不方便　6. 耕种的土地资源条件差　7. 政策扶持力度小　8. 其他原因）。

D2. 如果您目前已经就业，您对自己现在从事的职业是否满意（选项：1. 满意　2. 不满意）。如果不满意，原因是什么（选项：1. 收入低　2. 距离远　3. 工作时间长　4. 岗位不对口　5. 其他）。

D3. 您对安置点的交通条件是否满意（选项：1. 满意　2. 不满意）。如果不满意，原因是什么（选项：1. 路况不好　2. 距离集市远　3. 客车少　4. 其他）。

D4. 您对安置点的医疗卫生条件是否满意（选项：1. 满意　2. 不满

意）。如果不满意，原因是什么（选项：1. 医疗设备落后　2. 医生水平较差　3. 药品不足　4. 医院住院条件差　5. 其他）。

D5. 您对安置点的通信条件是否满意（选项：1. 满意　2. 不满意）。如果不满意，原因是什么（选项：1. 通信网络单一　2. 通信网络不稳定　3. 交费不方便　4. 费用太高　5. 其他）。

D6. 您对安置点的文化生活条件是否满意（选项：1. 满意　2. 不满意）。如果不满意，原因是什么（选项：1. 形式单一　2. 没人组织　3. 缺少场地　4. 其他）。

D7. 您对现在的居住条件是否满意（选项：1. 满意　2. 不满意）。如果不满意，原因是什么（选项：1. 住房面积小　2. 没有院子和附属用房　3. 周边自然环境差　4. 基础设施不足　5. 认识的人少　6. 其他）。

D8. 您对现在的生产条件是否满意（选项：1. 满意　2. 不满意）。如果不满意，原因是什么（选项：1. 土地质量差　2. 土地数量少　3. 土地离家太远　4. 生产成本上涨　5. 其他）。

D9. 当地人是否排斥你们移民（选项：1. 经常　2. 偶尔　3. 不会）。

D10. 您是否与当地人交流（选项：1. 经常　2. 偶尔　3. 几乎不）。

D11. 您是否已经适应了安置点的生产生活方式（选项：1. 适应　2. 不适应）。如果不适应，原因是什么（最多选3项）（选项：1. 被边缘化　2. 没有土地　3. 找不到工作　4. 缺乏食物　5. 生活成本上升　6. 债务增加　7. 子女教育　8. 老了以后没有生活保障　9. 财产丢失或损坏　10. 不能平等享有公共资源　11. 国家政策不稳定　12. 其他）。

D12. 您是否对未来充满信心（选项：1. 是　2. 否　3. 不知道）。

D13. 要把移民工作做好，您认为政府应从哪些方面提供更大的帮助（最多选3项）（选项：1. 提高住房建设补助标准　2. 提供针对性强的专业技术培训　3. 将移民户籍纳入迁入地管理　4. 加强配套基础设施建设　5. 加大产业扶持力度　6. 加大金融机构对移民贷款的支持力度　7. 对困难移民家庭给予教育扶持　8. 其他方面）。

参考文献

［1］阿尔弗雷德·韦伯：《工业区位论》，李刚剑、陈志人、张英保译，商务印书馆1997年版。

［2］阿玛蒂亚·森：《以自由看待发展》，任赜、于真译，中国人民大学出版社2002年版。

［3］阿玛蒂亚·森：《论社会排斥》，王燕燕摘译，《经济社会体制比较》2005年第3期。

［4］艾尔登其米克：《可持续发展视角下当代中国生态移民适应性问题探讨》，硕士学位论文，西南民族大学，2011年。

［5］奥古斯特·廖什：《经济空间秩序：经济财货与地理间的关系》，王守礼译，商务印书馆2010年版。

［6］白强：《生态移民在城镇的社会适应性研究——以鄂尔多斯市敖镇乌兰新区为例》，硕士学位论文，中国农业大学，2009年。

［7］蔡敏琦：《模糊综合评判在清洁生产评价中的应用研究》，硕士学位论文，兰州大学，2008年。

［8］陈凤林：《重视生态移民文化和社会适应性问题》，《中共银川市委党校学报》2014年第6期。

［9］陈绍军、曹志杰：《气候移民的概念与类型探析》，《中国人口·资源与环境》2012年第6期。

［10］陈绍军、程军、史明宇：《水库移民社会风险研究现状及前沿问题》，《河海大学学报》（哲学社会科学版）2014年第2期。

［11］范煜：《模糊综合评判在绿色建筑评价中的应用研究》，硕士学位论文，西安建筑科技大学，2011年。

［12］冯晓平：《失地农民就业风险研究——以成都失地农民为例》，

硕士学位论文，华中师范大学，2008 年。

[13] 辜胜阻：《非农化与城镇化研究》，浙江人民出版社 1991 年版。

[14] 郭振杰：《三峡库区城镇运营模式选择分析》，《重庆大学学报》2004 年第 9 期。

[15] 韩秀丽、李鸣骥、彭志新：《西北贫困地区生态移民的经济效益实证分析——以宁夏南部山区生态移民为例》，《安徽农业科学》2013 年第 11 期。

[16] 简新华、何志扬、黄锟：《中国城镇化与中国特色城镇化道路》，山东人民出版社 2010 年版。

[17] 贾丽虹：《外部性理论研究：中国环境规制与知识产权制度分析》，人民出版社 2007 年版。

[18] 金升菊：《生态移民的社会适应性研究》，《青年与社会》2013 年第 9 期。

[19] 克里斯塔勒：《南部德国的中心地》，常正文、王兴中译，商务印书馆 2010 年版。

[20] 李娜：《滇中彝区易地扶贫搬迁移民的社会适应：以永仁县彝族移民为例》，《毕节学院学报》2010 年第 7 期。

[21] 李士勇：《工程模糊数学及应用》，哈尔滨工业大学出版社 2004 年版。

[22] 刘翠翠：《西部地区小城镇建设的战略问题研究》，硕士学位论文，西南财经大学，2012 年。

[23] 刘民权、俞建拖、王曲：《人类发展视角与可持续发展》，《南京大学学报》（哲学人文科学·社会科学版）2009 年第 1 期。

[24] 刘学敏：《西北地区生态移民的效果与问题探讨》，《中国农村经济》2002 年第 4 期。

[25] 路建胜：《阿拉善盟生态移民政策实施效益评析》，硕士学位论文，中央民族大学，2013 年。

[26] 吕静：《陕南地区生态移民搬迁的成本研究》，博士学位论文，西北大学，2014 年。

[27] 马宝龙：《困境与对策：三江源区藏族生态移民适应性研究》，

《甘肃联合大学学报》（社会科学版）2007 年第 3 期。

[28] 钱纳里·塞尔昆：《发展的格局（1950—1970）》，李小青等译，中国财政经济出版社 1989 年版。

[29] 史俊宏：《生计转型背景下蒙古族生态移民非农生计策略选择及困境分析》，《中国农业大学学报》2015 年第 3 期。

[30] 唐任伍：《习近平精准扶贫思想阐释》，《人民论坛》2015 年第 10 期。

[31] 陶格斯：《浅谈镶黄旗生态移民在呼和浩特市郊区的社会适应性》，《华北农学报》2006 年第 C3 期。

[32] 汪培庄：《模糊集合论及其应用》，上海科技出版社 1983 年版。

[33] 王放、王益谦：《论生态移民与长江上游可持续发展》，《人口与经济》2003 年第 2 期。

[34] 王俊光：《库区农村移民风险防范研究》，硕士学位论文，西北农林科技大学，2009 年。

[35] 王瑞娟：《内蒙古生态移民政策执行研究》，硕士学位论文，兰州大学，2009 年。

[36] 王应政、戴斌武：《民族地区生态移民社会适应性研究：以贵州扶贫生态移民工程为例》，《贵阳学院学报》（社会科学版）2014 年第 1 期。

[37] 王圆圆：《城市贫困人口就业影响因素分析及干预政策》，硕士学位论文，苏州大学，2009 年。

[38] 温丽：《基于国际视角的生态移民研究》，《世界农业》2012 年第 12 期。

[39] 吴万铎、吴万钊：《模糊数学与计算机应用》，电子工业出版社 1988 年版。

[40] 徐军华、李若瀚：《论国际法语境下的"环境难民"》，《国际论坛》2011 年第 1 期。

[41] 徐明华：《关于湖南农村土地流转的调查与思考》，《新湘评论》2009 年第 1 期。

[42] 荀丽丽、包智明：《政府动员型环境政策及其地方实践：关于

内蒙古 S 旗生态移民的社会学分析》,《中国社会科学》2007 年第 5 期。

[43] 阎全山、娄彬彬:《西部地区环境移民研究》,《中国人口科学》1988 年第 2 期。

[44] 杨乐:《湖北少数民族地区农村反贫困研究——以恩施州为例》,硕士学位论文,湖北民族学院,2013 年。

[45] 杨荫凯、张明强、宋志强:《我国区域协调发展取得的成绩与"十二五"的思路建议》,《宏观经济管理》2009 年第 11 期。

[46] 杨维军:《西部民族地区生态移民发展对策研究》,《西北第二民族学院学报》(哲学社会科学版)2005 年第 4 期。

[47] 杨显明、米文宝、齐拓野等:《宁夏生态移民效益评价研究》,《干旱区资源与环境》2013 年第 4 期。

[48] 游俊:《中国连片特困区发展报告(2013)》,社会科学文献出版社 2013 年版。

[49] 约翰·冯·杜能:《孤立国同农业和国民经济的关系》,吴衡康译,商务印书馆 1986 年版。

[50] 张力小、刘杰:《北方沙漠化地区生态移民中的关键问题》,《生态学杂志》2009 年第 7 期。

[51] 张晓青:《国际人口迁移理论述评》,《人口学刊》2001 年第 3 期。

[52] 张振良:《应用模糊数学》,重庆大学出版社 1991 年版。

[53] 章熙海:《模糊综合评判在网络安全评价中的应用研究》,硕士学位论文,南京理工大学,2006 年。

[54] 赵桂久:《生态环境综合整治与恢复技术研究》(第二集),北京科学技术出版社 1995 年版。

[55] 赵曦:《中国西部贫困地区扶贫攻坚难点问题与战略选择研究》,西南财经大学出版社 2001 年版。

[56] 赵曦:《中国西部农村反贫困模式研究》,商务印书馆 2009 年版。

[57] 赵曦:《中国西部大开发战略前沿研究报告》,西南财经大学出

版社 2010 年版。

[58] 赵曦:《西南边疆少数民族地区反贫困与社会稳定对策研究》,西南财经大学出版社 2014 年版。

[59] 郑兴明:《城镇化进程中农民退出机制研究》,博士学位论文,福建农林大学,2012 年。

[60] Arun Agrawal, Kent Redford, "Conservation and Displacement: An Overview", *Conservation and Society*, Vol. 7, No. 1, 2009.

[61] Behrooz Morvaridi, "Resettlement, Rights to Development, and the Ilisu Dam, Turkey", *Development and Change*, Vol. 35, No. 4, 2004.

[62] Michael M. Cernea, "For a New Economics of Resettlement: A Sociological Critique of the Compensation Principle", *International Social Sciences Journal*, Vol. 55, No. 175, 2003.

[63] Michael M. Cernea, "Risks, Safeguards and Reconstruction: A model for Population Displacement and Resettlement", *Economic and Political Weekly*, Vol. 35, No. 41, 2000.

[64] Du Fachun, "Grain for Green and Poverty Alleviation: The Policy and Practice of Ecological Migration in China", *Honizons*, Vol. 9, No. 2, 2006.

[65] Hugo Graeme, "Environmental Concerns and International Migration", *International Migration Review*, Vol. 30, No. 1, 1996.

[66] Karen Elizabeth McNamara, Chris Gibson, "We do not Want to Leave Our Land: Pacific Ambassadors at the United Nations resist the category of climate refugees", *Geoforum*, Vol. 40, No. 3, 2009.

[67] Katherine Morton, "Sustainability and Underdevelopment: Complex Trade – offs on the Tibetan Plateau", *The Sustainability Collection*, Vol. 5, No. 4, 2009.

[68] Krueger Linda, "Protected Areas and Human Displacement: Improving the Interface between Policy and Practice", *Conservation and Society*, Vol. 7, No. 1, 2009.

［69］ Locke, Justin T. , "Climate Change – Induced Migration in the Pacific Region: Sudden Crisis and Long – Term Development", *Geographical Journal*, Vol. 175, No. 3, 2009.

［70］ Marcus Colchester, "Conservation Policy and Indigenous Peoples", *Environmental Science and Policy*, Vol. 7, No. 3, 2004.

［71］ Norman Myers, "Environmental Refugees", *Population and Environment*, Vol. 19, No. 2, 1997.

［72］ Olivia V. Dun, Francois Gemenne, "Defining ' Environmental Migration' ", *Forced Migration Review*, Vol. 6, No. 31, 2008.

［73］ Paul Fearon, Craig Morgan, "Environmental Factors in Schizophrenia: The Role of Migrant Studies", *Schizophrenia Bulletin*, Vol. 32, No. 3, 2006.

［74］ Paul L. Angermeier, "The Natural Imperative for Biological Conservation", *Conservation Biology*, Vol. 14, No. 2, 2006.

［75］ Paul R. Ehrlich, "Human Natures, Nature Conservation, and Environmental Ethics", *Bioscience*, Vol. 52, No. 1, 2002.

［76］ Perroux, F. ,"Economic Space Theory and Application", *Quarterly Journal of Economics*, Vol. 64, No. 1, 1950.

［77］ Philip J. Burton et al. , "The Value of Managing for Biodiversity", *Forestry Chronicle*, Vol. 68, No. 2, 1992.

［78］ Rafael Reuveny, "Climate Change – Induced Migration and Violent Conflict", *Politica Geography*, Vol. 26, No. 6, 2007.

［79］ Robert J. Nicholls, "Coastal Flooding and Wetland Loss in the 21st Century: Changes Under the SRES Climate and Socioeconomic Scenarios", *Global Environmental Change*, Vol. 14, No. 1, 2004.

［80］ Springer Jenny, "Addressing the Social Impacts of Conservation: Lessons from Experience and Future Directions", *Conservation and Society*, Vol. 7, No. 1, 2009.

［81］ Wells, Michael P. , McShane, T. O. , "Integrating Protected Area Management with Local Needs and Aspiration", *AMBIO: Journal of the Human Environment*, Vol. 33, No. 8, 2004.

[82] William M. Adams, Jon Hutton, "People, Parks and Poverty: Political Ecology and Biodiversity Conservation", *Conservation and Society*, Vol. 5, No. 2, 2007.

后 记

早在 2009 年，我们受贵州省发展和改革委员会委托承担了《贵州省易地扶贫搬迁"十二五"规划》的编制任务，在规划编制的调研过程中，发现贵州省生态贫困问题异常突出。贵州省作为 2001 年我国率先启动"易地扶贫搬迁（生态移民）试点工程"的省份之一，到 2009 年，已累计对约 35 万农村贫困人口实施了易地扶贫搬迁，在这些已搬迁的人口中，有一半以上是少数民族贫困人口。少数民族移民世代沿袭下来的特有的生产生活方式是否会在搬迁后发生变迁？他们对迁入地社会的融入程度和社会适应性如何？其传统民族文化的传承是否会因此而受到冲击等，是一个亟须关注的理论问题。

基于以上问题，我们承担了 2009 年度国家社会科学基金西部项目"生态移民与少数民族传统生产生活方式的转型研究——基于贵州世居少数民族生态移民的调研"（09XMZ043），对贵州省采取城镇安置、旅游资源开发安置、产业结构调整安置、调整土地安置四种安置模式下的苗族、布依族、侗族少数民族生态移民安置点进行调研，继而对少数民族移民生产生活方式的转型、社会适应性和民族文化传承及其可持续发展问题等展开了细致深入的分析并顺利结题，为我们之后对生态移民相关问题的研究积累了大量调研素材和研究经验。

为了加快扶贫开发进程，确保到 2020 年实现与全国同步全面建成小康社会的目标，2011 年，贵州省委省政府做出了利用 9 年时间实施 200 万"扶贫生态移民工程"的战略部署。为此，我们再次受贵州省发展和改革委员会的委托，承担了《贵州省扶贫生态移民工程总体规划（2012—2020 年）》的编制任务，在综合权衡 10 多年来在实践中探索形成的城镇集中安置、产业园区安置、旅游景区安置、与退耕还林结合安置、农业结构调整安置、开垦耕地安置、山上搬山下安置、置换式安置、国有（集体）农场安置九种安置模式的利弊后，结合对贵州资源环境条件的深入分析，规划明确提出，以城镇集中安置模式为主，实施扶贫生态移民工程。在规划实施的204.3万搬迁对象中，超过148万的生态移民将依托城镇集中安置，在总搬迁人口中所占比重超过70%。2012年5月，贵州省扶贫生态移民工程正式启动实施。

2012—2014年，贵州扶贫生态移民工程以小城镇和产业园区（工业园区）为重点迁入区域，累计搬迁40余万人。为了能客观、科学、公正地评估这三年来扶贫生态移民工程的实施效果，以便为今后大规模地实施扶贫生态移民工程总结经验和不足，受贵州省水库和生态移民局委托，我们于2015年4月承担了《贵州省扶贫生态移民工程实施效果评估（2012—2014年）》的第三方评估任务，并编制完成了《贵州省易地扶贫搬迁"十三五"规划》。

近年来，我们以生态移民问题作为主要研究方向，在研究过程中获得了一些重要的结论，同时也梳理了城镇安置模式下的生态移民需要重点关注和深入研究的课题。例如，为什么城镇安置模式下生态移民的总体社会适应性劣于其他安置模式？哪些因素制约了城镇安置模式下生态移民的可持续发展？如何防范城镇安置模式下生态移民可持续发展面临的生计风险？基于此，2014年，我们申请了国家自然科学基金项目"城镇集中安置下生态移民家庭生计变迁与风险防范研究"（71463008）并获批立项，本项目以贵州为实地调研区域，重点调查城镇集中安置模式下生态移民搬迁后家庭的生计资本、生计模式、生计风险等如何变迁，并探索如何建立有效的风险防范机制，促进移民家庭可持续生计目标的实现。

2015年11月29日，国家发展和改革委员会、国务院扶贫开发领导小组办公室会同财政部、国土资源部、中国人民银行五部门联合印发《"十三五"时期易地扶贫搬迁工作方案》，明确指出，实施易地扶贫搬迁必须坚持与新型城镇化相结合，这也充分验证了贵州省2012年以来扶贫生态移民工程主要采取的城镇安置模式与国家"十三五"

时期易地扶贫搬迁的政策导向高度吻合。为了能从贵州省生态移民采取城镇安置模式的实践中概括出一般性的规律或结论，团队成员黄海燕在西南财经大学攻读博士学位期间，利用参加国家自然科学基金项目所获得的调研数据，以新型城镇化为研究视野，以城镇安置模式下的生态移民为研究对象，以生态移民可持续发展为研究主线，对城镇安置模式下生态移民的可持续发展问题展开了深入研究，完成了博士学位论文《城镇安置模式下生态移民可持续发展研究——基于贵州省移民户调查数据》。本书是在黄海燕的博士学位论文基础上修改完成的。

本书共分为十一章，第一章、第二章、第三章、第四章、第六章、第八章、第九章、第十章、第十一章由黄海燕撰写；第五章由贵州财经大学 2013 级人口、资源与环境经济学硕士研究生郭晓丹在其硕士学位论文《贵州省生态移民工程综合效益评价研究》的基础上撰写，贵州财经大学金莲教授完成对本章的修改；第七章由黄海燕撰写，王永平教授完成对本章的修改；附录中所有涉及生态移民的调查问卷和调查提纲由王永平教授设计，并组织课题组开展调研。

在撰写期间，西南财经大学区域经济研究所所长赵曦教授从本书写作的总体思路，到提纲拟定，再到文字的锤炼，甚至到标点符号的运用，都始终给予了我们细致入微的指导；贵州省发展和改革委员会地区经济处长期从事易地扶贫搬迁工作的曾凡勤处长，不仅为本书提供了大量翔实的贵州省易地扶贫搬迁实施情况的基础资料，而且当我们在写作中遇到实际困难时总是有求必应，给予许多实质性的帮助和指导；四川农业大学赵朋飞博士在本书的修改中做了大量具体烦琐的工作；贵州财经大学周丕东教授、刘希磊副书记，广西财经学院温雪博士，在本书撰写过程中第一时间为我们提出了许多宝贵的建议；西南财经大学 2016 级区域经济学博士研究生王金哲、2016 级国民经济学博士研究生张焱，2014 级区域经济学硕士研究生贾友盛，2015 级区域经济学硕士研究生赵洁、刘梅为本书后期的校稿做了大量工作，我们能够顺利完成本书的写作，与他们的热心帮助是密不可分的。以上专家、领导、老师和同学们对我们的鼎力相助与支持，在此一并致以衷心的感谢！

　　编写本书旨在抛砖引玉，希望引起社会各界对生态移民这一特殊贫困群体的关注，并且力所能及地帮助城镇安置这一特殊安置模式下的生态移民群众解决后续发展困难，加快贫困移民脱贫致富奔小康步伐，使他们真正走上可持续发展之路。虽然本书作者已从事多年生态移民领域问题的研究，不遗余力地使本书在内容上更加科学和详尽，但由于编写经验和能力所限，书中难免有错漏和不足，敬请广大专家、学者及读者不吝金玉，对本书中不妥之处予以指正。

黄海燕　王永平　金　莲

2017 年 5 月于贵阳花溪大学城